叢書
21世紀の国際環境と日本
007

ドル防衛と日米関係

高度成長期日本の経済外交 1959～1969年

TAKAHASHI Kazuhiro
高橋和宏

Defending the Dollar:
The US Balance of Payment Problems and the Japan-US Relations, 1959-1969

ドル防衛と日米関係　高度成長期日本の経済外交　１９５９～１９６９年

目次

序章　国際収支をめぐる日米関係の構図　001

1　外交課題としての国際収支　001
2　先行研究　009
3　ドル防衛協力の領域横断性　011
4　本書の構成　015
5　史料　018

第一章　貿易自由化の葛藤　一九五九〜一九六二年　025

はじめに　025
1　「貿易、為替自由化計画大綱」の政治・外交過程　027
2　ドル防衛と貿易自由化の連鎖　038

第二章　利子平衡税の相克　一九六三〜一九六五年　067
はじめに　067
1　利子平衡税の公表　069
2　利子平衡税の発効と日米財務当局間での調整　079
3　佐藤訪米と対日免除に向けた日米協議　084

第三章　東南アジア開発とベトナム戦争の連関　一九六五〜一九六六年　101
はじめに　101
1　北爆開始とジョンソン提案　103
2　東南アジア開発をめぐる意見の錯綜　114
3　東南アジア開発閣僚会議　123

第四章　日米「軍事オフセット」交渉の展開　一九六二～一九六七年　149

はじめに　149

1　ベトナム特需と対日軍事オフセット　152

2　対日軍事オフセット要求――大蔵・財務秘密交渉と第三次防衛力整備計画　162

第五章　沖縄返還とドル防衛の連関　一九六七～一九六九年　189

はじめに　189

1　佐藤・ジョンソン会談　191

2　日米貿易経済合同委員会小委員会（ホノルル会議）　207

3　沖縄返還交渉最終局面での国際収支問題　217

終章　「経済大国化」とドル防衛をめぐる日米関係――243
1　日米国際収支問題の構図　243
2　日米関係の「重層化」　249

あとがき――257
主要参考文献――261
主要事項索引――296
主要人名索引――298

凡例

▼史料からの直接引用箇所は原典に則した記述とした。

▼引用文中、ルビや〔　〕で示した箇所は引用者が補足したものである。

▼引用文中や文書名に直接記載されている場合および固有名詞として用いられているものを除き、年代は西暦で統一した。

▼引用文献の書誌情報は、初出の際にのみ記載した。ただし、邦文文献の副題は注記では省略し、巻末の参考文献で示した。

▼インターネットから引用した文書は、すべて二〇一八年五月五日にアクセス可能なことを確認した。

▼注記においては、「戦後期「外務省記録」」（青ファイル）を「外務省記録」、「戦後外交記録（新分類）」（四穴ファイル）を「外交記録」と区別して記載した。

▼史料において作成課室名が略称で示されている場合、注記は正式な組織名で記載した。また、作成者が個人の場合には氏名を、史料作成者が記されていなくても周辺情報などから推察できる場合にはその名称を、それぞれ注記において（　）で示した。

序章

国際収支をめぐる日米関係の構図

1　外交課題としての国際収支

経済大国化と日本外交

日本外交史のなかに位置付けるとき、一九六〇年代はどのような点で特筆されることになるのだろうか。すぐに思いつくのは戦後処理であろう。日韓国交正常化（一九六五年）や東南アジア諸国との賠償・準賠償交渉、佐藤・ニクソン会談での沖縄返還合意（一九六九年）など、当時、日本政府が取り組んだのは「敗戦国」として対峙せざるをえない外交課題であった。この、ある意味、後ろ向きの外交は、一九七二年に最大の戦後処理ともいうべき中国との国交正常化が実現したことで国家間の法的・経済的な関係においてはおおむね片付くことになるが、それまでの日本外交は「普通の国」として国際社会に復帰すること、そして、戦争で失った固有領土を回収することに注力しなければならなかった[1]。

日本外交にとっての一九六〇年代を特徴付ける、もう一つの要素は、高度成長がもたらした「経済大国化」である。一九六〇〜一九六九年の一〇年間で、日本の実質国民総生産（GNP）は七一・七兆円から一七一・一兆円へ約二・四倍に拡大した[2]。これは池田勇人政権が推進する国民所得倍増計画（一九六〇年一二月）の想定を大きく超えるものであり[3]、一九六八年に日本は米国に次ぐ西側第二位のGNPを占めるにいたる。国内総生産（GDP）の対米比でも一九六〇年に八・一％強だったものが、六九年には一六・九％弱にまで上昇した。この高度成長を背景に、戦後日本は「経済大国」という新たなナショナル・アイデンティティを獲得していった。

経済大国化という国家としての質的変化は、日本外交のあり方も変容させずにおかなかった。否応なく取り組まざるをえない「後ろ向き」の外交であった戦後処理に対し、国際的な影響力の増大を意味する経済大国化は、戦後日本が国際関係の主要なアクターの一つとして国際秩序を部分的ながらも構想し、その形成・維持に寄与していくという「前向き」の外交を要求したからである。

近年、こうした「経済大国・日本」という視点から、一九六〇年代から七〇年代の日本外交を解明しようとする研究が進んでいる[4]。とりわけ一九七〇年代に関しては、パワーと動機を有しながら主体的な対外経済政策をとることのできない外圧反応型国家（Reactive State）[5]として語られてきた日本外交のイメージとは異なり、サミットへの参加に象徴される経済分野のみならず、安全保障や原子力政策でも米国や西欧諸国との政策協調を期待され、また第一次石油危機という国際経済秩序の動揺をうけて、その共同管理者という責任を果たしていくといった、経済大国としての能動的な外交像が描かれている[6]。七〇年代、経済大国となった日本は、その存在自体が国際経済問題の一部となり、ゆえに自らの政策が国際政治経済に与えるインパクトを自覚しながら外交を展開していく。

日本が経済大国であることが自明となったのが七〇年代だとすると、六〇年代は「経済大国化」というプロセスの時期に当たる。日本の自己認識も国際社会の視線も、日本が経済大国となりえるのか、その場合どのような役割を果たすべきかをめぐって認識は一致せず、不安と期待が交錯するなかで、六〇年代の日本外交はその役割を模索するのである。

本書では、六〇年代に進展した日本の経済大国化が、その外交スタイルにどのような変化をもたらしたのかを米国との関係を中心に考えていくが、そのためには、まず経済大国化を規定した要因を確認する必要があるだろう。

そもそも戦後日本の高度経済成長は、人口移動・世帯数増加と耐久消費財の普及を基盤とした旺盛な設備投資という国内需要の拡大によってもたらされたものであり、対外的な要因である輸出の経済成長への寄与は限定的だった。吉川洋が指摘するように、高度成長期(一九五五〜七二年)の経済成長に対する純輸出(輸出マイナス輸入)の寄与率は一%に過ぎない[7]。しかし、国内景気の過熱や海外市場の不況によって輸出が低迷し、また原材料や先進技術の導入のために輸入が増大して経常収支が赤字化した場合、資本収支面での穴埋めがなければ、国際通貨基金(IMF)のルールによって緊縮的措置を講じて輸入を抑制し、国際収支の均衡を図らなければならない。それはそのまま成長政策の停止を意味した。つまり、輸出は高度成長の十分条件ではなかったが、貿易収支を含む国際収支の均衡は高度成長政策を継続していくうえでの必要条件となっていた。

表序-1で示したように、一九六〇年代だけでも日本は三度(一九六一年、一九六三〜六四年、一九六七〜六八年)の外貨準備の危機を迎えるなど、国際収支の天井は経済成長をしばしば頭打ちさせていた。六七年前後を区切りとして、日本の国際収支構造は貿易赤字・資本黒字という途上国型から貿易黒字・資本赤字の先進国型へと転換するが[8]、この変動期の不安定な国際収支をファイナンスしつつ、経済成長という国民的悲願を実現することこそが経済外交の戦略的課題とされた[9]。

表序-1 日本の国際収支(1958〜1970年)

(単位：100万米ドル)

年	経常収支						長期資本収支	基礎的収支	短期資本収支	総合収支	金融勘定	
		貿易収支			貿易外収支	移転収支					外貨準備増減	その他
			輸出	輸入								
1958	264	370	2,871	2,500	98	-204	96	360	-4	393	337	—
1959	361	361	3,408	3,047	32	-31	-214	147	-60	143	461	—
1960	143	268	3,978	3,711	-100	-25	-55	88	-16	105	502	-397
1961	-982	-558	4,149	4,707	-383	-42	-10	-993	21	-952	-338	-614
1962	-49	401	4,861	4,459	-421	-30	172	123	108	236	355	-119
1963	-780	-166	5,391	5,557	-568	-46	467	-313	107	-161	37	-198
1964	-480	375	6,703	6,328	-784	-72	107	-373	233	-130	121	-70
1965	931	1,901	8,333	6,432	-884	-86	-414	517	-62	404	108	296
1966	1,251	2,273	9,639	7,366	-886	-135	-809	442	-64	335	-33	368
1967	-190	1,160	10,231	9,071	-1,172	-178	-812	-1,002	506	-571	-69	-502
1968	1,048	2,529	12,751	10,222	-1,306	-175	-239	809	209	1,102	886	216
1969	2,119	3,699	15,679	11,980	-1,399	-181	-155	1,964	178	2,283	605	1,678
1970	1,970	3,963	18,969	15,006	-1,785	-208	-1,591	379	724	1,374	903	593

出典：総務省統計局「日本の長期統計系列　第18章 貿易・国際収支・国際協力」「18-10-a 国際収支(旧系列)」(http://www.stat.go.jp/data/chouki/18.html)より作成。

この国際収支をめぐる経済外交にとって、もっとも重要な相手国が米国だった。米国市場への輸出拡大や米国債券市場での資本獲得なくして、国際収支の均衡は不可能だったからである。池田政権の国民所得倍増計画では、一九六〇年からの一〇年間で対米輸出は年平均一二・四%成長して二七・九億ドルに拡大すると見込んでいた。また、米国が主な供給源だった長期資本も一〇年後の合計受け取りを五・四億ドルと想定していた[10]。それが実際には、七〇年の米国向け輸出はその二倍以上(六〇億ドル)、長期資本輸入も米国からだけで二〇億ドルと、想定を大きく上回ることになる[11]。高度経済成長のメカニズムにおいて、米国との間の国際収支の安定化(黒字化)は不可欠であり、それゆえに経済大国化する一九六〇年代の日本外交にとって国際収支をめぐる対米関係は最も重要な外交課題の一つであった。

米国にとっての国際収支問題

他方、この時期、米国も国際収支問題を最大の外交課題の一つに位置付けていた。第二次大戦後に米国が構築した同盟システムは、「米国による同盟国への支援・援助の提供」と「同盟国による米国のリーダーシップへの協調」の交換という非対称性を特徴とする[12]。米国が同盟国に提供した支援には、米軍の海外駐留や軍事援助のような軍事力のみならず、一九四四年に成立した、金兌換を保証する米ドルを基軸に各国通貨の価値を定めた固定相場制度（＝ブレトンウッズ体制）や、それを前提とする米国市場の開放、経済援助の実施なども含まれていた。しかし、一九六〇年代になると西側各国の貿易自由化や関税および貿易に関する一般協定（GATT）でのディロン・ラウンドやケネディ・ラウンドといった自由主義的な国際貿易が進展する裏腹で国際通貨体制の動揺が絶えず、ブレトンウッズ体制は早くも曲がり角を迎えていた。その中核にあった課題が米国の国際収支問題だった。

一九六〇年代の米国の国際収支は、西側各国が経済復興から経済成長へと向かうなか、貿易収支は国内経済の好況を背景としたインフレにより黒字幅を大きく減らし、また、ベトナム戦争関連経費などの対外軍事支出拡大や多国籍企業による対外直接投資の増加によって貿易外収支や資本収支の赤字が拡大していた。その結果、資本収支での赤字を貿易収支の黒字でカバーするという米国の国際収支の構成は六〇年代半ばを境に逆転し、金準備の大幅な減少に見舞われたのである（表序-2）。そのため、米国は基軸通貨たるドルの地位を維持するための対策（ドル防衛）を深刻に検討せざるをえなくなり、米国主導の国際通貨体制を安定させるためのドル防衛協力が西側同盟にとっての主要な外交課題に浮上する。

表序-2 米国の国際収支（1960〜1970年）

（単位：100万米ドル）

年	経常収支	貿易収支	輸出	輸入	貿易外収支	軍事収支	移転収支	資本収支	金準備の減少
1960	2,824	4,892	19,650	-14,758	1,994	-1,057	-4,062	-3,950	1,703
1961	3,822	5,571	20,108	-14,537	2,378	-1,131	-4,127	-3,440	857
1962	3,387	4,521	20,781	-16,260	3143	-912	-4,277	-3,797	890
1963	4,414	5,224	22,272	-17,048	3582	-742	-4,392	-4,431	461
1964	6,823	6,801	25,501	-18,700	4262	-794	-4,240	-6,087	125
1965	5,431	4,951	26,461	-21,510	5063	-487	-4,583	-6,199	1,665
1966	3,031	3,817	29,310	-25,493	4169	-1,043	-4,955	-4,229	571
1967	2,583	3,800	30,666	-26,866	4077	-1,187	-5,294	-2,430	1,170
1968	611	635	33,626	-32,991	5605	-596	-5,629	-179	1,173
1969	399	607	36,414	-35,807	5527	-718	-5,735	2,296	-967
1970	2,331	2,603	42,469	-39,866	5883	-641	-6,156	-4,592	787

出典：Bureau of Economic Analysis, Department of Commerse, Data Archive: International Transactions, Table 1. U.S. International Transactions（https://www.bea.gov/histdata/fileStructDisplay.cfm?HMI=12&DY=2013&DQ=Q2&DV=Preliminary&dNRD=September-19-2013）より作成。

こうした事態があらわになりはじめた一九六〇年一一月、政権末期のアイゼンハワー大統領は戦後初の国際収支問題に関する大統領指令を発した。続くケネディ政権が、核問題と並んでドル防衛に強い意欲を有していたことはよく知られている。ケネディを継いだジョンソン政権まで八年間の民主党政権下でドル防衛の旗を高く掲げた米国政府は、西側各国に貿易自由化を求めて輸出拡大を図ろうとし、民間資本の輸出規制などの金融措置を講じ、安全保障上の観点から同盟国に負担分担を要求するなどの対策を繰り返していった。一九六〇年代の西側陣営内では、米国の国際収支問題への対処として、国際貿易や国際金融、あるいは軍事収支面での既存枠組みの見直しが同時並行的に進められたのである。

この点に関して、従来の研究では軍事オフセット（military offset）と呼ばれた国際収支と安全保障をめぐる米欧関係に注目し、米国が国際収支上の要請からヨーロッパに展開する駐留米軍の削減や米国製防衛装備品（以下、防衛装備品は「装備品」とも記載する。）の売却拡大を検討し、北大西洋条約機構（NATO）諸国（とりわけ西ドイツ）との交渉を通じて、その実現が図られるなど、ドル防衛と安全保障政策とが不可分の外交課題であったことを実証的に論じている[13]。ドル防衛協力をグローバルな同盟政策の一環と位置付ける米国は、NATOに対するのと同様のロジックに基づいて、経済成長を続ける日本にも協力を要請していく。とりわけ一九六五年の北爆開始後、ベトナム戦争関連経費の増大にともなう国際収支赤字の急拡大に直面していた米国にとって、米国から流出したドルをベトナム特需として享受しながら高度成長を続ける日本は、同盟国として負担を分かち合うべき格好の対象だった。しかもそれは、軍事オフセットに限定されず、貿易や援助といったより幅広い政策領域での協力を想定したものとなる。経済大国化する日本は、こうして米国がドル防衛協力を要請する主たる対象の一つとされていくのである。

日米間の国際収支問題

以上のように、一九六〇年代を通じて、日本にとっては高度経済成長を継続するために米国との間で国際収支の黒字が不可欠であり、自由主義陣営を支える国際秩序維持のために国際収支の安定化を重要課題とする米国にとっては、経済大国化する日本はその主要な協力調達国として浮上していた。国際収支をめぐって、日米両国は互いに相手側からの協力を必要とする関係性になっていたのである。

では、実際に一九六〇年代の日米二国間の国際収支はどのような関係にあったのだろうか。これを示したのが表序-3である。ここに示されているように、米国からみると、一九六五年には対日貿易収支が黒字から赤字に転落した。また、軍事収支赤字も一九六〇年代前半に削減傾向にあったものが、ベトナム特需の関

表序-3 米国の対日国際収支（1960～1970年）

（単位：100万米ドル）

年	経常収支							資本収支
		貿易収支			貿易外収支		移転収支	
			輸出	輸入		軍事収支		
1960	-120	225	1,374	-1,149	-318	-392	-27	93
1961	476	709	1,766	-1,057	-207	-368	-25	-1,105
1962	-33	176	1,541	-1,365	-183	-358	-26	-52
1963	123	319	1,822	-1,503	-166	-343	-29	-644
1964	102	202	1,976	-1,774	-71	-305	-30	-445
1965	-472	-387	2,053	-2,440	-55	-315	-30	323
1966	-914	-629	2,346	-2,975	-254	-460	-32	153
1967	-623	-369	2,665	-3,034	-221	-500	-32	-389
1968	-1,389	-1,129	2,950	-4,079	-222	-549	-38	1,113
1969	-1,770	-1,388	3,505	-4,893	-343	-633	-39	-66
1970	-1,561	-1,244	4,650	-5,894	-274	-645	-43	514

出典：Bureau of Economic Analysis, Department of Commerse, Data Archive: International Transactions, Table 12. U.S. International Transactions, by Area, Japan（https://www.bea.gov/histdata/fileStructDisplay.cfm?HMI=12&DY=2013&DQ=Q2&DV=Preliminary&dNRD=September-19-2013）より作成。

係で一九六六年以降増大している。貿易外収支は黒字が微増傾向にあり、移転収支は二〇〇〇万ドル半ばから四〇〇〇万ドルの少額の間を推移していた。つまり、一九六〇年代後半は米国の対日経常収支赤字が拡大していったのであるが、それを穴埋めしたのが資本収支の黒字化だった。外貨準備を用いた国際収支協力という、現在に至る日米国際収支協力の枠組みがこのころから形成されていくのである[14]。

本書は、この国際収支問題をめぐる関係性の変化のなかで、一九六〇年代の日米関係がどのような展開をみせたのかを外交史的なアプローチによって明らかにしていく。高度成長期という時代性に注目するのではなく、高度成長メカニズムの重要な要因であった国際収支問題を軸として、経済大国化する日本と国際秩序の維持に苦慮する米国との関係が相互補完的な構図へと変容していくプロセスを解明することが本書の目的である。国際収支をめぐる日米協力関係は同盟の非対称性や経済力の近接によって機械的・構造的に実現したのではなく、両国の政治指導者や政策決定者の判断、政府間交渉あるいは政府内政治といった諸局面で摩擦、衝突、意見調整、合意を繰り返していくなかから有機的に形作られていったことが描き出されるはずである。そしてそれは、ともすれば政治・外交面に限定されがちな日米関係が、より深く多元的な関係性を有していることを示すことにもつながろう。

2 先行研究

第四節で紹介するように、本書が取り扱う一九六〇年代の日米関係上の外交課題(貿易自由化、利子平衡税、ベトナム戦争、東南アジア開発、軍事オフセット、沖縄返還)に関しては、それぞれ研究が進んでいるが、国際収支問題を主題として日米関係を論じたものは多くない。その数少ない先行研究も、経済史や政治史、国際政治経済学的なアプローチないし研究関心に基づいており、外交史研究として国際収支問題をめぐる日米関係を正面から取り上げた研究は未だ発展途上である[15]。

経済史の立場から、対米国際収支問題を含む日本の貿易政策や国際金融政策を分析しているのが浅井良夫による一連の論考である[16]。浅井の研究は、旧大蔵省や日銀、日米両国の外交文書のみならずＩＭＦなどの国際機関の一次史料も渉猟しながら、日本の対外経済関係を網羅的に検証している。国際収支政策に関しても、貿易自由化やベトナム特需、日米財務当局間の国際収支協力をめぐる諸交渉などをも視野に入れて、それらが日本経済史上どのような影響をおよぼしたのかを含め綿密に解明している。樋渡由美の政治史研究は、池田勇人を主たるアクターとして、占領期から一九六〇年代前半までの経済復興から経済成長政策における対米関係の意味、とくに所得倍増計画のもと拡張的なマクロ経済政策で経済成長の極大化をはかる政権にとって、資本融通を含む対米経済関係がいかに重要であったのかを議論している[17]。国際政治経済学の立場からは、一九六〇年代の国際収支をめぐる日米関係について、ブレトンウッズ体制の変容、あるいは米国のグローバルな冷戦戦略に基づく負担分担論という観点から検討した古城佳子の研究がある[18]。

これら先行研究の指摘は国際収支問題をめぐる日米関係を考察するうえでいずれも重要なものであるが、以下の二つの論点は検証の射程外に置かれているといって良い。

第一に、国際収支問題の全体像を捉えるというマクロの視点である。先行研究では、国際収支を構成する諸問題（貿易、国際金融、軍事）を個別的に取り上げており、それらの問題がどのように連関し、総体としてどのような意味を持つのかという点には関心が向けられていない。例外的に安全保障と経済との関連を負担分担論の歴史的経緯の解明という視点で取り上げた古城の研究も、貿易自由化や資本収支面での協力などについては十分に検証していない。その理由の一端は、これら研究がなされた時点で外交文書の公開が不十分だった点に求められるが、近年の史料公開の進捗によって、そうした問題点をカバーしうる研究が可能となっている。

第二に、国際収支問題を日米関係という大きな文脈のなかに位置付ける視点である。先行研究が描写した日米間の国際収支問題は、ベトナム戦争や沖縄返還交渉といった一九六〇年代の日米関係史の諸問題とどのように結び付いていたのだろうか。樋渡の研究は池田政権期で完結していることもあり、日本の経済政策が米国に依存するという一方的な関係性を描くにとどまっているが、その後の日米両国の経済力の相対的な近接は日米関係にどのような変化をもたらしたのだろうか。経済史などで解明された知見を一九六〇年代の関連する主要な外交課題と結び付け、さらに新たに公開された日米両国の外交文書と組み合わせて再構築することで、日米関係史に新たな解釈を提示することができるだろう。

3 ドル防衛協力の領域横断性

以上のような問題意識をベースとして、本書では高度成長とドル防衛という二つの政策課題の交錯点に位置した国際収支問題をめぐる日米関係の展開を明らかにしていくが、そのダイナミズムを捉えるために、国際収支の構造に由来するドル防衛協力の領域横断性という概念を分析枠組みとして設定する。

議論の前提として確認しておくと、当該期に使用されていた国際収支方式は、財・サービスの対外的な流れを示す経常収支と資本の取引である資本収支とで構成される[19]。経常収支は輸出入の差額である貿易収支、輸出入貨物の運賃や海外旅行、特許権使用料などの貿易外収支、主として対外援助や賠償を示す移転収支で構成される。貿易外収支には、軍事物資の売却と対外軍事支出（無償軍事援助を含む）の差額である軍事収支が含まれる。資本収支は、流動性の観点から長期資本と短期資本に区別され、前者は直接投資のように期間の不確定のものや当初契約の満期日が一年以上の政府証券投資などを、後者は直接投資以外の満期日一年以内の貿易信用（短期のユーザンス）や金融市場手形などを含む。

ブレトンウッズ体制下で国際収支の不均衡を改善するための政策的手段には、一般的に、自国通貨の切り下げや貿易・資本の規制、マクロ経済政策の調整を条件とするＩＭＦからの借り入れなどがある。さらに米国は、一九三四年金準備法で定めた金一オンス＝三五ドルという公定価格を切り上げることでドルの価値を切り下げることも可能だった。しかし、これらの措置がもたらす国際経済に対する影響から、基軸通貨国である米国が取りうる選択肢は限定されていた。ドル防衛は米国にとって威信、国際社会でのリーダーシップの意識、国家としての責任につながる「名誉のバッジ」だったのである[20]。それゆえ、一九六〇年代を通じて、米国の国際収支問題への対策は特別引出権（ＳＤＲ）の創設や金の二重価格制の導入といった多国間協力と並行して、四つの主要項目、すなわち貿易、軍事、経済援助、資本について、同盟国との間で収支改善を図るという正攻法の対策がとられた。

米国側からみた場合、日本や西欧諸国との項目ごとの国際収支協力はおおむね次のようなものであった。貿易収支面での協力とは、米国の輸出拡大・輸入抑制によって収支改善を図るもので、西側各国に対して市場開放を求めることで輸出を拡大しようとするオーソドックスな手法から、各国に輸出自主規制を要請して輸入を抑えるといった方法もある。また、民間を経由する軍事物資の売却も一般商品として扱われ、貿易収支に計上される。この時期、米国は自国に対する通商差別の撤廃やＧＡＴＴでの自由化交渉の推進など、自由貿易体制の拡充によるドル防衛の実現を強く志向した。

軍事収支協力は、駐留経費を直接補填・削減する方法と、軍事オフセットと呼ばれる間接的な手法で補填する方法とに分けられる。直接補填・削減する方法には、旧日米安保条約下での防衛分担金のようにホスト国の財政支出による駐留経費の一部負担や、駐留米軍の撤退や無償軍事援助の削減といった駐留国でのドル支出抑制がある。軍事オフセットとは、海外に展開する米軍の駐留経費を相殺するために、ホスト国側が政府間取引で米国製装備品の購入を増加させることで米国に国際収支面での協力を行うというものである。

いわゆる援助の肩代わりとは、国際収支上は移転収支面での負担分担という側面を持つ。この時期の米国の国際収支は一貫した移転収支の大幅赤字を特徴とするが、西側各国による途上国への経済援助は開発援助問題を同盟内における共通の課題として対処し、米国の赤字を軽減するものだった。

最後にこの時期の資本収支協力とは、ドル保有国が外貨準備を用いて米国政府発行の政府証券を購入する方法（中長期債の購入による資本収支の補填）が大きなシェアを占める。ケネディ政権で財務次官を務めたローザが発案したため、ローザ・ボンドとも呼ばれる中期債の購入は、西側同盟による対米国際収支協力の主要な手法として位置付けられていく[21]。また、一九六〇年代には、ドル保有国が外貨準備として保有する短期ドル資産を一年以上の長期資産に切り替える（たとえば、米銀へのドル預入期間を一三ヵ月以上に定期預金化する）ことで、これを米国の国際収支上のプラスとして計上する粉飾的な手法すらしばしば用いられた。

これら対米国際収支協力において重要なのは、国際収支項目を構成する個々のイシュー（貿易、軍事、経済援助、国際金融）が「ドル防衛」という冷戦戦略の一環として、互いに連関する一つの問題群を形成していたということである。

たとえば、米国による同盟国への装備品の輸出拡大は、貿易収支・軍事収支面での黒字確保という経済上の意味と同時に、同盟国にどの程度の防衛力を期待し、そのためにどのレベルまでの装備品の売却を認めるかという軍事戦略に直結する課題でもあった。また、ベトナム戦争の泥沼にはまりつつあったジョンソン政権は、日本に東南アジアへの援助拡大を期待していくが、そこには開発援助と軍事（ベトナム戦争）、さらには地域主義的な動きとが密接に絡んでいた。さらに、ベトナム戦争で悪化した軍事収支を補填するために、米国はベトナム特需国に対して外貨準備を米国の長期資本に投資するよう要請するが、これはベトナムでの軍事行動によって流出したドルを米国に還元するための資本収支上の措置だった。

これらの例が示すように、ドル防衛という政策パッケージにおいて、国際収支を構成する貿易や軍事、経済援助、国際金融という政策課題は独立的に存在していたのではなく、イシュー領域を横断する外交課題となっていた。これを本書ではドル防衛協力の領域横断性と呼ぶ。国際収支問題をめぐる一九六〇年代の日米関係は、この枠組みのなかで展開されていくのである。

このドル防衛協力の領域横断性という枠組みは、次の三つの特徴をもつ。

第一に、アクターの多元化である。ドル防衛協力では外務省と国務省という外交当局に加えて、貿易であれば通産省、農林省や商務省、国際金融では大蔵省や財務省、軍事に関しては防衛庁・自衛隊と国防総省というように、各イシューを所掌する省庁が政策決定プロセスに関与する。また、国内政策決定に多くの省庁が参画するだけではなく、対外的な交渉ルートも多元化する。当該期の日米関係においては、経常収支面での外務省と国務省との外交ルートに加えて、資本収支面では大蔵省と財務省との財務当局間ルートという二元的な外交が展開された(なお、その後の日米経済摩擦では、両国の通商当局による直接交渉が重要なルートとなる)。しかも、国際収支問題は日米両国にとって経済・安全保障政策の根幹にかかわる問題であったために、関係するアクターも首相や大統領、外相、国務長官、主要な経済閣僚や国防長官といった閣僚レベルにおよび、高次の政策決定プロセスが展開された。その結果として、国際収支問題は各政権が抱える主要な政策課題と結び付けられて議論されていくことになる。

第二の特徴は、相手側を説得するための交渉ロジックの複雑化である。通常の外交では、軍事的な条件を材料にして経済面での協力・妥協を求めるといった別領域のイシューを交換材料とする交渉は好まれない。だが、ドル防衛は軍事や経済といった複数領域にまたがるがゆえに、特定領域での妥協を促すために別領域のロジックを持ち込んで交渉する方法も可能となる。具体的には、米国が同盟国に経済資源の提供を要請するために経済と軍事とを連結した負担分担論を展開するといった駆け引きが行われる。反面、米国が同盟国からドル防衛への協力を円滑に得るためには、経済的な要因だけではなく、軍事・安全保障や政治・社会状況といった複数領域の要件を同時に満たし、かつ政府内の政策決定プロセスと対外交渉の両方で了解を取り付けるという、複雑な交渉ロジックの構築が必要となる。

最後は、第二の点とも関係するが、国際収支の統計上のアロケーションの柔軟性である。ドル防衛問題では、中長期債の購入（資本収支）や輸出拡大（貿易収支）というように特定の収支項目の枠内で目標値を設定して交渉が展開されることもあるが、国際収支という大枠でみた場合にはトータルでどれだけの協力額を確保できるかが重要になる。そのため、国際収支項目を横断する協力のアロケーション（配分）が柔軟に行われ、資本収支面や移転収支（援助）での協力を条件として国内政策の観点から実施困難な貿易自由化の遷延を求めたり、防衛予算の抑制（軍事収支面での非協力）の代替として経済面での要求に譲歩するというような交渉が可能となる。

4 本書の構成

本書は、序章、本論五章、終章の全七章から構成される。

第一章では、一九六〇年前後の貿易自由化をめぐる日米関係を検証する。このテーマに関しては、先述した浅井の研究を筆頭に、既にいくつかの先行研究がある[22]。ただし、浅井も指摘するように、一九六〇年代の米国の自由化圧力については不明な点も多く、日米交渉の実相はなお解明の余地が残されている[23]。本章では、当該期の貿易自由化交渉をドル防衛協力交渉の第一フェイズと位置付け、岸信介政権下でのGATT東京総会（一九五九年一〇月）や貿易、為替自由化計画大綱（一九六〇年六月）、池田政権によって自由化率九三%にまで高められた貿易自由化措置の背後で展開された日米両政府の交渉論理とその帰結を明らかにする。この作業は同時に、日本外交が掲げるグローバルな自由貿易主義の重視という外交方針の起源を探ることにもつながろう。

第二章では、一九六三年七月に発表された利子平衡税をめぐる日米交渉を取り上げる[24]。利子平衡税とは、ケネディ政権が国外への資本流出を抑制することを目的に、米国債券市場での起債に課税するという資本収支上のドル防衛策である。この利子平衡税は米国から長期資本を獲得することで国際収支の均衡を図り、もって高度経済成長政策を実施しようとしていた池田政権にとって大きな衝撃であった。ドル防衛と高度成長という互いの正論が衝突するなか、日米両国がいかにして妥協点を見出したのか、そしてそれは以後の日米関係にどのような意味を持ったのかを考えてみたい。

続く第三章が扱うのは、一九六五年二月の北爆開始によって本格化したベトナム戦争と同年四月のジョンソン大統領の演説を機に浮上した東南アジア開発問題という、二つの絡み合う外交課題である。ベトナム戦争に関しては、日本の和平工作に注目した菅英輝や昇亜美子の研究がある[25]。また、当該期の東南アジア開発については、東南アジア開発閣僚会議やアジア開発銀行といった地域経済協力枠組みの設立という観点から研究が進んでいる[26]。しかし、同時期に展開されたベトナム戦争と東南アジア開発問題を関連付ける検証はなされておらず、両者が国際収支問題とどうつながっていたのかも明らかではない。本章は、佐藤栄作と駐日大使のライシャワー、そして外務省の三者関係に視点を据え、戦争と経済協力とが連動する外交課題が日米関係にいかほどの摩擦を生み、それがどのように解消されていったのかを考察する。

第四章では日米間での軍事オフセット問題を取り上げる。ケネディ政権期から、米国は日本に対して防衛努力の増強、すなわち米国製装備品の購入増加によって米国の国際収支改善に寄与するよう要請していた[27]。その後、ベトナム戦争にともなう軍事支出増大のため、国際収支の悪化に直面したジョンソン政権では、財務省が中心となって日本に具体的なドル防衛協力を要請する。しかし、米国製の装備品購入という要求は、第三次防衛力整備計画の下、装備品の国産化を進めていた日本の防衛政策と矛盾するものだった。本章では、米国政府内での対日軍事オフセットの意見集約と、それがさらに沖縄返還交渉とリンケージしていくプロセスを再考する。

第五章では、一九六七年後半から一九六九年一一月までの沖縄返還交渉をドル防衛政策の観点から再検証する。六七年一一月の佐藤・ジョンソン会談に関しては、近年の研究成果によって「両三年内」という時期設定を加えるに至ったコミュニケ成立のプロセスが明らかにされており[28]、一九六九年の日米首脳会談前に成立した柏木・ジューリック了解覚書(いわゆる「財政密約」)についても研究が進んでいる[29]。本章では、佐藤・ジョンソン会談から佐藤・ニクソン会談直前の柏木・ジューリック了解覚書までのプロセスを一連のものとしてとらえなおし、ドル防衛の文脈が沖縄返還交渉にどう影響していたのかを、特に日米両財務当局の動きに着目して再検証することとする。

終章では、高度成長とドル防衛との連関という視点から、第一章から第五章までの議論を俯瞰する。そのうえで、当該期のドル防衛をめぐる日米関係の展開が、日本外交史上にどのように位置付けられるのかを考えてみたい。

5 史料

本書では、日米両政府の一次史料を用いて国際収支問題をめぐる日米関係を解き明かしていく。米国側一次史料として、国立公文書館、ケネディ大統領図書館、ジョンソン大統領図書館が所蔵する関連文書に加えて、公刊資料集や各種データベースに掲載されている文書を利用する。

日本側の文書で中心となるのは外務省外交史料館で公開されている外交文書である。ここでは、本論での議論の前提として、日本側の外交文書の構造と特徴を説明しておく。

戦後期の外務省文書は、「戦後期「外務省記録」」(いわゆる「青ファイル」)と「戦後外交記録(新分類)」(ファイルの形状から「四六ファイル」とも呼ばれる)という二つのファイリング方式から成り立っている。

青ファイルとは、外務省独自の「門」「類」「項」「目」「号」という階層の分類方式に基づき、事件、事項別に戦前から継続して文書課記録班が編纂してきたものである。戦後期の青ファイルには「A'」「B'」のようにダッシュ付きのアルファベットが分類番号の冒頭に付されている。A'門は「政治、外交、国際紛争」、B'門は「条約、協定、国際会議、国際機関」といった項目の内容が定められ、それ以下の各項目も同様にそれぞれ所定の項目内容が決められており、分類番号をたどっていくことでファイルの内容を詳しく把握することができる。

しかし、文書量の大幅な増大などを理由として青ファイルの作成は一九七〇年代に中止され、それ以降は、主管課で使用されていたままの形でファイルが残されることとなった。これらのファイルには一九八〇年以降、青ファイルに類した新分類と呼ばれる分類番号が付けられた。これが「戦後外交記録(新分類)」である。

現在、外交史料館では、移管された西暦と四桁のシリアル番号を付した管理番号と新分類をベースとした新しい分類番号（「SA」「SB」など）を付与して利用に供している。

米国務省のファイリング方式に例えると、青ファイルは「セントラル・ファイル」に、四穴ファイルは「ロト・ファイル」に、それぞれ近い。国務省文書と同様に、青ファイルは案件ごとにまとまって文書が編綴されているのに対し、四穴ファイルは基本的には主管課室で使用されていたままであり、体系的に整理されているわけではない。また、青ファイルの編纂は一九七〇年代までは行われていたものの、その時期までの外交案件に関する文書がすべて青ファイルに所収されているわけでもない。その理由は、文書課記録班での青ファイル作成が滞ったことや、主管課から文書課への移送が進まず各課室にファイルが滞留したためと考えられる。その結果、一九六〇年代後半以降の青ファイルは、編綴される文書の多くが文書課長へ参考配布された資料類や、首脳会談のような重要案件でもロジ文書が多くなるなど、質・量ともに低下する傾向がみられる。さらに、一九七〇年代に入ると重要案件はすべて四穴ファイルに含まれることになる。本書が対象とする一九六〇年代の文書は、青ファイルと四穴ファイルとに分散してファイリングされているので、可能な限り双方の関連ファイルを確認した。

また、対外経済問題において外務省は、国内省庁間での政策決定と対外交渉という二つのプロセスの接点の役割を果たしていた。その結果、現在外交史料館に残されている外交文書のなかには、諸外国との交渉記録のみならず、首相・閣僚レベルから事務レベルまでの政策決定を示す議事録などの文書や、各省庁から外務省に送付されたり、関係省庁会議で配布された文書も多数含まれている。政策決定過程を示す国内官庁の一次史料が限られているなか、これら外務省文書を用いることで、政策決定と外交交渉の双方を連結させながら、より深い視点にまで掘り下げて外交史を叙述することが可能となっている。

本書では、こうした外務省文書の構造性と特徴を踏まえつつ、日米外交当局間の交渉のみならず、大蔵省と財務省との交渉や、対外経済政策の意思決定プロセスにも注目して議論を進めていくこととする。

註

1――栗山尚一『戦後日本外交』岩波書店（岩波現代全書）二〇一六年、三〇～三一頁。

2――「主要経済指標」三和良一・原朗編『近現代日本経済史要覧（補訂版）』東京大学出版会、二〇〇七年、三頁。基準値は六八SNA数値で一九九〇年価格。

3――一九六〇年一二月二七日閣議決定の「国民所得倍増計画」は、一九五八年度価格で約一三兆円のGNP（名目）を一〇年以内に二六兆円に倍増するとした。経済企画庁編『国民所得倍増計画』大蔵省印刷局、一九六一年、三～五頁。

4――潘亮「「経済大国化」と国際的地位」波多野澄雄編『池田・佐藤政権期の日本外交』ミネルヴァ書房、二〇〇四年、高橋和宏「「経済大国」日本の経済外交戦略」波多野澄雄編『冷戦変容期の日本外交』ミネルヴァ書房、二〇一三年、武田悠『「経済大国」日本の対米協調』ミネルヴァ書房、二〇一五年、白鳥潤一郎『「経済大国」日本の外交』千倉書房、二〇一五年。

5――Kent E. Calder, "Japanese Foreign Economic Policy Formation: Explaining the Reactive State," *World Politics*, Vol. 40, No. 4 (July, 1988), pp. 517-541.

6――武田『「経済大国」日本の対米協調』一～七頁、白鳥『「経済大国」日本の外交』一～八、三七一～三七三頁。

7――吉川洋『高度成長』読売新聞社、一九九七年、一三五～一五七頁。

8――伊藤正直『戦後日本の対外金融』名古屋大学出版会、二〇〇九年、一九四頁。

9――山本満『日本の経済外交』日経新書、一九七三年、三〇～三三頁。

10――経済企画庁編『国民所得倍増計画』一八頁。

11——「２．ＩＭＦ国際収支地域分類」財務省財務総合政策研究所編『財政金融統計月報』二四四号、一九七二年六月。

12——非対称同盟に関しては、玉置敦彦「帝国と同盟」東京大学大学院法学政治学研究科博士論文、二〇一四年、第一章。

13——ＮＡＴＯ同盟内（特に米英独）におけるドル防衛政策と安全保障については、Hubert Zimmermann, *Money and Security: Troops, Monetary Policy, and West Germany's Relations with the United States and Britain, 1950-1971*, Cambridge: Cambridge University. Press, 2002. 米国とＮＡＴＯ諸国（特に西ドイツ）との軍事オフセットについては、Francis J. Gavin, *Gold, Dollars: and Power, The Politics of International Monetary Relations, 1958-1971*, Chapel Hill: The University of North Carolina Press, 2004. 一九六〇年代の国際金融史・通貨外交全般を論じたものとして、田所昌幸『「アメリカ」を超えたドル』中央公論新社、二〇〇一年、第二章、牧野裕「ブレトンウッズ体制」上川孝夫・矢後和彦『国際金融史』有斐閣、二〇〇七年、一一八〜一三〇頁。

14——なお、この統計上、日本の外貨準備の増減は誤差脱漏に含まれている。

15——最新の研究として、佐久間一修「ドル防衛問題と日米同盟」防衛大学校総合安全保障研究科後期課程卒業論文、二〇一六年。佐久間の研究は、米国製装備の売却促進、ＭＡＰによる無償軍事援助の削減、在日米軍基地削減という三つの国際収支問題の軍事的対策について、米国の対日防衛公約など日米安保体制との連関の視点から検証したものである。

16——浅井良夫『ＩＭＦ八条国移行』日本経済評論社、二〇一五年。同「高度成長期における為替管理と海外短資市場（三）」『成城大學經濟研究』第一七一号、二〇〇五年。

17——樋渡由美『戦後政治と日米関係』東京大学出版会、一九九〇年。

18——古城佳子『経済的相互依存と国家』木鐸社、一九九六年。同「ブレトン・ウッズ体制の変化と日本の対応」草野厚・梅本哲也編『現代日本外交の分析』東京大学出版会、一九九五年。同「日米安保体制とドル防衛政策」『国際政治』第一一五号、一九九七年。

19——当該期の国際収支表については、U. S. Department of Commerce, Bureau of Economic Analysis, *The Balance of Payments of the United States, Concepts, Data Sources, and Estimating Procedures*, Washington, D.C.: U.S. Government

Printing Office, 1990, および「米国の国際収支表について」『第一銀行調査月報』第一九巻第一〇号、一九六七年。

20——ポール・ボルカー・行天豊雄『富の興亡』東洋経済新報社、一九九二年、四四頁。

21——山本栄治『国際通貨システム』岩波書店、一九九七年、一一七頁。

22——浅井『IMF八条国移行』第七章、第八章、浜岡鷹行「岸=アイゼンハワー時代の米国対日経済政策」筑波大学大学院地域研究研究科修士論文、二〇〇九年、福元健太郎「成長と自由化の政治的条件」『年報政治学 二〇〇〇年』岩波書店、二〇〇一年、岡崎哲也「貿易自由化の政治経済学」原朗編『高度成長展開期の日本経済』日本経済評論社、二〇一二年、鈴木基史「レトリックの政策決定ゲーム」『国際政治』第一八一号、二〇一五年、アーロン・フォースバーグ『アメリカと日本の奇跡』世界思想社、二〇〇一年。

23——浅井『IMF八条国移行』三九二頁。

24——利子平衡税をめぐる日米交渉について言及した研究として、古城「ブレトン・ウッズ体制の変容と日本の対応」二四九～二五〇頁、樋渡『戦後政治と日米関係』二三八～二五〇頁、田所『「アメリカ」を超えたドル』一〇六～一〇七頁。

25——菅英輝『冷戦と「アメリカの世紀」』岩波書店、二〇一六年、第五章。同「ベトナム戦争と日米安保体制」『国際政治』一一五号、一九九七年、昇亜美子「ベトナム戦争における日本の和平外交」『法学政治学論究』第五九号、二〇〇三年冬季号。

26——曺良鉉『アジア地域主義とアメリカ』東京大学出版会、二〇〇九年。保城広至『アジア地域主義外交の行方』木鐸社、二〇〇八年。野添文彬「東南アジア開発閣僚会議開催の政治経済過程」『一橋法学』第八一巻第一号、二〇〇九年。

27——池田政権期の米国製兵器購入をめぐる日米交渉については、中島信吾『戦後日本の防衛政策』慶應義塾大学出版会、二〇〇六年、二四〇～二四二、二六七～二六九頁。古城「日米安保体制とドル防衛政策」一〇四～一〇六頁、吉田真吾『日米同盟の制度化』名古屋大学出版会、二〇一二年、八二～八七頁。

28——一九六七年一一月の佐藤・ジョンソン会談については、中島琢磨「一九六七年一一月の佐藤訪米と沖縄返還問題をめぐる日米交渉」『年報政治学二〇〇九－一　民主政治と政治制度』木鐸社、二〇〇九年、同「初期佐藤政権における沖縄返還問題」『法政研究』第七三巻三号、二〇〇六年、野添文彬「一九六七年沖縄問題と佐藤外交」『一橋法学』第一〇巻一号、二〇一一年。中島の一連の研究は、中島琢磨『沖縄返還と日米安保体制』有斐閣、二〇一二年にまとめられている。沖縄返還交渉に関する先駆的な研究として、河野康子『沖縄返還をめぐる政治と外交』東京大学出版会、一九九四年。また、同「沖縄返還と地域的役割分担論（一）（二）」『法学志林』第一〇六巻第一号、第三号、二〇〇八、二〇〇九年。当該期の対米国際収支協力を大蔵省の立場から論じたものとして、浅井「高度成長期における為替管理と海外短資市場（三）」三五～三八頁、大蔵省財政史室編（浅井良夫執筆）『昭和財政史　昭和二七～四八年度　第一二巻　国際金融・対外関係事項（二）』東洋経済新報社、一九九二年（以下、『昭和財政史一二』と略記。）一九八～二〇三頁。また、当該期の小笠原返還に関する最新の研究として、真崎翔『核密約から沖縄問題へ』名古屋大学出版会、二〇一七年。

29——我部政明『戦後日米関係と安全保障』吉川弘文館、二〇〇七年、一七七～一九六頁。同『沖縄返還とは何だったのか』日本放送出版協会、二〇〇〇年、第六章、宮里政玄『日米関係と沖縄』岩波書店、二〇〇〇年、三三七～三四九頁、軽部謙介『ドキュメント　沖縄経済処分』岩波書店、二〇一二年、第一章・第二章。鈴木三郎「米国側資料からみた、沖縄返還時の円ドル通貨交換と回収ドルの取扱いをめぐる日米交渉」『武蔵大学論集』第五九巻第四号、二〇一二年。波多野澄雄「「密約」とは何であったか」同編著『冷戦変容期の日本外交』ミネルヴァ書房、二〇一三年、二七九～三一六頁。

第一章　貿易自由化の葛藤　一九五九〜一九六二年

はじめに

一九六〇年代前半は、日本の貿易自由化が劇的に進展した時期である。「貿易、為替自由化促進閣僚会議」の設置（一九六〇年一月）や「貿易、為替自由化計画大綱」（一九六〇年六月）など一連の自由化促進政策が策定され、これらに基づいて一九五九年に四〇％に過ぎなかった自由化率（一九五九年の輸入総額に占める自由化商品額〔政府輸入物資を除く〕の割合）が一九六四年には九三％弱にまで上昇した[1]。

この日本の貿易自由化は、通貨交換性の回復（一九五八年）によって、ようやく本格的に機能し始めた「自由・無差別・多角」を原則とする国際貿易体制と軌を一にして実現したものだった。欧州経済共同体（EEC）設立によって域内の貿易自由化を図っていた西欧諸国は、通貨交換性回復後には対米貿易自由化も進めた。西欧諸国の自由化が先行した結果、日本は国際収支を理由に輸入制限を継続する国として突出することとなった。こうして当該期の貿易自由化は、日本市場開放を求める米国やIMF・GATTからの要請に対応していくなかで実施されたが、とりわけ米国からのプレッシャーは「黒船」による貿易自由化とのイメージが一般化するほどに強烈なものだった[2]。

その米国はこの時期、ドル防衛という新たな外交課題に直面していた。アイゼンハワー政権末期の一九六〇年一一月には国際収支に関する初めての大統領指令が発表され、続くケネディ政権は最優先の外交課題の一つとして国際収支問題に取り組んでいくことになる。アイゼンハワー政権は輸出拡大による貿易収支黒字の回復と対外援助と対外軍事支出という二大政府対外支出の抑制によって国際収支の改善を図った。ケネディ政権は輸出拡大・政府支出抑制というアイゼンハワーの基本方針を継承しつつ、負担分担の論理でドル防衛問題への協力を自由主義諸国に要請した[3]。領域横断的なドル防衛協力策のなかで、アイゼンハワー政権もケネディ政権も、まずは貿易収支と軍事収支の二点で対策を講じていくのである。

そうした米国からみて、西欧諸国が対米貿易自由化を進めるなかでも依然として米国からの輸入に制限措置を継続している日本は、貿易収支の観点のみならず自由貿易主義という国際経済体制の確立という点でも、対応を求めざるをえない存在であった。他方、日本にとって一九六〇年前後の貿易自由化は、国際収支問題を中核として、戦後国際経済秩序に自らをどう重ねていくのか、その際に農業や幼稚産業といった国内経済はどうなるのかという、外交と内政との連立方程式のなかで均衡解を探る課題であった。かくして、一九六〇年代前半の貿易自由化をめぐる日米交渉は、両国の政策意図が絡み合いながら、その後一九六〇年代後半まで続くドル防衛をめぐる日米交渉の第一フェイズとして展開される。

以上のような問題意識に基づき、本章は一九五九年から一九六二年における日本の貿易自由化をめぐる日米関係を政府間交渉と日本政府内の政策決定過程の連関に焦点を据えて明らかにする。また、日米交渉については、そのインターフェイスであった外務省(経済局)と米国在京大使館に注目し、両者が日米関係における自由貿易主義の重要性について認識を共有し、また日本が自由貿易を経済外交の基軸に位置付けていくプロセスについても考察してみたい。

1 「貿易、為替自由化計画大綱」の政治・外交過程

貿易自由化の国際環境

戦後、西欧諸国の経済復興が欧州経済協力機構(OEEC)を母体とする協調的な貿易自由化と連動したものだったのに対し、一九五〇年代の日本の経済復興は、貿易自由化とはほぼ無縁に実現したものだった。これは、周辺に同レベルの産業国が存在せず水平的な貿易拡大が望めなかったこと、GATTなど国際経済への復帰が遅れたこと、主要輸出品である軽工業品は輸入国で抵抗を受けやすいこと、主たる貿易相手国であった途上国市場との間では相互的な貿易自由化が現実的でなかったことなどが原因と考えられていた[4]。むしろ日本は、外貨準備の保持を目的として、輸出振興につながる原材料や食糧、合理化のための機械類など以外には厳しい輸入制限措置を課していた。一九五八年一二月に西欧諸国が通貨交換性を回復したのちも、日本政府内ではEEC発足によってむしろヨーロッパでは保護主義が強まるとの考えが一般的であった。西欧諸国の自由化促進を傍目に、日本政府内では一九五九年前半に至っても自由化に向けた機運が高まることはなかった[5]。

たとえば、一九五七年二月に外務省が「新事態下わが国外交政策のありかたにつき事務当局としての一応の思想統一」のために取りまとめた外交政策要綱案では、理想としての貿易為替自由化の必要性は認めつつも、自由化が一部地域や諸国に限られている現実を直視し、いたずらに一方的な自由化に走ることなく、国

際経済の諸案件は非公開の二国間直接交渉によって解決を促す段階にあるとしていた[6]。当時の日本外交にとっては、グローバルベースで自由化実現を図っていくことよりも、二国間交渉で相手国の対日貿易制限を相互的に緩和ないし撤回させることのほうが重要視されていたのである。一九五九年五月に通産省、大蔵省、外務省がまとめた統一見解（「貿易の自由化に関するわが国の態度」）でも、国際収支の動向や通商環境、貿易構造を踏まえた「漸進的な自由化」との方針が示されつつも、対日差別国が残るなかでは、これら諸国との話し合いによる双務的な貿易体制を通しての実務的な貿易拡大もやむをえないとしていた[7]。

しかし、こうした予測は時をかけずに覆されることになる。ＥＥＣ設立によって域内貿易自由化を進めていた西欧諸国は、通貨交換性回復後には対米貿易の自由化措置を加速していた。戦後の過渡期の暫定的措置として経常収支取引に対する為替制限を認めるＩＭＦ規約第一四条の援用についても、ＩＭＦが一九五七年に西ドイツに対して援用撤回を勧告したことを皮切りに、西欧諸国は相次いでＩＭＦ八条国・ＧＡＴＴ一一条国に移行していくこととなった。

このような国際経済の自由化シフトに加えて、日本政府に直接的なプレッシャーを与えていたのが黒船・米国であった。米国が日本への貿易自由化圧力を強めたのは、自由貿易体制を西側各国に展開するというグローバルな政策目標に加えて、同国が戦後初めて国際収支の悪化に直面していたためだった。戦後の米国の国際収支は、経済援助や対外的な軍事展開にともなう政府支出と民間企業の海外投資などによるドル流出を、貿易収支の大幅な黒字によって相殺し、総体としては若干の赤字を計上する構造となっていた。しかし、西欧諸国や日本の経済復興によって貿易黒字幅は徐々に減少し、一九五七年には黒字を計上した国際収支は一九五八年には三三・七億ドル、五九年には三八・七億ドルと急激な赤字拡大に直面した。この状況を打開するため、アイゼンハワー政権は対外軍事援助の見直しや同盟国による米国製装備品の購入による米軍駐留経費の相殺（軍事オフセット）に加えて、貿易黒字の拡大を図るべく各国に対して輸入制限の撤廃を求めていた[8]。こうした同盟政策の見直しの一環として、米国は一九五九年夏以降、日本に対しても貿易自由化圧力を強めていくのである。その動きを先導したのが、駐日大使のマッカーサーであった。

一九五七年一月に着任したマッカーサーは、日本製品が米国内の輸入制限運動によって米国市場から締め出された場合、日本経済は中国大陸と結びつきを深め、ついには共産主義陣営への経済的従属関係に陥るとの警鐘を早くから鳴らし続けていた。だが、長崎国旗事件を契機とする日中交流の断絶（一九五八年四月）と第二八回衆議院総選挙での自民党の勝利（同年五月）の後は、岸政権によって日本の政治・経済状況が落ち着きを取り戻したと状況判断を改めた。その認識は、日中貿易を主導する人物として警戒してきた高碕達之助通産相すら日米貿易により高い価値を見出すようになっていたこと、翌年六月の参議院選挙での自民党勝利や日本政財界の米国市場重視の姿勢、そして何よりも日本の国際収支の大幅改善によっていっそう深まった。この岸政権による政治・経済状況の安定化という判断に基づいて、マッカーサーは、日本の貿易自由化を通じて米国内に勃興する保護主義的な輸入制限運動を抑制し、もって日米経済関係の安定化を図るという、日本に「痛み」を強いる自由化要求アプローチを採用した[9]。

これ以降、マッカーサーは自民党政権による安定的な統治を揺るがせないことを前提に、一貫して日本に貿易自由化を強く要請していく。アイゼンハワー政権が国際収支問題の対象国として検討していたのは西ドイツなど西欧諸国であったが、マッカーサーの働きかけは、この動きに日本を加えることになった。一九五九年七月から九月にかけて、マッカーサーは岸首相本人に加えて池田勇人通産相や佐藤栄作蔵相ら主要閣僚と相次いで会談し、日本の貿易自由化は米国産業界の保護主義を抑制できるという交渉論理で、貿易自由化の促進、とりわけドル差別の撤廃を強硬に求めた[10]。ドル差別とは非ドル圏の国家がドルの流出を抑えるために米国などドル地域からの輸入を制限する措置であり、本来はIMF協定に違反する措置だが、ドル不足に悩む西側各国において過渡的措置として広く採用されていた。しかし一九五〇年代後半になると西欧諸国は漸次その差別措置を撤廃しており、米国に対する通商差別実施国として日本は際立つ存在になっていた。これが日米関係にもたらす悪影響を、マッカーサーは憂慮したのである。

マッカーサーによる政府首脳に対する直接交渉と並行して、米国は事務レベルでも日本への要求事項を伝えていた。八月一九日、チボドー駐日公使は牛場信彦経済局長との定例会談で貿易自由化問題を取り上げた。米国側の要請により通産省の瓜生復男通商局次長も同席した会談で、チボドーはマッカーサーと同様に米国内での保護主義の高まりを訴えつつ、ドル差別問題と輸入制限措置を取りあげ、日本側に対応を促した。しかし日本側は、自動承認制(AA)品目の拡大は望ましいが、そのためには輸入が急拡大しないよう国内産業を組織化して秩序立てていく必要があること、GATT三五条援用などの対日差別措置が残存するなかで日本だけが自由化に進みえないことを主張し、さらに日本がIMF一四条国・GATT一二条国として輸入制限が容認されていることを前提に「米国の要求するところがIMFやGATTの要請以上であれば日本としてはオイソレとこれに応じるわけには行かない」と開き直ったように反論した。チボドーは納得せず、国務省からの訓令として、GATT東京総会前の具体的な輸入制限緩和を促した[11]。チボドーは九月二日にも牛場に対して、マッカーサーと池田、佐藤との会談内容に触れながら、日本がGATT東京総会に範を示すべく貿易自由化の方向に重要な措置を講じるよう求めた[12]。

窮地のGATT東京総会(一九五九年一〇月)

一九五九年秋のGATT総会は初めて事務局のあるジュネーブを離れて、東京で開催された。日本政府が

GATT総会の東京招致を決めたのは一九五七年一一月だったが、その狙いはGATT三五条援用のような対日差別待遇問題を前進させるためにも日本経済の実情を認識させるという点に置かれていた[13]。自由貿易原則の例外として日本に課せられている差別措置の非を各国にアピールし、GATT三五条の援用撤回交渉に弾みをつけるきっかけとしてGATT東京総会を位置付けていたのである。しかしながら、GATT東京総会前の急激な貿易自由化要求の高まりを目の当たりにして、外務省は日本が守勢の立場にあることを理解し、方針の再検討を始めた。そして、九月一日には「貿易為替自由化に関する外務省の基本的立場について」と題する成案を得た[14]。その内容は、可能な限り輸入自由化率の引き上げに努めることを基本として、ドル差別の軽減や生産原材料などの輸入枠拡大ないし将来的なAA制への移行、貿易・為替管理による国内産業保護の軽減などを打ち出しており、自由化に慎重だった従来の方針からの転換を示すものだった。この外務省方針は「根拠の薄弱な且つ対外的に説得力の乏しい理由に基づく制限については極力自由化を促進し、国際社会における発言権を強化することが必要であり、このことは結局国内産業の強化にも資する」という理由を付けて関係省庁にも配布された[15]。

この外務省の方針転換はさっそく、米国の要求するドル差別問題への対応に波及した。すでに一九五八年末の決済通貨間の交換性回復によって、日本もドルのみを差別する為替管理上の理由はなくなっていたが、一九五九年三月末の時点でも大豆や銑鉄など一〇品目[16]については差別措置を継続していた。この問題をめぐって、政府内は撤廃に賛成する外務省・大蔵省と産業保護の観点から先送りを狙う通産省・農林省とに分裂していた。外務省は、前述のように貿易自由化を自主的に進めることで国際社会での発言権を強化すべきと主張したが、その背景には、来るべきGATT東京総会での追及に備えるという外交戦術的な判断に加えて、日本の自由化によって米国の産業界や議会内に芽生えていた保護主義的な傾向を抑制するという意図が強くなっていた。外務省はマッカーサーらの繰り返していた交渉ロジックを共有し、自由貿易主義を採用することの外交上の意義を訴えて国内の説得を試みていく。

一九五九年九月一六日、経済閣僚懇談会で貿易自由化問題が取り上げられた[17]。会議では外務省が主張した自由化促進の原則には各大臣とも異議はなく、対米関係からも一段と努力を要することについては意見一致をみたものの、自由化の実施については品目ごとに検討することとなった。大蔵省為替局は、佐藤蔵相の訪米土産とすべく一九六〇年度上期までにドル差別一〇品目すべてを自由化すべきと考えていたが[18]、その意見は通らず、結果、六〇年一月実施は二品目、六〇年度中に実施するのが七品目、自由化しないのが一品目の三段階措置となった。外務省や大蔵省の自由化論は総論賛成・各論反対という結論しか得られなかったのである。

こうした通産省・農林省の抵抗によるドル差別撤廃の先延ばしをみて、米国は態度を硬化させた。九月下旬には藤山愛一郎外相がハーター国務長官やディロン国務次官と、佐藤蔵相もハーターとそれぞれ会談したが、その際にも米国側はマッカーサーと同じ交渉論理でドル差別撤廃を要求した[19]。

同年一〇月、ついに東京で第一五回ＧＡＴＴ総会が幕を開けた。会議開始直後から、米国は事前の予告どおり日本に自由化要求を突き付けた。米国代表のディロンは大臣会合の席上、国際収支上の理由から自国の輸出振興を優先せざるをえないと述べて、早急に輸入制限措置を撤廃するよう日本に訴えた。ディロンは佐藤との個別会談でも、米国内での保護主義の台頭という同じロジックでドル差別撤廃の実施繰り上げを求めた[20]。

国際会議を舞台とする強硬な自由化圧力の表明に、日本政府内では焦慮が一挙に広がった。その結果、文字どおり泥縄的にドル差別を含む輸入制限を緩和することとなった。その過程で外務省はタイミングが極めて重要であるとし、また大蔵省も米国は岐路にあるので極力迅速にドル差別を撤廃するよう要求したものの、通産省はなお抑制的な態度を崩さなかった[21]。結局、GATT東京総会終盤の一一月一一日、対応を迫られた日本はドル差別一〇品目すべての撤廃繰り上げを含む新たな輸入制限緩和措置を決定し、ラワン材など四品目は一九六〇年一月から、残りの六品目は六〇年度中の早い時期に自由化すると発表した。在京大使館には、この措置が池田通産相の省内説得により実現したとの情報が寄せられていた[22]。一方、GATT東京総会での日本の所期の目的であった対日差別問題に関しては、GATT三五条援用撤回のコミットメントを与えた国は一つもなかった[23]。日本に対する差別措置の非を訴える舞台として準備されたGATT東京総会は、日本の思惑とは正反対に、日本に自由化の覚悟を問う場となったのである。

「貿易、為替自由化促進閣僚会議」設置と岸訪米

GATT東京総会を契機としてドル差別問題は前進したが、その実施時期が懸案として残されていた。加えて、五九年の自由化率は約四〇%とグローバルベースでみると輸入制限措置は依然として多く、一九六〇年一月の岸首相訪米の際に貿易自由化問題が議題となるのは必至であった。そこで、池田通産相が主導して一九五九年一二月二六日に当時全輸入の約二〇%を占めていた原綿と羊毛を六一年四月から自由化することを決定するとともに、翌年一月五日の閣議決定で貿易・為替の自由化の促進を目的とする「貿易、為替自由化促進閣僚会議」を設置した。

この会議設置の理由について、牛場経済局長はパーマー駐日公使との定例会合で「今回の措置は真剣な意図に基づくもの」と説明した。さらに各省庁局長クラスの会議でも自由化に対する雰囲気が一般的に良くなっており、とくに原綿、羊毛の自由化時期の決定は日本が完全に自由化の方向に踏み出すものと述べ、そ

の意義を強調した。さらに、岸訪米時に自由化の具体的政策について話し合うために自由化決定の作業を急いでいるとして、閣僚会議での決定が岸訪米とセットになっていることを打ち明けた[24]。実際に、関係省庁の事務次官などで構成される閣僚会議の下部委員会でも、岸訪米までに対ドル差別六品目やその他米国の関心品目について自由化を決定することが望ましいと考えられていた[25]。

岸訪米を直前に控えた一九六〇年一月一二日、閣僚会議は五月末までに年次別の自由化計画を作成することやドル差別残存六品目の自由化時期などを明記した「貿易及び為替の自由化の促進について」（以下、「基本方針」とする。）を定めた。この基本方針について、マッカーサー率いる在京大使館は、マッカーサーや大使館、政府高官らによる過去数ヵ月にわたる強い意向表明によって、岸が貿易自由化の必要性を認識し、最重要の経済政策と位置付けた成果であると評価した[26]。前年夏以来の自由化圧力が結実しつつあるとマッカーサーは判断したのである。

基本方針というお土産を持参して米国にわたった岸は、ハーター国務長官に対して、輸入制限撤廃を最大限急ぐことを約束した[27]。アイゼンハワー政権は日米貿易に対する岸のこうした姿勢を肯定的に捉えていた[28]。在京大使館も岸帰国後の二月半ばまでは、貿易自由化に対する岸政権の取り組みを評価し続けていた[29]。

「貿易、為替自由化計画大綱」をめぐる政治過程と日米交渉

しかしその後、自由化の具体的な品目やスケジュールの検討が本格化すると、政府内では各省庁の意見対立が表出し、自由化計画は停滞した。日米安保条約改定をめぐって岸政権の体力が落ち、貿易自由化に対する政治的リーダーシップが失われていったことも、通産省や農林省の抵抗を後支えした。ドル差別の撤廃や

原綿・羊毛の自由化でイニシアティブを発揮した池田が三月一日の記者会見で三年間に時間を限って自由化を実現することは慎むべきと公言するなど[30]、慎重論は閣内にも広がっていた。

こうした潮目の変化について、マッカーサーは岸と蔵相の佐藤は自由化を主導しているが、池田が様子見に転じていると分析してワシントンに報告している[31]。安保改定だけではなく、貿易自由化でも岸の政治指導力に期待してきたマッカーサーだったが、基本方針の策定直後のような楽観論は修正せざるをえなかった。このマッカーサーの情勢分析を受けて、米国は外交ルートを通じて日本に強い懸念を伝えていくことになる。一九六〇年三月に来日したマン国務次官補は牛場局長に、日本の自由化措置が米国内の保護主義を抑制するという従来と同様のロジックで説得を繰り返した[32]。また、ワシントンでも国務省担当者が駐米大使館員に対して、日本の自由化措置はひどく遅く、このままでは日本は孤立することになると警告していた[33]。

このような米国との頻繁な接触を通じて、外務省経済局ではどんなに遅くとも三年以内に自由化を終えることを目途とすべきとの方針を固めていた[34]。しかし、政府内部では、自由化措置をできるだけ先延ばしし、かつ自由化の水準も抑制的にしようとする自由化消極論が支配的になっていた。池田が慎重姿勢へとシフトした後、通産省は自由化計画の政府内協議でも業界対策を口実に具体的な言及を避けるべきとの態度を固持し、議論を停滞させた。関係局長会議でも、二年後のIMF八条国移行の可能性を見据え、今から強力に自由化を推し進めるべきとする外務省に対して、通産省は対策を求める業界との関係から自由化に否定的な態度を隠さなかった[35]。その頑なな姿勢は、大蔵省が「業界は自由化対策をやっている。むしろ関係省の役人の方が腹が決まっていないのではないか」と痛烈な批判を浴びせるほどだった[36]。政治主導が失われた結果、それまで抑えられてきた慎重論が勢いを回復し、事務レベルでも意見集約は難航した。結局、各省庁間の作業遅延のため[37]、当初目標とした五月下旬の計画策定は間に合わず、内容も基本方針よりも引き下げられていった。

六月一〇日、計画を取りまとめていた経済企画庁から「貿易、為替自由化計画大綱」(以下、「大綱」とする。)の原案が各省庁に提示された[38]。大綱原案は、通産省の意向を強く反映したものとなっており、基本方針で示されていた自由化年次別計画も、三年後の自由化率の目標も示されていなかった。同日開催された自由化関係各省幹事会で、通産省は「微温的と思われるかもしれないが現状では本案が良いのでは」と余裕をみせ、農林省はさらに乗じて「年次別計画でないのなら、主要農産物は入れなくても良い」と、主要農産物を自由化計画そのものから除外することすら示唆した。これに対して外務省は、大綱原案は抽象的すぎて対外的に説明が困難であり、自由化の具体的スケジュールは不可欠であると反論した[39]。

各省庁の意見を受けて、経済企画庁は大綱原案を持ち帰り、年次計画作成という基本方針の目標を維持するという外務省意見を容れた修正案を策定した。具体的には、主要商品の輸入自由化の時期を四分類し、原材料や国産品との競合が少ないものはできるだけ早期に自由化する一方、一挙に自由化が難しいものは輸入相手国の要望や国内産業の合理化育成計画を考慮しつつ自由化するとしていた。その結果、一九六〇年四月時点で四〇%の自由化率を三年後におおむね八〇%まで引き上げることを目途として示した[40]。

新安保条約が自然承認された翌日の六月二〇日、同案を検討するために自由化関係各省幹事会が再び開かれた。席上、外務省はＩＭＦ八条国移行を見据え、自由化できない品目のネガティブ・リストの作成を建前として、最後まで自由化できない品目は最小限度に絞るべきと訴えた。一方、原案に賛意を示していた通産省は、この修正案について、貿易自由化とは世界の大勢に日本が順応するのではなく、「日本産業政策の一環として自由化を加味する筋合いのもの」と述べるなど、「根本的に通産省の意向とは異なる」と反発した。

だが議論の大勢は外務省に傾いており、ネガティブ・リストの作成といった意見は否定されたものの、外務省から提案されたＩＭＦから八条国移行の勧告があった場合には計画を大幅に修正することが非公表の各省庁合意事項として確認された[41]。大綱の対外的インパクトを強調する外務省の意見が、国内事情を口実とする通産省の抵抗を逆転で寄り切ったのである。岸が内閣総辞職を表明した翌日の六月二四日、貿易、為替自由化促進閣僚会議による了承を経て、大綱は閣議決定された。

大綱修正案は外務省の主張に沿って書きぶりを改めたものとなったが、これまでの経緯が示すように、その内実は各省庁の妥協の産物であった。年次計画の方針は示されたが、主要な商品の大まかな自由化時期しか記載されていなかった。また、自由化率も三年後においておおむね八〇％（石油石炭を自由化した場合は九〇％）と抑制的で、実際には七六〜七七％と見積もられていた[42]。

この大綱の内容は、岸政権による自由化取り組みに高評価を与えてきた米国政府、とりわけ在京大使館にとって納得しがたいものだった。大綱発表直前の六月二二日、その内容を報道で知ったトレザイス参事官は牛場に対し、大綱は期待はずれであり、ワシントンも同様であろうと苦言を呈した。牛場はトレザイスの意見に同意するとともに、ＩＭＦやＧＡＴＴの場で各国が日本に自由化を強く促すだろうとし、さらに「自由化はわが国自身の利益になるのであるが容易に行い得ない事情もあるので外部からのpressureも必要であると思う」と返答した[43]。牛場のこの発言は、前述の非公表の各省了解事項を前提として、外圧による自由化計画の修正を示唆するものだった。

マッカーサー主導の対日圧力によって始動したかにみえた岸政権による貿易自由化への取り組みが、安保改定をめぐる政権末期の混乱のなか担当官庁の抵抗で停滞していることに、米国は不満を強めていた。マッカーサーが期待してきた岸の政治指導力もすでに失われていた。他方、対外的には説得力を持ちえない通産省や農林省の論理によって貿易自由化が抑制されていることに、外務省も苛立ちを募らせており、国内の反発を超えて自由化を促進するために外圧の必要性すら感じていた。岸政権末期に駆け込み的に決定に持ち込まれた大綱は、対外公約として、その後の池田政権にとって重い外交課題となっていくのである。

2 ドル防衛と貿易自由化の連鎖

池田政権発足直後の貿易自由化

安保条約改定直前の一九六〇年六月一一日、ワシントンでは新たな対日政策文書(NSC6008/1)がアイゼンハワーの承認を受けて採択されていた。同文書では、日本の経済成長が自国の生活水準の改善のみならず途上国への援助拡大や自由世界へのいっそうの貢献につながるものとの評価をベースとして、米国は開放的な輸入政策を継続し、日本は米国からの輸入差別措置を撤廃することで日米経済関係を高い水準に導くとの方針が掲げられている[44]。日米両国が自由な貿易政策を推進することで相互主義的な恩恵を最大化することが再確認されたのである。

一方、安保闘争の余韻冷めやらぬ一九六〇年七月、岸政権を継いで池田勇人政権が発足した。前述のとおり、岸政権の通産相として池田は省内の反対を抑えて原綿・羊毛の自由化やドル差別撤廃を実施するなど貿易自由化にイニシアティブを発揮した。その反面、政局が流動化すると自由化に慎重な姿勢を公言し、大綱策定プロセスでは省内の慎重姿勢を抑えることもせず、基本方針の想定よりも後退した自由化計画となるのを黙認した。在京大使館はまず、政権を握った池田が貿易自由化にどれだけ真剣に取り組むかを見定めようとした。

情報収集を重ねた在京大使館は、八月上旬には、池田政権の経済政策、とりわけ自由化に対する取り組みについて、現時点で想定しうるなかではもっとも信念をもって精力的に自由化を推進する政権ではあるものの、政治的な障害もあり、前進はするが猛進はしないだろうとの中立的な評価を下した[45]。こうした判断に基づき、マッカーサーは対日圧力を継続すべきとも考えており、小坂善太郎新外相の訪米を控えて、貿易自由化とドル差別撤廃を要求すべきと改めてワシントンに意見具申した[46]。

在京大使館からの要請を受けて、ワシントンでは朝海浩一郎駐米大使と会談したパーソンズ国務次官補が、日本の貿易政策はあまりに保護的で、大綱で示された「三年後八〇%」は「少なすぎるし、遅すぎる(too little, too late)」との不満を米国産業界が抱いていると述べて、自由化の停滞を牽制した[47]。さらに、六〇年九月に訪米した小坂外相にマーチャント国務次官は、輸入制限・ドル差別待遇の除去が遅々として進まない日本の状況に対する失望を表明し、日本を含めた世界の主要貿易国が分別ある自由貿易政策をとることで、米国内の保護貿易論者の政治的圧力に抵抗できると述べて善処を求めた。小坂は米国側の考えに同意を示す一方、日本の現状からみて大綱がいかに思い切った決断だったかを語るとともに二重構造という日本経済の特殊性を説明して理解を求めた[48]。また、IMF総会出席のため九月下旬に渡米した水田三喜男蔵相とディロンとの会談で、ディロンは日本の自由化への取り組みを諒としつつも、経済条件が予測よりも改善した場合には計画を前倒しするよう要望した[49]。

こうした働きかけの反面、マッカーサーは対日圧力行使が行き過ぎることも懸念していた。マッカーサーは国務省の日本に対する印象は必ずしもすべて正確ではなく、一九五九年のGATT東京総会以降、自由化をできる限り進めている現実や米国の対日輸出が大幅に拡大していることを指摘し、日本を批判するあまり米国内の保護主義が増長する結果となれば貿易関係だけでなく日米関係全般まで悪化しかねないと報告して、日本への圧力が行き過ぎたものとならないようバランスをとっている[50]。

要するに、池田政権発足直後、米国は日本にどの程度の自由化を要求すべきかポジションが固まっておらず、日本側も積極的に自由化を進める機運を失っていた。この停滞状況を打開するモーメンタムとなったのがドル防衛の浮上であった。

ドル防衛指令をめぐる混乱

一九六〇年一一月一六日、政権末期のアイゼンハワー大統領は七項目からなる国際収支改善に関する指令を発表し、その後、国際協力局(ICA)買い付けを米国製品優先に転換することや海外駐留軍人家族の削減など、一連のドル防衛政策を矢継ぎ早に指示した。アイゼンハワー政権はドル防衛に正面から取り組む姿勢を公にしたのである。

このドル防衛という新たな政策課題に注目したのがマッカーサーだった。マッカーサーはさっそくドル防衛指令を反映した新たな貿易自由化要求を日本に突き付け、対日国際収支の改善を図るべきであると国務省に意見具申した[51]。その内容は、外貨準備の増加や高度成長といった事態を踏まえれば、大綱が定めた自由化目標は「時代遅れ」であり、一九六一年中に実質的な完全自由化を求めるべきという強硬なものだった。マッカーサーによれば、こうした措置はドル防衛のみならず、日本政府内の自由貿易推進派を後押しするためにも必要なのであった。この意見具申を受けて、一二月九日にはパーソンズ国務次官補が朝海大使を招請し、貿易自由化促進(および関税引き上げへの考慮)などドル防衛政策への協力を要請した。同時にパーソンズは、ドル防衛政策による日本の特需収入減少については理解を示し、そのインパクトが急激になり過ぎないように努力すると約束した[52]。

パーソンズの発言が示すように、アイゼンハワーの国際収支対策は日本国内で政治的な論争を引き起こしていた。特需受取は依然として国際収支の均衡維持に貢献しており、これが削減された場合、今後の追加指令の内容によっては検討中の所得倍増計画を修正せざるをえない状況になることも予想されたからである[53]。

しかも、ドル防衛指令が発表されたのは第二九回総選挙の投開票日(一一月二〇日)の直前であり、選挙期間中から野党はドル防衛政策によって池田政権の経済政策運営が不可能になったと攻撃していた。選挙結果は池田自民党の勝利に終わったが、その後の特別国会でも野党からの追及はやまなかった。一二月一二日に行われた所信表明演説で池田は、特需減少などは経済自立過程で予想される試練の一つであるとし、経済力の内外にわたる発展によって克服すべきであって、所得倍増計画構想を組み替える必要はないと強弁した[54]。その後の答弁でも、池田や水田蔵相は輸出の伸びや国際収支の見通しの明るさを理由に挙げて、ドル防衛政策による国際収支への影響はあるものの耐えうる範囲内であると繰り返した[55]。

実際のところ、関係省庁間での検討結果によれば、大統領指令に基づくドル防衛政策の影響は一九六〇年度には現れず、一九六一年度に特需が一億ドル程度(ICA輸出：四〇〇〇万ドル、軍預金振込・円セール：六〇〇〇万ドル)減少すると見込まれるものの、成長政策に変更の必要はないとすることが政府内での統一見解とされていた[56]。しかし、野党は米国のドル防衛政策によって所得倍増計画の前提が崩れたと池田の政策方針を攻撃し、さらに特需減少やドル切下げ憶測など米国の事情で右往左往することのないよう自主独立の外交方針を選ぶべきと主張した[57]。アイゼンハワー政権末期のドル防衛政策は池田政権の一枚看板である所得倍増計画への攻撃材料として政治的に利用されていたのである。

この状況を実態以上に憂慮したのがマッカーサーだった。貿易自由化を含むドル防衛政策への協力要請が、自民党による政権運営を不安定化させてしまうことをマッカーサーは深刻に受け止めた。そこで、マッカーサーは直前に自らが意見具申した強硬な自由化要求をいったん棚上げし、ドル防衛のハンドリングを過れば日米離間を招く、というロジックで国務省と日本側の両方を説得し、米国のドル防衛に日本が協力する枠組みを作り上げようと考えた。この日米協力によって、国際経済というマクロ面と日本経済の自由化というミクロ面の二重の外交効果を上げることがマッカーサーの狙いだった。

国会でドル防衛についての質疑が繰り広げられていた一二月一六日、マッカーサーはドル防衛が日本に及ぼす影響についての懸念をワシントンに打電した。マッカーサーは、ドル防衛によって引き起こされる日本の国際収支問題は、日米経済関係に対する不信を広げ、最悪の場合、日本が政治的に米国との協調関係から離れて中立主義へと走ったり、経済の多角化を目指して日中貿易に傾斜したり、あるいは貿易自由化を停滞させたり、防衛力整備を抑制したりすることにまで波及しかねないと分析した。そして、こうした事態を回避するために、国際収支問題を議論するためのハイレベル・ミッションを日本からワシントンに派遣するよう池田に働きかけたいと意見具申したのである[58]。

この案が国務省に了承されると[59]、マッカーサーはさっそく小坂外相を往訪し、ドル防衛政策を「日米離間の具」に利用する動きが一部にあることから、米国はパートナーである日本の利益を十分に尊重する態度を示すことが適当との考えを伝えた。そのうえで、日本が合意するならば、この問題について日米間で隔意なき意見交換を行うためのハイレベル・ミッションを翌月(六一年一月)初旬に招致したいと提案した。さらにマッカーサーは、米国としては貿易自由化とガリオア資金についても話し合いたいこと、ミッションの長は水田蔵相が適当であり、アイゼンハワー政権だけではなくケネディ次期政権の責任者となるべき者と会合することも有益だろうといった構想を語り、日本側の反応を尋ねた。小坂は趣旨には賛意を示しつつ、国会審議のために水田の訪米は難しいと前置きし、池田と相談したうえで至急回答すると約束した[60]。この会談後、マッカーサーはワシントンに打電し、ドル防衛問題に強い関心を持つ池田本人が訪米する意向で、ケネディ新政権との会談も希望していると報告した[61]。日本側の記録とマッカーサーの報告電との間には内容に差があるが、国会開会中の首相外遊が政治的に実現困難であったことを勘案すると、マッカーサーは国務省の関心を惹くために日本の意向を誇張して報告したと考えられる。

一方、外務省はマッカーサー提案の意図は諒としつつも、会談の結果がドル防衛政策の通報にとどまるのか、それとも日本にとって好ましい具体的な成果が期待できるのか、その真意をつかみかねていた。そこで、在米大使館に米国政府の意向を確認するよう訓令した[62]。一二月二二日、訓令を受けた朝海大使はパーソンズ次官補を往訪して、水田蔵相らのミッション招待の背景を忌憚なく説明するよう求めた。パーソンズは、マッカーサーからの報告によれば日本国内でドル防衛が政治にも利用されて大げさに取り上げられているらしいので、日米間で率直に意見を交換し、日本への影響を明確に評価するとの判断に基づくものと述べ、日米双方の政治スケジュールから「時期と人の点はフレキシブルなり」と回答した。朝海は、ドル防衛を不当に利用しようとする人はいかに正確な報告に接しても納得しないので気にすることはないとパーソンズの憂慮を払拭し、技術的にも政治的にも蔵相訪米は困難と述べて、ミッション派遣の必要性を否定した[63]。結局、一二月二六日にマッカーサーを招請した小坂が、池田にも諮って慎重に検討した結果として、ミッション招致提案を謝絶した。代替策として小坂は外交チャネルを通じての米国側から情報提供により、日本への悪影響を最小限にとどめたいと述べた[64]。

このようにアイゼンハワーのドル防衛指令が日本政治に与える影響への憂慮に端を発したハイレベル・

ミッション派遣構想はマッカーサーの独り相撲に終わった。だが、ドル防衛指令を契機として日本への貿易自由化要求を強めていこうとするマッカーサーの政策意図は、日米外交事務レベルでは共通理解となっていく。

外務省経済局では、大統領指令に基づくドル防衛政策によって、米国からの貿易自由化要求がさらに強くなり、また米国内で輸入制限運動が高まることを懸念した[65]。そして、ケネディ新政権発足を見据えて、ドル防衛政策に積極的に呼応して自由化を促進すべきと判断していた。一二月二一日、牛場局長とトレザイス参事官との定例会談で、一二月九日の朝海とパーソンズとのドル防衛政策に関する会談内容が議題となった。トレザイスに対して牛場は「ドル防衛の問題はわが国としても自国にとり重大な問題の一部としてこれに協力するつもりである」と前置きし、「ギブ・アンド・テイク」の原則で自由化促進などについて米国に協力する旨を近く具体的な提案の形で行うよう小坂外相に強く勧告していると明らかにした。ケネディ政権発足にあたり、米国が国際収支を安定させて本来の自由貿易政策に復帰できるよう積極的に協力することが日本自身の利益になると牛場は考えたのである。これに対してトレザイスは、日本のそうしたアプローチは米国が自由貿易を堅持することを容易にし、今後の日米関係にさらに好影響を与えるだろうと謝意を示した[66]。こうして外務省は、ドル防衛への協力という外交課題を国内の貿易政策を結び付けることで貿易自由化の再活性化を図っていく。そのカギを握ることになるのが退任するマッカーサーの置き土産であった。

マッカーサー最後の圧力——一六品目自由化要求

ハイレベル・ミッション派遣というマッカーサーの構想は挫折したものの、その直後から、国会閉会後に池田が訪米し、ケネディ新大統領と会談する計画が事務レベルで検討され始めた。一九六一年一月三一日には、ラスク新国務長官が朝海大使を招き、池田訪米について話し合った[67]。二月六日にも会談したラスクと朝海は、所得倍増計画やドル防衛政策さらには米国内での保護主義など、日米経済関係全般について議論を重ねた。この会談で朝海は、米国がドル防衛を口実として保護主義的な措置へと進まないようにと繰り返し確認を求めている[68]。

一方、ケネディは就任直後の一月三〇日の一般教書演説において、ドル切下げや貿易制限などではなく、輸出増大、外資誘引、同盟国による防衛と途上国援助の負担分担などによって国際収支の改善を図るとの考えを示した[69]。ケネディ政権は自らが主導して自由主義的な国際経済秩序を維持する姿勢を強く誇示したのである。さらに、二月六日には国際収支に関する特別教書を発表したが、その内容は自由貿易主義の堅持を前提とし、金価格の引き上げや対外投資などに対する為替制限の可能性を打ち消すもので、外務省は「全般的に見れば非常にオーソドックスなもの」と分析していた[70]。日本に対しては、特に米国が関心を有する自動車や機械類など完成工業品の輸入自由化の促進などが要請されるとみていたものの、自由貿易主義の堅持が明らかにされたことによって日本側の努力次第で対米輸出拡大の道は確保され、またアイゼンハワーのドル防衛政策に含まれていた海外軍人家族の削減命令も廃止されたため特需収入の減退も緩和が見込まれると評価した[71]。

こうした自由貿易主義の堅持を前提とするケネディ政権の方針は、ドル防衛をめぐり国会で追及を受けてきた池田にとっても強い追い風となった。ケネディ教書発表後の国会質疑で池田は、貿易為替自由化の原則が明記されたことで輸出を予定どおり確保することが可能となり、財政・金融政策を変更することなくドル防衛政策の影響を克服できると説明し、輸出拡大努力によってドル防衛問題を乗り越えるとのそれまでの主張が間違いではないと胸を張った[72]。

こうしてドル防衛政策をめぐる混乱が沈静化していくと、自民党統治の安定という前提条件が回復したと判断したマッカーサーは棚上げしていた貿易自由化要求を改めて取り上げた。大使退任を目前に控えた二月中旬、マッカーサーはケネディ新政権が日本の貿易自由化を重視していることを示すためにも、東京とワシントンの両方から、先の意見具申電のラインで自由化加速を催促すべきと再度具申した[73]。マッカーサーの対日要求は、日本側の反発も織り込みながら大統領によるドル防衛政策の表明というモーメンタムを利用して一九六一年中の実質的な完全自由化を求める強硬なものであり、大豆、自動車、建設用機械など九つの具体的な品目も明示していた。在京大使館は、すべての品目の自由化が実現すれば、一九六〇年の対日輸出の一〇%に相当する一・二億ドルの輸出増が実現するとの試算までワシントンに伝えていた[74]。この意見具申に対して国務省からの回答が寄せられたのは約二週間後だった。国務省はマッカーサー提案の品目を精査し、いくつかの「きわめて政治的」な品目が含まれているとしつつも、議会・産業界からの好意的反応が期待できるとして、意見具申のとおり東京とワシントンから同時に働きかけることを容認した[75]。

これを受けてマッカーサーは大使退任三日前の三月九日、自由化要望品目リストを改定して、自由化要求の口上書手交について至急訓令するようワシントンに要請した[76]。同日付で国務省から発出された回訓の内容は、日本が下期外貨予算案を発表する一九六一年一〇月一日よりも前に、米国が指定する一六品目[77]すべてを自由化することなどを強く要求するものだった[78]。その翌日にはボール国務次官が朝海を招請して、貿易自由化は米国にとって重大関心事項であり、自由貿易主義というケネディ政権の政策維持のためにも自由化をペースアップするよう要請した[79]。マッカーサーはこの直後の三月一二日に駐日大使の任を退くが、貿易自由化への圧力行使容認という外交カードを置き土産として残していったのである。

一六品目要求をめぐる政府内政治

マッカーサー帰任後の四月七日、在京大使館のトレザイスは牛場経済局長との定例会談で、マッカーサーの意見具申に基づく強硬な自由化促進要求を口上書で申し入れた[80]。その内容は、①大綱が定めた「三年後八〇%」という計画は「時代遅れ」であり、一九六二年三月末までにほぼ完全自由化を実現できるよう自由化計画を早めること、②日本の輸入制限措置は米国の自由貿易主義の維持や、対日通商差別撤回での日本への支持を困難にすること、③米国が特に関心を有する一六品目を一九六一年一〇月一日までに自由化することを求めるものだった。トレザイスはさらに、一六品目自由化要求が六月に予定されている池田訪米時に提起されるのは不可避であると付け加えた[81]。

ワシントンでは四月一四日に改めて、一六品目要求に関して朝海とボールとの会談が持たれた。国内の産業構成や自主規制などにともなう輸出の不安定性など日本の事情を説明する朝海に対して、ボールは米国側提案を維持しつつも日本の立場を了解し、米国としては無理強いしない心算であるが、ドル防衛政策もあるので貿易自由化という貿易収支面での協力を切望しているとの立場を明かしている[82]。

この米国からの突然かつ過重な要求に、日本政府は震撼した。米国の要望品目には国内産業との競合や幼稚産業保護の観点から自由化が特に難しい品目が多かったからである[83]。米国側口上書は、開会中の国会審議への影響を考慮して極秘扱いとされた[84]。

一六品目要求をめぐる各省の反応は、自由化への対応そのままであった。トレザイスから口上書を受け取った牛場は、「わが方で検討する上で有益」とし、関係省庁と十分に協議のうえで回答すると前向きに約束していた[85]。大綱策定の時点から関係官庁の抵抗に苦慮していた外務省経済局は、米国の圧力を利用して自由化の促進を図ろうとしていたのである。四月八日、一六品目要求への対応を検討するために各省局次長（参事官）・課長レベル会議が開催された[86]。ここでも外務省は、世界的な自由化の趨勢からみて、またIMF・GATTとの関係からも大綱の促進が必要であり、さらにはドル防衛政策の一環として高まりかねない米国内の輸入制限運動を抑えるために、米国が日本に自由化を求めるのは「けだし当然」と理解を示した。あわせて、この問題が池田訪米時に議題となることは避けられないと付言して、一六品目要求への対応が池田訪米の成否につながることを示唆し、他省庁を牽制した。

一方、外務省とは正反対のリアクションを示したのが通産省であった。通産省は、このような米国からの「プレッシャー」が国内で知られることになれば自由化推進上の支障となること、開会中の国会で野党の攻撃を招くこと、産業構成の高度化を図ろうとする産業政策を台無しにすることなど縷々反論した。農林省も、将来とも自由化困難な品目が大半であると指摘して、米国の要求に応じることは難しいと開き直った[87]。通産省が一六品目要求は内政干渉にわたる点もあり受け入れがたいと述べ、口上書を返送して、受け取らなかったことにするという異例の対応すら要求したように、米国からの自由化要求は日本政府内のナショナリズムを刺激し、強烈な反対論を引き起こした。

その後、四月一四日に外務・大蔵・通産・農林・経企の五大臣会合が持たれた。この場では、一六品目要求が対米配慮という外交上のみならず国内経済上の大問題であることを確認し、日本として積極的に何らかの自主的措置を打ち出すこととなった[88]。だが結局、短期間では具体策を取りまとめることはできず、ひとまず、四月一八日の閣議での迫水久常経企庁長官の「輸出振興と貿易自由化に関する発言」を公表することで、日本政府として一六品目要求に対応していることを暗に示すにとどまった[89]。

他方、日本にドル防衛・貿易自由化での協力を要請していくべきとするマッカーサーの五九年夏からの構想は、次第に米国政府の対日経済政策に取り込まれていった。マッカーサーの意見具申に基づく一六品目の自由化要求が提示された時期、ホワイトハウスと国務省との間では「日本の経済的立場（Japan's Economic Position")」と題する対日経済政策方針が共有されていた。そこにはOEECを改組する経済協力開発機構（OECD）への日本の参加や対日差別の撤廃への支持とともに、米国がIMF・GATT体制を維持することが日本の経済政策の命運を握っているとしたうえで、具体的な対日行動方針として、日米同盟の維持や日本の国際的役割の拡大とならんで日本への貿易自由化やドル防衛政策で米国への協力を要請することが明記されている[90]。ケネディ政権内ではドル防衛というグローバルな政策目標において、日本が西欧とならぶ主要な協力相手であることを確認していたのである。

池田訪米時の貿易自由化問題（一九六一年六月）

ドル防衛政策というグローバルな政策目標と、一六品目という個別的な自由化措置の二点が懸案となるなか、その調整の機会となったのが一九六一年六月の池田訪米であった。訪米を前に、政府、外務省首脳らは会合を重ね、対処方針を念入りに固めていったが、貿易自由化をめぐる池田の対応は揺らいでいた。

四月一七日に首相官邸で開かれた最初の訪米打ち合わせで池田は、自由化といっても米国からの輸入が無制限になるわけでなく、消費財輸入については国内事業者への経理上の優遇によって輸入抑制が可能になるのではないかとの考えを示した。池田は自由化を前提としつつも、税制など国内政策上の措置によって実質的に輸入を制限できると考えたのである[91]。池田がこのような判断に傾いたのは、池田政権の拡張的なマクロ経済政策のために国内景気が過熱し、輸入増加による経常収支赤字の拡大が顕著になってきたことがあった。この時期、池田政権は外貨準備の急減という国際収支の危機に見舞われており、六一年七月には金融引締めに転じ、九月にはIMFに対して借り入れを要請することになるなど、積極的な財政・金融政策に基づく池田の所得倍増計画は厳しい状況に直面していたのである[92]。

六月一日に開かれた第八回訪米打合せの席上、牛場は未回答の一六品目要求が米国側から持ち出されることは必至であり、これに即して自由化促進の具体的措置を検討する必要があると述べ、事務レベルでの検討を前進させるために池田が通産大臣、農林大臣に直接指示するよう求めた。一時帰国していた朝海も一六品目要求を中心とする貿易自由化問題は米国が最も関心を有する議題であると強調して、池田の決断を促した。しかし池田は、自由化全体のプログラムを進めることは了解しつつも、渡米までに関係省間で結論を得ることが困難な見通しなら八八％という数字を明記することを保留したらよいと語るなど閣内収拾に向けて十分な積極性を示さなかった[93]。

その後、池田は通産・農林両省に一六品目の検討を命じたが、政権としての方針が固まらないなかで個別品目に対する両省の慎重姿勢が前向きに転じることはなく、結局、訪米準備の国内調整では一六品目の自由化について何らの決定にも至らなかった。ドル防衛協力を看板として対米関係と国際経済体制への寄与という観点から貿易自由化の重要性を主張し、米国からの圧力も利用して輸入制限を突き崩そうとした外務省だったが、この時点では池田の積極的なサポートを得られず、通産省・農林省の抵抗を抑えることはできなかったのである。

一方、米国は外務省をリバレッジとして日本政府内の政治力学に影響を与えようとしていた。六月七日の定例会議でトレザイスは牛場に対して、池田が訪米時にＩＭＦ八条国移行または一九六二年一月ないし四月までの数量制限撤廃を確約することの可否を尋ねている[94]。しかし、訪米を直前に控えた六月一四日、牛場はトレザイスに対して、自分としても色よい回答をしたいがと苦渋の色をにじませながら、米国要求の一六品目は当分自由化が困難であると回答した。トレザイスは納得せず、日本の貿易自由化とＯＥＣＤ加入への米国のサポートを関連付けながら自由化促進を改めて要求した[95]。一六品目要求へのゼロ回答が明らかになると、米国はワシントンでの池田訪米の事前折衝において貿易自由化問題が最大の関心の一つであると指摘して、一九六二年度初めまでの完全自由化を要求するペーパーを手交した[96]。さらに、池田訪米前の最終打ち合わせのために島重信外務事務次官と会談したレオンハート駐日公使も日本が自由化のモーメンタムを失うことなく、池田が旺盛な経済成長を背景とする強い指導者として米国を訪問すべきだと論じた。さらにレオンハートはワシントンに対して、日本のOECD加盟支持を交渉条件にしてでも、ケネディとラスクから池田に対して直接、貿易自由化の促進を期待していることを強調すべきと提起した[97]。しかし同時に、日本経済が貿易赤字に直面している状況下で訪米が失敗に終われば池田は窮地に陥るだろうとの観測もワシントンに伝えるなど[98]、在京大使館では対日自由化要求によって池田政権を追い詰めすぎることへの懸念も広がっていた。貿易自由化をめぐる日米の意見の懸隔は、事前には調整がつかず、池田訪米時へと持ち越されることとなった。

一九六一年六月、池田は占領期にも訪問したワシントンの地に首相として降り立った。六月二〇日、池田とラスク国務長官との会談でさっそく経済問題が取り上げられた。ラスクは米国内の輸入制限論者を抑えるためにも他国の輸入自由化に関心があるとして、日本側の対応を質した。池田は岸政権の通産大臣として多くの反対を押し切って大綱を成立させたと述べて、自身が貿易自由化を重要視してきたことを誇示しつつ、さらに状況に応じて目標を前倒ししたいと説明した。また、産業立ち遅れのために自由化が困難なものについても「籍すに時をもってすれば」必ず自由化するとの決意を示した。一方、ボール国務次官は、米国が後押ししている西欧諸国の対日GATT三五条援用撤回のためにも日本が自由化の時期を早め、とくに工業品の自由化を一九六一年中にも完了するよう求めた。これに対して、池田は農業問題や中小企業問題を挙げて急激な自由化には留保しつつも、既定の自由化計画をさらに促進するよう努力中であると回答した[99]。また、池田訪米にあわせて開かれた小坂とラスクとの会談では、米国内の保護主義の高まりに懸念を示しつつ、日米の相互利益につながる自由貿易の精神を求める小坂に対して、ラスクも貿易自由化に取り組んでいく固い意志を表明している[100]。

このように池田は具体的な時期は明確しなかったものの、一般的な文脈で自由化繰り上げの意思を表明して、訪米という檜舞台ではひとまず米国からの自由化要請を回避した。

池田訪米後の日米交渉

この池田訪米の「成功」は、しかしながら、米国による自由化圧力の緩和を意味しなかった。米国は池田訪米という正面ではなく、ＩＭＦを経由した側面から、引き続き日本に自由化要求を突き付けたのである。

池田訪米中、東京ではＩＭＦの対日コンサルテーションが行われていた。ＩＭＦは、日本の国際収支は強いとの判断の下、自由化(八条国移行)に支障はないことや一年間で自由化率を九五%にするなど強硬な講評案を準備していた。これに驚いた日本側は、水田蔵相らによるＩＭＦとの直接政治折衝によって、大綱で示した自由化計画を半年繰り上げることで八条国移行を一年先延ばしするとの譲歩を獲得した[101]。これを受けて、一九六一年七月一八日、池田政権は大綱の自由化計画の半年繰り上げ(一九六二年九月末までに自由化率を九〇%にする。)を閣議で了解した。外務省はこの自由化促進措置を、池田訪米時の対米コミットメントとして米国に伝えていた[102]。

しかし、ケネディ政権はこの閣議決定をＩＭＦに対するジェスチャーに過ぎないと批判的にみていた。一六品目への回答も得られていないこととあわせて、ライシャワー新大使が率いる在京大使館は池田政権の自由化への取り組みに疑念を抱き始めていた[103]。東京からの報告を受けて、国務省はＩＭＦと日本との合意を受諾するにあたって、日本が急速かつ実質的に完全な自由化を実現するよう条件を付すこととした[104]。八月一日、ＩＭＦ米国代表のサザード理事は、鈴木源吾ＩＭＦ理事を通じて、日本に八条国移行を延期する国際収支上の正当な理由（ＢＰリーズン）はないとの結論を出さないことには賛同しがたいこと、六二年九月にはハードコアに限定して九〇％以上の自由化を実施すること、六一年度下半期から自由化率を上げるとともに一六品目要求にも回答することを要請した[105]。米国はＩＭＦ八条国移行と一六品目要求という二つの外交課題をセットにして日本に対応を求めたのである。

この自由化再要求は、池田訪米とその後の閣議了解で一応事態を先送りできたと考えていた日本政府に激震を引き起こした。八月八日、小坂外相はライシャワーを往訪して八条国移行に関して善処を求める口上書を手交するとともに、一六品目についても誠意をもって事情の許す限り自由化を促進するとの決意を伝え、できるだけ早期に状況を説明することとなった[106]。一方、関守三郎経済局長は会談したドハティ公使に、池田訪米成功の折から圧力は日米関係緊密化に悪影響をおよぼしかねない外交上の愚策ではないか、との素直な感触を伝えていた[107]。八月九日には、池田から小坂を通じてライシャワーに対し、八条国移行を一年先送りできるなら、その間に自由化をいっそう加速できるとの個人的メッセージが届けられた[108]。こうした池田政権の苦慮をみて、ライシャワーは日本政府内の自由化推進派へのサポートという観点から、一九六一年一一月に予定される第一回日米貿易経済合同委員会（以下、日米貿易経済合同委員会は「合同委員会」とも記載する。）の開催を前に貿易自由化を政治問題化すべきでないことや池田政権への配慮を理由に挙げて、一六品目要求への対応などを条件とすることなくＩＭＦ講評案を容認するよう意見具申した[109]。しかし、国務省はこれを拒否し、ＩＭＦ講評案への賛同を米国の自由化要求への回答とカップリングする戦術をライシャワーに指示した[110]。

だが結局、八条国移行に関して米国は、八月一六日に在京米大使館からの「インフォーマル・ノート」において、八月八日付口上書で求めた移行の一年先送りという日本側の要望への好意的対応を約束した[111]。他方、一六品目要求への回答として日本側は、当時直面していた国際収支悪化のなかでは「非常にインプレッシブな自由化措置をとることは無理」と述べつつ一〇月一日自由化決定品目のリストを手交した。関経済局長からリストを受け取ったドハティは「全くdisappointingであって、こんなことではワシントンをはじめ米国内は到底おさまるまい」と嘆じたものの、それ以上追及することはなかった[112]。

ＩＭＦを経由して米国が日本に圧力と妥協を繰り返したのはなぜだろうか。一因として当時懸案となっていた綿製品問題の影響が挙げられるが[113]、同時に重要だったのはライシャワーの存在であった。一六品目要求への回答受領後の九月六日、ライシャワーはワシントンに打電し、国際収支の急激な悪化という現下の日本経済の状況ではより実効的な自由化措置は望みえないこと、綿製品問題での日米対立のなかで日本にさらなる自由化措置を求めることは有害な影響をもたらしかねないことなどを理由に挙げながら、貿易自由化問題についてしばらくの間、日本への批判を控えるよう意見具申した[114]。この意見具申電に対するワシントンからの回答は確認できないが、これ以降しばらくの間、一六品目要求も含めて米国から日本政府に対して直接的に貿易自由化を求めることはなくなった。ライシャワーは意見具申する前日の九月五日には、貿易自由化問題や国際収支悪化を受けて政治的苦境にある池田への助け舟として、日米間の貿易問題を自由主義陣営の経済発展という大きな文脈に位置付けるような内容の池田とケネディとの往復書簡を実現できないかとボールに提案している[115]。

こうして、池田政権を急襲した国際収支の危機という経済状況の悪化や、綿製品問題でのわだかまり、ライシャワーの池田政権への配慮などの要因が重なって、米国の貿易自由化圧力は六一年九月を境として、いったんは終息していくこととなった。

同年一一月、箱根で開催された第一回日米貿易経済合同委員会では、米国側が自由世界の発展と安全保障およびドルの信認維持のためには輸出増大が必要であるとして、ドル防衛の重要性を強調したのに対し、日本側はドル防衛政策の一つとして取られたバイ・アメリカン政策の結果日本側が被った打撃を指摘して、対米輸出の必要性とドル防衛政策の対日適用緩和を主張していたが[116]、共同声明では国内・対外経済政策や国際貿易金融制度に関する日米間の協議・研究を鋭意行うとの表現に落ち着いていた[117]。翌一九六二年九月、池田政権が前年に公約した九〇%という数値目標は、差別自由化問題をめぐる外務省と通産省の対立のあおりを受けて対日差別国の関心品目を自由化対象品目から除外するという措置が講じられ、さらに通産省が主張するセンシティブ品目や石油が自由化から外された結果、八八%にとどまった[118]。

その直後六二年一〇月、米国からの申し入れに基づき、財政金融問題と通商問題をそれぞれ検討するための会議が開催された。一〇月一六日に霞友会館で開かれた通商問題に関する会議では、トレザイス国務次官補代理が日本の自由化率が目標に届かなかったことに失望を表明し、さらなる自由化計画の推進を希望した。ブラダマン国際企画局長も日本の自由化措置の遅れや関税引き上げ措置について苦言を呈するとともに、前年四月の一六品目要求への日本の消極的対応を指摘して不満を明らかにし、①AA制、自動外貨割当制(AFA)の許認可性廃止、②残存一二%の自由化の推進、③将来的な関税引き上げの回避、④行政的手段による制限を行わないことの四点に留意するよう希望した[119]。双方の議論は必ずしも集約したわけではなかったが、トレザイスは日米間の共通利益の存在を指摘しつつ、次回の合同委員会に向けてさらに協議をすすめるうえで有益であったと会議を総括している[120]。一九五九年夏から六一年九月までの厳しい交渉と比較してみるとき、トレザイスの評価はいかにも微温的である。

このように米国からの貿易自由化要求は徐々に減圧していた。その背景には、池田政権による貿易自由化がその後おおむね順調に実施されたこと[121]や、個別品目の自由化要求よりもGATTを舞台とする関税一括引き下げ交渉(ケネディ・ラウンド)という新たな貿易自由化の潮流に日本を取り込んでいこうとしたことが挙げられる[122]。さらに国際収支の観点からみた場合、貿易よりも資本収支や軍事収支での協力を優先させていったという事情があった。次章以降で論じるように、その様相は、貿易自由化をめぐる交渉にも引けを取らないほど峻厳なものとなる。

他方、この時期の貿易自由化をめぐる米国との濃密な交渉は、自由貿易主義の重視という戦後日本外交の特徴を形成する原体験となった。外務省は、日本市場の開放は米国の保護主義的動きを抑制するという米国の交渉論理に共鳴し、他官庁との折衝でも一貫して自由化促進を訴えていた。国内政策決定プロセスや差別国との交渉において自由貿易主義の重要性を繰り返していくなかで、次第にそれは内面化・規範化し、経済外交の指針となっていった。一九六九年九月に外交政策企画委員会が作成した「わが国の外交政策大綱」も、自由貿易に基づき世界貿易を拡大していくことが日本の国益であるとの方針に基づき、貿易・資本の自由化により国内経済の構造転換を促して効率的な国際分業体制を確立することを掲げている[123]。ここに象徴的にみられるように、一九六〇年代前半の日米交渉を通じて外務省は、日本の貿易自由化をGATT体制の安定化というグローバルな課題と結び付け、自由で無差別な国際貿易のなかで経済力の発展を図るべきとする経済外交の基軸を確立していったのである。

註

1——浦田秀次郎「第二次大戦後における日本の通商政策」波多野澄雄編『日本の外交　第二巻　外交史　戦後編』岩波書店、二〇一三年、二七八～二八九頁。

2——通商産業省通商産業政策史編纂委員会編『通商産業政策史　第八巻　第Ⅲ期　高度成長期（一）』通商産業調査会、一九九一年、一九五頁。

3——古城「日米安保体制とドル防衛政策」九六～九九頁。

4——牛場信彦「日本はなぜ自由化に乗り出したか」牛場信彦・酒井俊彦・伊原隆・松尾泰一郎・松尾金蔵『自由化読本』時事新書、一九六〇年、三一～三六頁。

5——浅井『ＩＭＦ八条国移行』二四五～二四六頁。

6——（外務省）「当面の外交政策要綱（第二部）（案）（訂正案）」一九五七年二月一二日、外務省記録「本邦の対外政策関係雑件　調書、資料」第二巻、A'.1.0.0.16-1、外交史料館。

7——藤山外務大臣より在米国朝海大使宛公信経国第四六八号、一九五九年五月二一日、外務省記録「本邦貿易為替自由化関係」第一巻、E'.2.0.0.32、外交史料館（以下、巻数を除き「自由化関係」と略記。）。

8——古城「日米安保体制とドル防衛政策」九六～九八頁。また、同「ブレトン・ウッズ体制の変容と日本の対応」二四八～二四九頁。

9——浜岡「岸＝アイゼンハワー時代の米国対日経済政策」第三章。

10——同右。および、浅井『ＩＭＦ八条国移行』二四八～二五〇頁。

11——経済局米州課「経済局長定例会議の件」一九五九年八月二〇日、外務省記録「本邦対米国経済関係雑件　在京使臣経済局長会談関係（定例会談）」第一〇巻、E'.2.3.1.1-1、外交史料館（以下、巻数を除き「定例会談」と略記。）。

12——経済局米州課「経済局長定例会談に関する件」一九五九年九月四日、同右所収。

13——ガット東京総会事務局「ガット東京総会（二）」『海外経済事情』九巻一三号（三二〇号）一九五九年七月、三二頁。

14——経済局「為替貿易自由化に関する外務省の基本的立場について」一九五九年九月一日、「自由化関係」第一巻。

15——山田久就外務事務次官より石田正大蔵事務次官他宛公信経総合第三六七〇号、一九五九年九月四日、同右所収。

16——ラード、牛脂、牛皮、大豆、アバカ繊維、ラワン材、鉄鋼くず、石膏、銅合金くず、銑鉄の一〇品目。

17——経済局総務参事官室「経済局特別情報第二四五号　一．貿易自由化に関する経済閣僚懇談会の審議要旨」一九五九年九月一七日、外務省記録「経済局特別情報綴（経総調書）」第一一巻、E'.0.0.0.8（マイクロフィルム番号E'-0035）外交史料館（以下、巻数とマイクロフィルム番号を除き「経済局特別情報」と略記。）。

18——浅井『ＩＭＦ八条国移行』二五二～二五三頁。

19——浜岡「岸＝アイゼンハワー時代の米国対日経済政策」。

20——同右。浅井『ＩＭＦ八条国移行』二五一～二五二頁。

21——経済局総務参事官室「輸入制限の緩和に関する閣僚審議会幹事会議事要録」一九五九年一一月一〇日、「自由化関係」第一巻。

22——浅井『ＩＭＦ八条国移行』二五三～二五六頁。浜岡「岸＝アイゼンハワー時代の米国対日経済政策」。なお、大豆と精油ラードを除く八品目は予定どおりに自由化され、大豆と精油ラードの自由化実施は一九六一年七月であった。

23——経済局総務参事官室・国際機関課「ガット東京総会の大臣会議報告」『経済と外交』三三〇号、一九五九年一二月、一〇頁。

24——経済局米州課「経済局長定例会談（パーマー会談第六回）に関する件」一九六〇年一月七日、「定例会談」第一〇巻。

25——経済局総務参事官室「経済局特別情報第二五八号　一〇．貿易、為替自由化促進閣僚会議の設置等について」一九六〇年一月五日、「経済局特別情報」第一二巻、（マイクロフィルム番号E'-0035）。

26——Telegram 2286 from Embassy of Tokyo (hereafter Tokyo) to the Department of State (hereafter DOS), January 14, 1960, 494.006/1-1460, Box 1040, Central Decimal File 1960-1963 (hereafter CDF), Record Group 59 (hereafter RG 59), National Archives and Record Administration, College Park, MD, USA (hereafter NA).

27——Memorandum of Conversation, Kishi and Herter, January 19, 1960, 石井修・小野直樹監修『アメリカ合衆国対日政策文書集成』第Ⅱ期第三巻（以下、『集成Ⅱ（三）』のように略記。）柏書房、一九九九年、九〇～九二頁。

28——Memo from Parsons to Dillon, February 1, 1960, 033.9411/2-160, Box 87, CDF, RG59, RG59, NA.

29——Despatch 1003 from Tokyo to DOS, February 19, 1960, 494.006/2-1960, Box 1040, CDF, RG59, NA.
30——『日本経済新聞』一九六〇年三月二日。
31——Telegram 2879 from Tokyo to DOS, March 9, 1960,『集成II（九）』一五七〜一五八頁。Also see, Airgram 1160 from Tokyo to DOS, March 28, 1960, 同右所収、一六三〜一七〇頁。
32——経済局米州課「マン次官補と牛場局長・関部長との会談要旨」一九六〇年三月一日、外交記録「日米貿易協議」二〇一五-〇二六六、外交史料館。
33——経済局米州課「貿易自由化ガット関税交渉に関する米国務省係官の内話に関する件」一九六〇年二月四日、「自由化関係」第一巻。
34——経済局「今後の経済外交の進め方について」一九六〇年二月二四日、同右所収。
35——経済局総務参事官室「貿易為替自由化に関する関係各省局長会議」一九六〇年四月四日、外務省記録「本邦貿易為替自由化関係　閣僚会議関係」E'.2.0.0.32-2、外交史料館（以下、「閣僚会議関係」と略記。）。
36——経済局総務参事官室「貿易為替自由化に関する関係各省局長会議」一九六〇年四月二五日、同右所収。
37——藤山外務大臣より関係在外公館長宛電報合第七〇二号、一九六〇年五月三一日、「自由化関係」第一巻。
38——経済局総務参事官室「貿易為替自由化各省幹事会に関する件」一九六〇年六月一〇日、「閣僚会議関係」。
39——同右。
40——経済局総務参事官室「貿易為替自由化計画の大要」一九六〇年六月二七日、「自由化関係」第一巻。
41——経済局総務参事官室「貿易為替自由化計画に関する件」一九六〇年六月二二日、「閣僚会議関係」。
42——経済局総務参事官室「貿易為替自由化計画各省幹事会に関する件」一九六〇年六月二〇日、同右所収。
43——経済局米国カナダ課「経済局長定例会談（第二八回）に関する件」一九六〇年六月二三日、「定例会談」第一〇巻。
44——細谷千博他編『日米関係資料集』東京大学出版会、一九九九年（以下、『日米関係資料集』と略記。）五〇七〜五一八頁。
45——Despatch 158 from Tokyo to DOS, August 9, 1960, 894.00/8-960, Box 2887, CDF, RG 59, NA.
46——Telegram 645 from Tokyo to DOS, August 26, 1960, 033.941/8-2660, Box 87, CDF, RG 59, NA.
47——在米国朝海大使より小坂外務大臣宛電報第二一七〇号、一九六〇年八月三一日、外務省記録「小坂外務大臣米加

訪問関係一件（一九六〇・九）」第二巻、A'.1.5.2.9（マイクロフィルム番号 A'-0361）外交史料館。

48——在米国朝海大使より池田外務大臣臨時代理宛電報第二二九八号、一九六〇年九月一二日、同右所収。Also see, Memorandum of Conversation, Kosaka and Merchant, September 12, 1960,『集成Ⅱ（三）』三三八〜三三九頁。米国の懸念の背後には、池田政権が発足直後から貿易自由化にともなう外貨割当制度（数量規制）の代替として関税政策の見直しに取り組んでいた影響していた。浅井『ＩＭＦ八条国移行』二七三〜二七六頁。

49——Memorandum of Conversation, Dillon and Mizuta, September 30, 1960, 033.041/9-3060, Box 87, CDF, RG 59, NA.

50——Letter from MacArthur to Martin, October 13, 1960,『集成Ⅱ（一〇）』一三三〜一三四頁。

51——Telegram 1644 from Tokyo to DOS, December 6, 1960,『集成Ⅱ（一）』三四四〜三四五頁。

52——在米国朝海大使より小坂外務大臣宛電報第二九三五号、一九六〇年一二月九日、外務省記録「米国対外経済関係財政金融関係　ドル防衛関係」第一巻、E'.3.3.1.5-2-3（マイクロフィルム番号 E'-0112）外交史料館（以下、巻数を除き「ドル防衛関係」と略記。）。

53——経済局総務参事官室「経済局特別情報第三〇〇号　一．米国のドル防衛策のわが国に対する影響について」一九六〇年一二月六日、「経済局特別情報」第一六巻（マイクロフィルム番号 E'-0035）。

54——第三七回衆議院本会議、一九六〇年一二月一二日、国会会議録検索システム（http://kokkai.ndl.go.jp）。

55——第三七回参議院本会議、一九六〇年一二月一三日、国会会議録検索システム。なお、無償軍事援助の削減も見込まれたことから、防衛庁では第二次防衛力整備計画の見直しなども検討されていたが、この点についても池田は、米国に今までどおり援助が実施されることを望むとする一方、二次防はドル防衛とは別個の問題として十分国情にそった計画を立てると説明している。第三七回衆議院予算委員会、一九六〇年一二月一四日、国会会議録検索システム。

56——経済局総務参事官室・経済局米国カナダ課「ア大統領の対外支出削減指令に関する各省会議に関する件」一九六〇年一一月二二日、「ドル防衛関係」第一巻。

57——たとえば、池田の施政方針演説に対する小酒井義男（日本社会党）の代表質問。第三七回参議院本会議、一九六〇年一二月一三日、国会会議録検索システム。

58——Telegram 1759 from Tokyo to DOS, December 16, 1960, 033.9411/12-1660, Box 87, CDF, RG 59, NA.

59——Telegram 1083 from Tokyo to DOS, December 17, 1960, 033.9411/12-1660, ibid.

60——小坂外務大臣より在米国朝海大使宛電報第二五〇三号、一九六〇年一二月二二日、「ドル防衛関係」第一巻。

61——Telegram 1785 from Tokyo to DOS, December 21, 1960, 033.9411/12-2160, Box 87, CDF, RG 59, NA.

62——小坂外務大臣より在米国朝海大使宛電報第二五〇三号。

63——在米国朝海大使より小坂外務大臣宛電報第三〇五〇号、一九六〇年一二月二二日、「ドル防衛関係」第一巻。

64——小坂外務大臣より在米国朝海大使宛電報第二五四二号、一九六〇年一二月二七日、同右所収。Telegram 1838 from Tokyo to DOS, December 26, 1960, 033.9411/12-2660, Box 87, CDF, RG 59, NA.

65——経済局総務参事官室「経済局特別情報第三〇〇号　一．米国のドル防衛策のわが国に対する影響について」。外務省では、米国関税引き下げのほか、農産品（大豆、乾ブドウなど）や石油、機械類などの米国産品の輸入自由化に加えて、当時ほとんど輸入が認められていなかった自動車や重機械類などの割り当て拡大も要求してくることはほぼ確実と分析していた。

66——経済局米国カナダ課「経済局長定例会談（第四三回）に関する件」一九六〇年一二月二三日、「定例会談」第一〇巻。

67——Memorandum of Conversation, Rusk and Asakai, January 31, 1961, 033.9411/1-3161, Box 87, CDF, RG 59, NA.

68——Memorandum of Conversation, Rusk and Asakai, February 6, 1961, 411.9441/2-661, Box 943, CDF, RG 59, NA.

69——古城「ブレトン・ウッズ体制の変容と日本の対応」二五〇頁。

70——経済局総務参事官室「ケネディ大統領の国際収支問題に関する教書について」一九六一年二月一七日、「ドル防衛関係」第二巻。

71——同右。

72——第三八回参議院本会議、一九六一年一月三一日、国会会議録検索システム。

73——Telegram 2538 from Tokyo to DOS, February 17, 1961, 411.94/2-1761, Box 942, CDF, RG 59, NA.

74——Telegram 1644 from Tokyo to DOS.

75——Telegram 1524 from DOS to Tokyo, March 1, 1961, 494.116/3-161, Box 1041, CDF, RG 59, NA.

76——Telegram 2549 from Tokyo to DOS, March 9, 1961, 494.116/3-961, ibid.

77——レモン、金属工作機、トラクター、鉱山用・建設用そのほか工業機械、電気機械、自動車、事務用機械、工業用および化学用テスト機、メリヤス運動着、食糧品（果実、ジャムなど）、写真用器具およびテープレコーダー、写真用フィルム、家庭用電気器具、工業用ミシン、エア・コンディション機械、薬品の一六品。

78——Telegram 1786 from DOS to Tokyo, March 9, 1961, 494.116/3-961, Box 1041, CDF, RG 59, NA.

79——Memorandum of Conversation, Ball and Asakai, March 10, 1961, 894.00/3-1061, Box 2887, CDF, RG 59, NA. 日本側記録は、在米国朝海大使より小坂外務大臣宛電報第六三一号、一九六一年三月一〇日、「自由化関係」第五巻。

80——Telegram 2950 from Tokyo to DOS April 7, 1961, 494.116/4-761, Box 1041, CDF, RG 59, NA. 経済局米国カナダ課「経済局長定例会談（第一一回）に関する件」一九六一年四月七日、「定例会談」第一一巻、および、経済局総務参事官室「経済局特別情報　第三一四号　一．貿易自由化促進に関する米国の要請について」一九六一年四月一二日、「経済局特別情報」第一七巻（マイクロフィルム番号 E'-0035）。また、浅井『ＩＭＦ八条国移行』二八九～二九一頁。

81——経済局米国カナダ課「経済局長定例会談（第一一回）に関する件」。

82——Memorandum of Conversation, Ball and Asakai, April 14, 1961, 494.006/4-1461, Box 1041, CDF, RG 59, NA. 日本側記録は、在米国朝海大使より小坂外務大臣宛電報第九五三号、一九六一年四月一四日、「自由化関係」第五巻。

83——提案した米国もそのことは自覚しており、いくつかの品目について早期に満足できる回答を得ることができればよいといった程度の認識だった。Telegram 1644 from Tokyo to DOS.

84——経済局総務参事官室「経済局特別情報　第三一四号　一．貿易自由化促進に関する米国の要請について」および、経済局米国カナダ課「経済局長定例会談（第一二回）に関する件」一九六一年四月一二日、「定例会談」第一一巻。

85——同右。

86——経済局総務参事官室「米国の貿易自由化促進要請に関する各省会議について」一九六一年四月一〇日、「自由化関係」第五巻。

87——同右。

88——経済局総務参事官室「米国の貿易自由化促進要請に関する各省連絡会議（第二回）要旨」一九六一年四月一四日、同右所収。

89——（外務省）「経済企画庁長官発言要旨」一九六一年四月一八日、「自由化関係」第二巻。

90——Memo from Rostow to Ball, April 13, 1961, Box 123, Papers of John F. Kennedy, Presidential Papers, National Security Files, Countries Japan (hereafter NSF), John F. Kennedy Presidential Library, Boston, MA, USA (hereafter JFKL).

91——作成局課不明「池田総理訪米第一回打合せ」一九六一年四月一七日、外務省記録「池田総理米加訪問関係一件（一九六一・六）」第一巻、A'.1.5.2.10（マイクロフィルム番号A'-0361）、外交史料館（以下、巻数を除き「池田訪米」と略記。）。

92——浅井『ＩＭＦ八条国移行』三〇五〜三一三頁。

93——北米課長（有田圭輔）「池田総理訪米第八回打合せ要旨」一九六一年六月一日、「池田訪米」第一巻。

94——経済局米国カナダ課「経済局長定例会談（第一八回）に関する件」一九六一年六月七日、「定例会談」第一一巻。

95——経済局米国カナダ課「経済局長定例会談（第一九回）に関する件」一九六一年六月一五日、同右所収。

96——在米国朝海大使より小坂外務大臣宛電報第一五七三号、一九六一年六月一五日、および、同第一五七六号、一九六一年六月一五日、「池田訪米」第一巻。

97——Telegram 3648 from Tokyo to DOS, June 17, 1961, 033.9411/6-1761, Box 87, CDF, RG 59, NA.

98——Telegram 3516 from Tokyo to DOS, June 8, 1961, 033.9411/6-861, ibid.

99——在米国朝海大使より小沢外務大臣臨時代理宛電報第一六六五号、一九六一年六月二一日、外務省記録「池田総理米加訪問関係一件（一九六一・六）会談関係」A'.1.5.2.10-1（マイクロフィルム番号A'-0361）、外交史料館。

100——Memorandum of Conversation, Kosaka and Rusk, June 21, 1961, 494.006/6-2161, Box 1040, CDF, RG 59, NA.

101——浅井『ＩＭＦ八条国移行』二九二〜二九七頁。

102——経済局米国カナダ課「経済局長定例会談（第二二回）に関する件」一九六一年七月二〇日、「定例会談」第一一巻。

103——Telegram 240 from Tokyo to DOS, July 20, 1961, 494.116/7-2061, Box 1041, CDF, RG 59, NA.

104——Telegram 273 from DOS to Tokyo, July 28, 1961, 494.116/7-2061, ibid.

105——浅井『ＩＭＦ八条国移行』二九七〜二九九頁。

106——小坂外務大臣より在米国朝海大使宛電報第一七九二号、一九六一年八月八日、「自由化関係」第二巻。Telegram 477 from Tokyo to DOS, August 10, 1961, 494.116/8-1061, Box 1041, CDF, RG 59, NA.

107——小坂外務大臣より在米国朝海大使宛電報第一八〇五号、一九六一年八月一〇日、「自由化関係」第二巻。

108——Telegram 477 from Tokyo to DOS.

109——Ibid.

110——Telegram 421 from DOS to Tokyo, August 14, 1961, 494.116/8-1061, Box 1041, CDF, RG 59, NA.

111——American Embassy, “Informal Note,” August 18, 1961,「自由化関係」第二巻。

112——小坂外務大臣より在米国朝海大使宛電報第一九一六号、一九六一年八月二五日、「自由化関係」第二巻

113——浅井『IMF八条国移行』三〇一～三〇三頁。

114——Telegram 777 from Tokyo to DOS, August 6, 1961, 494.116/9-661, Box 1041, CDF, RG 59, NA.

115——Telegram 751 from Tokyo to DOS, August 5, 1961, 411.94/9-561, Box 942, CDF, RG 59, NA. この往復書簡構想は、綿製品問題をめぐり閣内で佐藤栄作通産大臣の突き上げを受けている池田への助け舟を求めた牛場の提案をきっかけとしていた。

116——日米貿易経済合同委員会事務局・外務省経済局米国カナダ課「第一回日米貿易経済合同委員会議事概要」一九六一年一一月、外務省記録「日米貿易経済合同委員会関係　第一回委員会　本会議」E'.2.3.1.17-1-3、外交史料館。日米貿易経済合同委員会設置の経緯や第一回委員会の議論については、鈴木宏尚『池田政権と高度成長期の日本外交』慶應義塾大学出版会、二〇一三年、九五～一一八頁。

117——「第一回日米貿易経済合同委員会共同声明」一九六一年一一月四日、外務省情報文化局『外務省公表集　昭和三六年度下半期』外務省、一九六二年、一九四～一九九頁。

118——大平外務大臣より関係公館長宛電報合第一九七八号、一九六二年九月一二日、および、同別電合第一九八〇号、一九六二年九月一二日、「閣僚会議関係」。また、浅井『IMF八条国移行』三三五～三三七頁。

119——経済局米国カナダ課「第一回日米通商会議メモ（その四）」日付なし、外務省記録「日米通商会議関係　一九六二年箱根会議」E'.2.3.1.18-1、外交史料館。

120——同右。

121——一九六三年秋の自由化では、池田の決断によって八月三〇日の閣議で突然、難航していた粗糖を含む三五品目の自由化が決定し、翌日から実施された。この自由化措置により、自由化率は九二・四%にまで上昇し、池田政権末

期の一九六四年一〇月の自由化率は九三％弱となった。浅井『ＩＭＦ八条国移行』三四五、三五二頁。

122——ＧＡＴＴケネディ・ラウンド参加をめぐる日米関係については、高橋和宏「池田政権期の貿易自由化とナショナリズム」『国際政治』第一七〇号、二〇一二年、五二～五六頁を参照。

123——外交政策企画委員会「わが国の外交政策大綱」一九六九年九月二五日、「〝核〟を求めた日本」報道において取り上げられた文書等に関する調査についての関連文書」(http://www.mofa.go.jp/mofaj/gaiko/kaku_hokoku/kanrenbunsho.html)。この点に関しては、高橋「「経済大国」日本の経済外交戦略」一一六～一一八頁も参照。

第二章 利子平衡税の相克 一九六三～一九六五年

はじめに

一九六一年一月に大統領の座に就いたケネディは、核問題とならんで、ドル防衛に強い意欲を有していた。アイゼンハワー政権末期より顕在化していた国際収支の赤字を、ケネディ政権は自由主義陣営にとっての脅威ととらえ、西側同盟国が協力してドル防衛に取り組むという負担分担論を強調していく。そのケネディ政権は、一九六三年七月一八日に国際収支に関する二度目の特別教書を発表し、ドル流出に対する制限措置として利子平衡税創設など一連の国際収支対策を公表した。利子平衡税は、資本収支の赤字を米国市場での資本調達コストを上げることで補おうとするものであり[1]、対外資本取引の統制により資本流出を抑えようとする措置である。

この利子平衡税に思わぬ掣肘《せいちゅう》を受けたのが高度経済成長への道を歩み始めた日本であった。池田政権は、低金利政策による設備投資の増大と財政拡大による国内需要の喚起により、国内経済のパイを極大化していくことを経済成長実現の基本的な政策方針としていたが、そのボトルネックとなっていたのが国際収支の天井であった。つまり、所得倍増計画の下では、国内経済過熱や技術導入により輸入が増大する一方で輸出意欲が削がれる結果、貿易収支は赤字化する傾向が強くなる。池田政権はその経常収支赤字を資本収支の黒字でまかない、国内資本の充足と国際収支の均衡を同時に達成することを基本的な成長戦略としていた。ところが、米国からの資本流出に歯止めをかけることを目指した利子平衡税は、日本側からみるとそれまで全資本流入量の約八〇%を占めていた米国からの長期資本流入が減少することを意味し、日本の国際収支に大きな欠損が生じることを示していた。国際収支の不均衡が生じた場合には、IMFのルールに従い国内経済を引き締めて輸入を減少させ国際収支の均衡を回復させねばならないが、それは池田政権が掲げていた高度経済成長路線の頓挫を意味した。かくして、利子平衡税問題は「復興途中にある日本経済にとって、致命的な打撃を与える大変な政策転換」として認識され、外交交渉により米国に善処を求めていくこととなったのである[2]。

この利子平衡税問題は、日米関係にある種のジレンマを突き付ける厄介な問題であった。すなわち、米国の立場からすると、国際金融体制の維持というグローバルな政策課題に取り組む過程で、必ずしもドル流出の主要因ではない日本を苦境に追いやることとなった。他方、日本からすると、ドル防衛政策による国際金融安定化の必要性は認めつつも、それが具体的に実行されると日本への資本流入が滞り、日本の経済成長が大きく阻害される可能性が生じていた。利子平衡税をめぐって、ドル防衛(米国)と高度経済成長(日本)という二つの政策は究極的には矛盾するという不都合な事実に日米関係は改めて直面することになったのである。この難局を打開するため、一九六三年七月のケネディ大統領教書以後、日米両国は首脳・閣僚レベルまでも交えて断続的に交渉を続け、一九六五年二月の国際収支に関するジョンソン大統領の特別教書に際して、対日課税免除という妥協点に到達することになる。

本章は、両国の相反する国際収支政策を調整していくプロセスであったという視点から、利子平衡税問題をめぐる日米間の交渉経緯を明らかにする。具体的には、一九六三年七月の利子平衡税発表直後の日米交渉、利子平衡税発効直後の日米蔵相会議における調整、ジョンソン大統領による教書発表時の対日課税免除決定という三つのフェイズを中心として、日米両国の政策意図に注目しながら、国際金融体制と経済成長の相克が克服されるプロセスを検証してみたい。

1 利子平衡税の公表

所得倍増計画とケネディ・ショック

池田勇人が政権を担った一九六〇年代前半の国際収支の動向は二度にわたって赤字に見舞われるなど極めて不安定なものであった(表序-1参照)。低金利政策による設備投資の拡大と財政拡大による国内需要の増大を経済成長のエンジンとする所得倍増計画に加えて、貿易自由化の結果、輸入が増大し、かつ貿易収支への直接的な制限手段を失ったことが重なって、大きな国際収支のマイナス要因となっていたからである。

こうした池田政権に対し、当初ケネディ政権が期待したのは、国際収支や貿易、経済に悪影響を与えない範囲で、前章で論じた貿易自由化を進めるとともに、東南アジアなどへの援助を増大することであった[3]。一九六一年六月の池田・ケネディ会談では、国際貿易の成長と金融の安定促進への協力に合意しており[4]、同年一〇月に国務省がまとめた対日政策ガイドラインにおいても、日本の国際収支、貿易、経済全般に深刻な影響を与えないことを前提に、貿易自由化と途上国援助という分野での協力を求めていくこととされていた[5]。

一九六一年一一月に開かれた第一回日米貿易経済合同委員会の共同声明では、国内・対外経済政策や国際貿易金融制度に関する日米間の協議・研究を鋭意行うことに加えて、両国間の経済・貿易関係が大幅に変更する場合、これを予測できるようにするために必要な経済・金融の動向や将来における諸計画について情報交換することも合意していた[6]。これに基づき、一九六二年一〇月には日米両国の金融当局者が極秘裏にワシントンに参集して会合が開催された。日本側代表と会談したローザ財務次官は、一九六三年末には米国の国際収支は均衡するとの見通しを示すとともに、米国の国際収支の赤字減少とEEC発展の帰結として予想される国際流動性不足への対処策についても言及した。しかし、この会談も「単に国際金融情勢に関するローザの見解を聞くに止まり、双方間の交渉ないし意見の交換というようなものは何も無かった」というのが実情であった[7]。

一九六二年一二月三日にワシントンで開催された第二回日米貿易経済合同委員会の本会議では、長期資本について、ディロン財務長官が日本の民間企業または政府保証の起債にニューヨーク市場を利用することを歓迎すると明言した[8]。その翌日に開かれた個別会談で、田中角栄蔵相はディロンの発言に感謝するとともに、今後も外資導入を進めるうえで米国市場での外債発行を積極的に行うつもりであるとして特別の理解と協力を要請すると、ディロンは快くこれを了承した[9]。

こうした経緯が示すように、ケネディ政権のドル防衛政策の主たる対象は西欧諸国であり、貿易自由化や軍事援助計画(MAP)による無償軍事援助の削減と在日米軍の一部撤退などを除けば、日本はその情報提供を受けるものの、具体的な協力を求める相手とはまだ位置付けられていなかった。実際、日本は一九六〇年以降、政府保有ドル貨の金兌換請求を差し控えており、外貨準備のほとんどを米ドルで保有していた。また、日本の国際収支は不安定で外貨準備も二〇億ドルを超えることなく推移しており、フランスや西ドイツが増加する外貨準備を金に兌換していたのとは対照的だった。つまり、金流出を根源とする米国の国際収支問題に対して、日本が関与していたのは長期資本分の微々たるものであり、その影響は限定的だった。日本の外貨準備政策は結果的に、米国のドル防衛政策に協調的なものとなっていたのである[10]。

こうしたなか、六三年七月一八日、池田は内閣改造を行い、蔵相には引き続き田中角栄を据えた。田中は就任直後のインタビューで、国際収支の長期安定対策を経済財政政策の最重点として取り上げ、とくに資本収支は長期良質の安定外資を導入することが基本であると述べて、同年度に六億ドルの長期資本導入を見込んでいることを明らかにした[11]。田中は、財政の拡大と低金利政策による設備投資を両輪とする経済成長路線を、米国からの長期資本導入増大によって国際収支の拡大均衡を図りながら実現していくとの意向を公にしたのである。

ところが、池田改造内閣が発足したまさに同日、ケネディは国際収支に関する特別教書を発表し、利子平衡税創設を発表した。利子平衡税は、外国人が米国市場で長期資金を調達する際に、その金利負担を実質的に一%高めることで長期資金の流出に歯止めをかけようとする措置である。米国からの長期資本導入を目指し、前年の第二回合同委員会でディロンの言質も得ていた日本にとって、利子平衡税は経済成長政策の目算を根底から揺るがすものだった。

翌一九日から二日間で、日本株式市場は一二三円三二銭（八・一%）の下落に見舞われた。慌てた田中は、米国は日本との特別関係を考慮し、また利子平衡税で日本の順調な成長が混乱することはないので株を売り急がないようにとの談話を出した[12]。田中談話は国民の間に広がるパニック売りの鎮静化を図るものだったが、実際のところ、大蔵省内でも利子平衡税の影響を悲観的にみていた。関係省局長レベル会合において大蔵省は、今回の措置が日本の国際収支に影響をおよぼすことは必至であり、国内の経済成長政策、財政収支、対外経済援助など広範な支障が生じるとの暗澹たる見通しを吐露している[13]。

政府内外に経済政策全般への先行き不透明感が広がるなか、もっとも大きな衝撃を受けたのは池田本人であった。七月二五日に開催された経済閣僚懇談会で池田は、西欧諸国とは異なり金の保有額を増額していない日本は本来ドル防衛の直接の対象となるべきではなく、米国は「金持が取越苦労をしているといった感じ」で、ドル防衛政策も他国への影響を考えてやるべきであり、また、西欧諸国のドル防衛政策への非協力的態度の「傍杖《そばづえ》を喰った感じ」と縷々述べた。こうした被害意識に苛まれながら、池田は株価の大幅続落を重大視し、また一八～一九億ドルの外貨準備を死守するためにも、ケネディによるドル防衛教書を契機に財政金融政策を考え直す必要があると現実を見据えていた[14]。池田政権にとって利子平衡税は、高度経済成長路線の修正を突き付ける、まさしくケネディ・ショックであった。

利子平衡税をめぐる初期交渉

利子平衡税をめぐる騒乱のなかにあって、日本政府にとっての一抹の光明は米加両政府が利子平衡税のカナダへの適用免除を発表したことであった(七月二一日)。カナダが免除となるならば日本も適用を免れることができるのではないかとの希望的観測がうまれていくのである。反対にカナダのみへの課税免除は最恵国待遇と内国民待遇を定めた日米友好通商航海条約に抵触するという条約論で交渉することも政府内では議論されていた[15]。カナダへの免税措置が発表された直後に行われた、山下武利駐米公使とローザとの会談では、山下が日本もカナダと同様に取り扱うようにと求めたのに対し、ローザは検討を約束したことが東京に報告されていた[16]。日本側はこの言質を突破口に、大蔵省が利子平衡税についての具体的方針を定め、外務省が財務当局との折衝を含めた対米交渉を取り仕切るという役割分担の下[17]、米国との交渉を進めていくことになる。

七月二三日、外務省は武内龍次駐米大使に、先述した第一回合同委員会の共同声明での合意に基づき、日米経済関係に重大な影響を与える措置をとる場合には事前に連絡を要望することとならんで、カナダと同様の配慮を期待することをボール国務次官に申し入れるよう訓令を発出した[18]。一方、大蔵省は同二三日付で田中蔵相よりディロン財務長官に書簡を送り、利子平衡税の実施が日本経済および国際収支におよぼす重大な影響に鑑み、適切な免税措置を要望した[19]。

一方、この問題をめぐって米国政府内では、グローバルな視点からドル防衛政策の実効性確保を追求する財務省と、他の外交課題との繋がりから日本に一定の配慮を検討する国務省との駆け引きが繰り広げられていた。財務省にとってドル防衛政策は西欧諸国へのドル流出防止を主眼とするものであり、西欧諸国がケネディ政権のドル防衛政策をどのように評価するかが鍵であった。しかし、西ドイツやフランスは当初こそドル防衛の具体策に乗り出した米国の姿勢を肯定的にとらえていたものの、その直後に発表された対カナダ免除などの措置を目にしてその実効性にはやくも疑念を抱き始めていた[20]。ここで日本にも免除を与えることとなれば、ケネディ政権の国際収支に対する取り組みに大きな疑問符が付くことになる。こうした疑念を払拭するためにも、財務省は改めてドル防衛政策の正当性・実効性を西欧諸国に認識させる必要があるとの認識を強めており、このことが日本に対する態度を厳しいものとした。

これに対して、利子平衡税の発表が池田政権に与えた政治的・心理的衝撃に憂慮を深めていた在京大使館は[21]、米国からの長期資本に依存する池田の高度経済成長路線が利子平衡税によって深刻な打撃を受けていること[22]、利子平衡税発表後の日本政府の国際収支対策のなかに保護主義的な措置が含まれるなど、自由化を進めてきた池田の能力と意思を消し飛ばしてしまったこと[23]など、ケネディ・ショックに翻弄される池田政権の様子を立て続けに報告していた。カナダに限定した課税免除の不平等性に加えて、難航していた日米綿製品協定問題や米国製装備品の調達拡大問題などの課題が山積するなか、国務省内では日本への配慮が必要ではないかとの認識が強まっていた。この状況をみた財務長官のディロンはボール国務次官に対して、利子平衡税に関する議論を軍事オフセット交渉と一体のものとして、日本との間で防衛支出増大も含めて国際収支協議を進めていくべきとのメモを送付し、ライシャワー率いる在京大使館の意見を受けて対日譲歩に傾きがちな国務省を牽制した[24]。

七月二五日、ガーディナー駐日公使は田中蔵相と中山賀博経済局長を相次いで訪問し、カナダに対する措置は米加経済関係の特殊性に基づくもので、利子平衡税の対カナダ免除は当初予測した国際収支上の効果を減ずるものではないことを繰り返し主張した[25]。また、ワシントンにおいても同日、訓令に基づき武内がディロンにカナダと同様の措置を求めたのに対して、ディロンは「目下日本について格別の措置を採る考えはない。日本に特例を認めることは全体の構想の崩壊を意味する」と言明して、日本の要望を峻拒した。ディロンはさらに、七月二三日付田中書簡への回答として、米国際収支の回復が国際通貨体制の安定のために必要不可欠であることや、日本国内の金利が高く、調達コストが一%上昇してもなお日米間には金利格差があるため、利子平衡税によっても日本の米国市場での借り入れが困難になるとは思われないこと、利子平衡税の例外措置は新規発行のカナダ債にのみ適用されることなどを記した書簡を武内に手交した。そのうえでディロンは、市場に広がる対日課税免除の思惑を打ち消すためのステートメントを提示し、その公表に同意を求めた。武内は反発し、ステートメント公表の取りやめを強い口調で要求した[26]。

しかし、武内の要求にも関わらず、会談翌日午前中に開かれたプレスに対する背景説明で財務次官のローザは日本との協議内容に言及し、対日免除は行わないとのメッセージを市場に送った[27]。また、こうした財務省の意向を受けて、国務省は田中宛ディロン書簡とともに二六日の武内・ディロン会談の内容を関係在外公館に幅広く送付して、対日課税免除の思惑打ち消しを図るとともに国際収支問題に対する米国政府の立場を改めて示した[28]。さらに、ディロンはケネディにメモを送付し、日本への利子平衡税の適用除外に消極的に対応すべきことを強調していた[29]。ローザによるプレス説明の翌日、日本の株式市場は再び暴落した。

こうした米国政府の厳しい対応を受けて、大平正芳外相、田中蔵相、宮澤喜一経済企画庁長官は協議を行い、その結果として、特別免除規定をカナダに限定せず、日本も含みうる包括的な規定とするよう米国側に申し入れることを改めて在米大使館に訓令した[30]。訓令を受けた山下は二九日にローザと再度会談した。東京株式市場の暴落を「ローザ・インパクト」として非難する山下に対し、ローザは欧州市場の動向とともに、ニューヨーク市場で対日免税により利子平衡税が骨抜きになるとの噂が飛んだため、これを打ち消すために日本に言及せざるをえなかったと弁解した。免税条項を包括的な規定とすることについてもローザは慎重で、特に利子平衡税により外貨受取減少が三億ドルにのぼるとする日本側の主張には理解を示さなかった[31]。

このような財務省の強硬な対日姿勢に、国務省内では不安が募っていた。ローザによるプレス・コンファレンスの直前、ディロンに電話をしたボールは、日本に差別感を与える利子平衡税が綿製品問題などの外交課題と重なって対日関係上で憂慮すべき事態になっていることを率直に伝えた[32]。そうした憂慮からボールは財務省と国防総省の両方が圧力を加えている対日関係全般について検討するための国家安全保障会議（NSC）の開催を企画した[33]。さらにボールは、武内との電話でも財務省の厳しい対日交渉姿勢について打ち明けながら、例外が拡散してしまうことへの懸念から日本への課税免除は難しいと説明している[34]。ボールにとって、利子平衡税は単なる国際金融問題というよりも日本との政治問題だったのであるが、結局のところ、有効なドル防衛政策を実施するためには日本への課税免除が難しいことは認めざるをえなかった[35]。こうして、特別措置を求める日本の意向は顧みられることはなく、逆に利子平衡税を一つの柱とするドル防衛政策の実現に向けて米国が確たる意志を示すためのスケープゴートとさえ目されていたのである。

利子平衡税交渉のための大平訪米

この直後、日本政府は利子平衡税問題対策の立て直しに踏み切る。七月三〇日、田中は、利子平衡税を含むドル防衛強化策は長期資金の流入停滞だけでなく、日本の今後の貿易自由化、防衛経費の肩代わりなどにも影響し、今後の情勢次第では来年度の予算編成に影響をおよぼす危険性があるとの談話を発表した[36]。つまり田中は、ドル防衛協力のアロケーションを逆手にとり、資本収支面での黒字減少を補うために貿易収支と軍事収支での軌道修正もありうると示唆したのである。その直後、日米間の国際収支問題を協議するため、大平外相を米国に派することが決定された(当初は宮澤経済企画庁長官が予定されたが急病のため急きょ大平派遣となった)。

大平訪米に先立って、大蔵省では、①必要に応じ日本にも免税措置を認めうるような包括的な権限委任条項とする、②利子平衡税により、日本の外貨準備が現在の水準を維持できなくなる場合には一定金額の外資導入に免除を考慮する、③日本経済の混乱を鎮静化させるための当面の措置として、五二五〇万ドル(発行予定額一億ドルから既発行分を除いた額)分の課税免除を公表する、など具体的な対米要請事項を定めた[37]。これと併せて、日本政府は日本の苦境と不満を大統領に直接伝えるため、池田からのケネディ宛の親書を慌ただしく準備した。その内容は、①利子平衡税は日本の米国からの資本導入をほとんど不可能にし、国際収支を赤字に転じさせ、ひいては途上国への援助にも好ましからざる影響をおよぼすおそれがある、②日本が先進国の一つとして自由世界経済の繁栄にようやく寄与できるようになったのは、米国からの自由な資本流入があるためである、③米国の財政政策に協力的な日本が利子平衡税により深刻な打撃を蒙ることは不公平で、日米友好通商航海条約の精神からみても問題であり、日本に与える心理的その他の衝撃は日米協力関係の増進に好ましからざる影響をおよぼすおそれがある、といったことをさながら弱者の恫喝のように指摘するものであった[38]。日本側の意図は、利子平衡税が日本にとって、高度経済成長という国内経済政策にとっても、国際経済への貢献というグローバルな政策課題にとっても、そして、日米関係という二国間関係にとっても大きな障害となることを訴え、その再検討を求めることにあった。

訪米した大平は、ラスク国務長官、ボール国務次官、ディロン財務長官、ケネディ大統領らと相次いで会談した。八月一日、ラスクやボールとの会談で大平は、利子平衡税は米国からの自由な資本調達を前提に投融資計画や財政支出計画を立てている「日本政府の経済成長政策の根幹に触れるもの」であり、重大な結果をおよぼす場合には国内経済政策のみならず防衛支出や途上国援助にも影響が生じかねないことなどを述べ、国務省から財務省への口添えを求めた。だが、ラスクらは日本の立場には同情を示したものの、米国側も行動の自由が制限されているとして具体的な言質は与えなかった[39]。同日、ディロンとの会談において、大平は利子平衡税法案における免除規定がカナダという特定国を指すのではなく、包括的なものとなることにつき確認を求めた。対日免除の可能性を確保しようとする大平に対し、ディロンは免除規定が包括的なものとなることは認めたものの、免除対象となるのは、国際金融体制に不安を与えるほど特定国に深刻な影響を与える場合に限られ、日本のように株式市場の混乱だけでは免除の対象となる金融危機には該当しないと断じた[40]。翌日、大平と会談したケネディは、本件措置により日本が困難に見舞われたことは遺憾であり、日本に対する影響をなるべく小さくすることを希望すると一般的な同情を示したが、ドル防衛は自由世界全体の利益であり、一九二八〜二九年の世界恐慌のような事態は避けなければならないとして日本に理解を求め、大平もこれを了解せざるをえなかった[41]。なお、第四章で詳述するように大平はこの訪米で軍事オフセットに関してギルパトリック国防副長官とも会談した。

一連の会談後、大平訪米の成果として日米共同コミュニケが発表されたが、その合意事項は、①米国の期待に反して日本に深刻な経済危機が生じた場合、米国は日本と問題に対処するための適切な方法（新規発行日本債への利子平衡税の適用除外のような形を含む）について協議すること、②利子平衡税問題について引き続き協議していくためのタスクフォースを創設することなどであった[42]。当初の要請事項と照らし合わせてみると、包括的免除条項という点ではディロンから言質をとり、将来的な免除の余地は残されたものの、五二五〇万ドル分の課税免除や外貨準備を基準とした免税考慮など即時的な成果は得られなかった。包括的免除条項についても、日本側の働きかけの結果というよりは、市場からの無用の思惑を招きたくないとする米国の当初からの意向であるとみられていた[43]。

利子平衡税公表をめぐる日米交渉は、日本側が高度経済成長路線の修正を余儀なくするものとの強い危機意識から、国内経済政策と国際経済への貢献、日米関係のいずれをも毀損するとのロジックでその回避を求めたのに対し、米国側は財務省の強い意向が優先された結果、ドル防衛政策は西側経済全体にとって必要な措置であるというグローバルな政策意図で応酬するという図式であった。換言すれば、高度経済成長というドメスティックな課題と、自由主義陣営における国際金融体制の維持というグローバルな政策意図とが衝突し、日本側が米国の国際金融政策を受け入れざるをえなかったというのが、この利子平衡税公表直後における日米交渉の構図であったといえよう。

2 利子平衡税の発効と日米財務当局間での調整

利子平衡税の発効

利子平衡税法案は一九六三年八月に米議会に提出されたが、公民権法案など他の重要法案に押しやられる形となり、散発的に審議されるのみで事実上棚上げされていた。だが、市場では遡及課税を嫌って法案成立前から資本移動が急減するなど、実質的にはその効果があらわれていた。日本においても利子平衡税公表を機として米国からの長期資本の導入が途絶した。

しかし、利子平衡税の対象から外れた市中銀行貸出（インパクトローン）が拡大したことや、積極的な起債活動によりヨーロッパ市場からの資本（ユーロダラー）の導入が進んだこと、さらに金融引き締め措置による輸入鎮静化などにより、当初懸念されたような国際収支の悪化という事態には陥らず、外貨準備にも目立った減少はみられなかった。このことは、大統領教書の発表直後に日本が声高に訴えていた、利子平衡税が日本経済に危機的状況をもたらすという論理がすでに説得力を失っていることを意味していた。

実際、その後の折衝においても米国側は何ら妥協的な姿勢を示すことはなかった。一九六三年一一月一八日に国務省で開催された日米合同タスクフォースで、米国は日本がユーロダラー獲得に向かっていることに賛意を示す一方、利子平衡税の実現に向け強い意志を表明した[44]。また、六四年一月の第三回日米貿易経済合同委員会では、日本に深刻な経済上の困難が生じた場合に米国が課税免除を含む何らかの適当な措置を考慮することを再確認するにとどまった[45]。ディロンは利子平衡税発表により米国の国際収支は大幅に改善したことを議会公聴会で説明する一方、日本は欧州市場での起債が順調であり免除は不要である旨を証言していた[46]。

一九六四年七月、ようやく利子平衡税法案成立の目途が立つようになると、危機感を抱いた駐米大使の武内は本省に意見具申を打電した。その内容は、米国は日本経済には国際収支または国民経済を危殆に瀕させるような事態は発生しておらず、日本政府債は利子平衡税施行後には課税分を負担して発行されるとの観測が強まっており、今後の申し入れにおいて従来の論法のみを繰り返しても説得力が乏しいと伝えるものであった[47]。さらに、利子平衡税法案において枠外とされていたインパクトローンに対する規制(ゴア修正条項)が検討され始めたことは、インパクトローンの借り入れ拡大で国際収支の均衡を図ってきた日本にとって新たな懸念材料であった。こうした事態をふまえ、日本政府は次の四点を主たるポイントとする新たな申し入れ方針を確定した[48]。

① 日本の基本的態度は池田親書のラインから変更していないことを明らかにし、日本経済への逆効果への憂慮を示す。

② 利子平衡税発表以後に日本が直面した国際収支上のさまざまな困難(貿易外収支の赤字、欧州市場での新規起債も徐々に困難になっていること、インパクトローン導入も規定額に達しつつあること、短期資金導入によって国際収支が不安定化したこと)をふまえ、日本が経済成長を円滑に遂行し、米国をはじめとする世界各国からの輸入を増大し、また途上国に対する援助を拡大し続けていくためには、米国市場からの長期資本導入を大幅に増加することが必要であると訴える。

③　本問題が経済的であると同時に政治的であることに留意して、日本の国際収支および米国との友好関係を促進するためにも、新規政府債および政府保証債への免除を要請する。

④　ディロンと田中蔵相との間で本問題に関する協議を行うことを要請する。

八月二一日、武内はこの対米申し入れをディロンに手交した[49]。ディロンは、自分の見解は利子平衡税提案当時と変わっていないとして従来の主張を繰り返したが、田中との協議には一応同意した。田中・ディロン会談に先立ち、八月三一日にはワシントンで日米事務レベルのタスクフォースが開かれ、日本側は今後の国際収支は全く楽観を許さず米国からの長期安定外資の導入が期待できないときは由々しき事態になりかねないと善処を求めたものの、米国の反応は非好意的であった[50]。九月二日、ジョンソンの署名を得て、ついに利子平衡税法案が成立し、利子平衡税課税分を負担すれば、米国市場から長期資本を獲得できることとなった。

利子平衡税をめぐる田中・ディロン会談

ＩＭＦ総会出席のため来日したディロンと田中との間で利子平衡税問題に関する協議が行われたのは六四年九月六日のことだった[51]。田中は、利子平衡税は日本政府にとって「単なる経済問題ではなく重大な政治問題」であり、米国側が多少でも譲歩してくれれば「対米協調を具体的に進めることが非常に楽」になり課税分を別の方法で支払ってでも免除を獲得したという形をとりうる方が日本政府としては望ましいと述べた。田中はさらに内政上の見地から担税発行は極めて困難であるとして、少なくとも一九六五年中における五〇〇〇〜八〇〇〇万ドルの課税免除を強く求めた。これに対してディロンは、本問題が政治問題であるとの田中の説明に理解を示したものの、①利子平衡税の結果、ドルが安定すれば日本を含めた世界各国の利益になる、②日本の国際収支は改善されつつある、③日米協力関係は利子平衡税問題だけではなく全体として考慮してほしい、④法律の免除規定から対日免除が可能かは検討を要すると指摘した。その上でディロンは、田中の発言は重要であるから本問題を大統領および関係閣僚とともに日米関係の全般的角度から検討し、一一月末までに回答することを約束した。

田中は平衡税課税分を別な方法で支払っても免除を獲得したという建前を取る方が望ましいとして問題の政治解決を打診したのであるが、事務レベルでは、国際収支についてより厳しい見通しを持っていた。田中・ディロン会談に先立ってまとめられた資料によれば、日本政府内では国際収支の先行きを次のように分析していた。一九六四年度は経常収支ではかなりの赤字見込みであり、資本収支の黒字幅も相当減少するため、総合収支では一億～一億五〇〇〇万ドルの赤字となる。その結果、外貨準備は年度末には一六億六六〇〇万～一七億一六〇〇万ドルにまで落込むと予想される。一九六五年度においても経常収支の赤字傾向は免れず、不安定な短期資金にこれ以上依存することをなるべく抑制しつつ総合収支尻で少なくとも均衡を保つためには、長期外資の導入増加（資本収支の黒字化）が是非とも必要である[52]。田中はこうした議論を繰り返して米国を納得させることよりも、政治案件として本問題の妥結を図り、米国市場からの長期資本の導入再開を目指したといってよい[53]。

他方、「〔ディロンは〕建前の問題としても譲歩出来ないというのが実態ではないか」と大蔵省が観察していたように[54]、米国側もドル防衛という建前を確保しつつ、いかに日本への配慮を具体化するかという点に関心が移行していた。実際、田中・ディロン会談に合わせて開かれた日米財務当局者会談（石野信一大蔵事務次官・ローザ会談）において、ローザは日本が外貨準備における金保有を低く抑えていることについて、経済的にみて合理的な選択であると評価していた[55]。

その政治的着地点の一つとみなされたのが、利子平衡税の対象とならない世界銀行からの対日借款と米国輸出入銀行による対日信用供与であった。田中との会談でディロンは、大平との会談で合意したとおり日本が真に経済上の困難に陥った場合には相談に応じる用意があると述べ、具体的措置として、利子平衡税のことも考慮して世界銀行や米輸出入銀行からの借款を日本へ積極的に貸し出すつもりであること、また日本の防衛費増大の観点から日本が欲するならば装備品購入のためのクレジットを供与する用意もあることを提案した[56]。そもそもディロンは利子平衡税直後から日本の反発には面子がかかわっているとみており[57]、グローバルなドル防衛政策の実効性を毀損しない範囲で日本に配慮を示そうとしたのである。

実際、このディロン来日を機として、世界銀行の対日借款と米輸出入銀行の対日信用供与は迅速に話がまとまるが、これは大蔵省をして「若干意外な程」との感想を抱かせるものであり、同省はその背後にディロンの影響を看取していた[58]。世界銀行からの借款について、大蔵省は当初、前年（一九六三年）に合意していた「三年間にわたり、毎年一億ドル」というラインを超えて、一九六五年度分として一億五〇〇〇万ドルを要請していた。世界銀行は途上国の批判もあって日本への借款に消極的だったが、ディロン来日の直後に態度を一変して、ウッズ総裁が大蔵省の要請する五〇〇〇万ドル増額を承認する旨を回答したのである[59]。日米両国は、互いの論理が絡み合った利子平衡税問題を、政治問題としていかに軟着陸に導くか、その方途を模索し始めていた。

3 佐藤訪米と対日免除に向けた日米協議

佐藤政権の経済政策と佐藤訪米

利子平衡税問題は、一九六四年一一月に池田から政権を引き継いだ佐藤栄作政権のもとで解決をみることとなる。本節ではまず政権の交代によって経済政策(国際収支政策)にどのような変化があったのかを確認したうえで、利子平衡税問題の妥結に至る日米間協議を検証してみたい。

池田の経済政策に佐藤が批判的だったことはよく知られている。政権の座に就いた佐藤は、それまでの主張に従い成長のひずみをもたらした高度経済成長政策の是正に乗り出した。佐藤政権は組閣のほぼ二ヵ月後に「中期経済計画」と題した経済方針を閣議決定したが、その内容は、社会開発の積極的な推進と国民生活の質的向上を掲げ、高度経済成長から安定成長への経済政策路線の転換を示すものであった[60]。佐藤の経済認識によれば、「わが国経済は新たな段階」に差しかかっており、「高度成長過程において顕著となった各種の不均衡が直接国民福祉の向上を妨げるにとどまらず、経済の成長そのものの大きな阻害要因ともなっており、その早急な是正」が必要なのであった。そしてそのためには、まず開放体制下の経済運営の基本方針として安定成長を確保し、これにより「景気の変動を最小限にとどめ、均衡のとれた経済の成長」を実現しなければならないのであった[61]。

しかしながら、この高度経済成長路線から安定成長路線への転換においても、国際収支の動向を弱含みとする見方に変わりはなかった。このころ日本の国際収支は改善傾向を示していたが、その理由はいわゆる「昭和四〇年不況」のもとで輸入が減少していたためであり、中・長期的にみて国際収支の安定は大きな課題となっていた。中期経済計画では、ＩＭＦ八条国への移行をふまえて、開放体制下での国際収支安定を目指すためにも高度経済成長から安定成長への路線転換が必要であるとしていたが、いずれにおいても国際収支を安定させるために長期資本を必要とする事情には変わりがなかった。

以上のような事情を背景として、利子平衡税問題は佐藤にとっても懸念材料であった。その懸念は利子平衡税の延長とゴア修正条項（インパクトローンに対する課税）により、いっそう大きなものとなっていた。最初の訪米を直前に控えた六四年一二月二九日、ライシャワーと会談した佐藤は、経済問題は事務レベルでの検討を希望するが利子平衡税には特別の関心があると述べ、対日課税免除を希望した。ライシャワーがそれを否定すると、佐藤は両国が協議を継続するという回答でも良いとし、さらに利子平衡税が延長されることを恐れていると述べて強い懸念を示した[62]。

この会談によって佐藤訪米の際に利子平衡税問題が議題となることが明らかになったことを受けて、米国政府は本問題についての経緯と対処方針をまとめた。その内容は、利子平衡税は、①日本が長期資本を米国に依存していること、②利子平衡税公表前に日本側と協議すべきだったこと、③カナダへの例外規定が差別的であること、という理由により日本にとって大きな問題となっているが、利子平衡税の免除国を増やすことはその効果を減じることになるし、日本は課税分を負担しても米国市場から資本を調達できるので、利子平衡税延長とゴア修正条項適用に対する日本の懸念に対して、米国はできるだけ率直に政策の意図を伝えるべきであると指摘していた[63]。つまり、米国政府は利子平衡税の対日免税という選択肢は除外しつつも、利子平衡税発表直後のようなショックを日本に与えないよう事前に十分なコミュニケーションをとることが必要であるとの立場を固めていたのである。

一九六五年一月、訪米した佐藤はラスク、ディロンとの間でそれぞれ利子平衡税問題について討議した。

ディロンとの会談において、佐藤はまず利子平衡税の延長を望まないこと、仮に延長される場合にはカナダと同様の措置を希望すると述べ、米国からの同情的配慮を求めた。これに対してディロンが米国の国際収支は期待どおりには改善していないと発言し、利子平衡税の延長を示唆すると、佐藤は失望の色を隠さなかった。佐藤は次いでインパクトローンへの課税適用除外を求めたが、これにもディロンは言質を与えず、一切妥協の姿勢を示さなかった[64]。

このようにディロンは表向き紋切り型の硬い姿勢を崩していなかったが、その裏に別の選択肢を準備していた。公式会談後の昼食会の席上、ディロンは佐藤に世界銀行からの対日借款は六四年度の一億ドルから六五年度には一億五〇〇〇万ドルになる見込みであり、これは議会からの反対を招かない形で日本に資本を提供しているのだと打ち明けた。佐藤はこれに満足の意を示し、世界銀行からの借款については田中から知らされていたと述べてディロンの労に謝意を表した[65]。日米トップレベルでは利子平衡税問題の政治的妥結について暗黙の合意が形成されつつあった。

対日特別免税実施に向けた日米協議

佐藤訪米直後、かねてより懸念されていたゴア条項が発動されるとの観測が高まると、日本政府は改めてその見直しを求めることとなった。一月二一日、日本政府は利子平衡税問題の経済的・政治的影響に鑑み、ゴア条項発動の全面的阻止や発動の場合の救済措置、タスクフォースによる事前協議などを国務省・財務省に申し入れるよう武内大使に訓令した[66]。ただ、日本側の実際の腹積もりは、ゴア条項について日米間で事前に十分に協議したという形を取ることが政治的に重要であり、また、ゴア条項が全面発動となった場合には、国際収支に対する影響から課税分を負担して借り入れを認めざるをえなくなる可能性があるとしていた[67]。

一月二一日午後、訓令に従いボール国務次官を往訪した武内は、佐藤訪米が成功裏に終わった直後にゴア条項が出し抜けに発動されるのは経済的にも政治的にも好ましくないと前置きしたうえで、ゴア条項の発動時期などについて確認を求めた。ボールは即答を避けたが、ディロンに確認したのち、翌二二日に回答することを約束した[68]。

二二日午前、ジョンソン政権ではディロンなど関係閣僚らが参集して、国際収支に関する閣僚委員会を開催した[69]。その結果をふまえ、同日午後再び武内と会談したボールは、「ハイレベル会議」の結論として、ゴア条項発動決定までには二〜三週間の余裕がある見込みであること、日本の関心は重要なので財務省からトップレベルの関係者を東京に派遣して、本問題について協議させることなどを回答した。武内は、ボールの回答を対日関係および日本の諸事情を重要視したものとして評価するとともに、東京での協議では日本側の申し入れ内容についても十分協議する準備があると了解して良いかと念を押し、ボールはこれを首肯した[70]。さらに同日、武内大使はバンディ大統領特別補佐官と会談し、米国はゴア条項発動の日本に対する影響に深い関心を有しており、十分な考慮が払われると信じるとの発言を引き出していた[71]。実際、二月上旬に提出された国際収支に関する大統領宛の報告書には、インパクトローンへの制限が日本に対して政治的・経済的に悪影響を与えてしまうことへの憂慮を特記していた[72]。日本側はこうした米国の対応を歓迎するとともに、協議において日本側の希望が実質的に受け入れられることを期待していた。

二月九、一〇日の二日間、米国よりトルード財務次官補臨時代理とトレザイス国務次官補代理が来日し、牛場信彦外務審議官、中山経済局長、渡辺誠大蔵省国際金融局長ら外務・大蔵両省の代表者との間で平衡税問題についての日米協議が開催された。これに先立つワシントンでのタスクフォース[73]では、日本側の質問に対して米国側は実質的な討議をすべて回避する姿勢を示していたことから、東京には対日救済措置の可能性は低いとの悲観的な感触が伝えられており[74]、日本政府内では米国は依然として利子平衡税問題が持つ政治的重要性を十分に考慮していないとの認識が広まっていた[75]。

こうした情勢を受けて、外務省と大蔵省は共同で会議冒頭に表明する日本側のステートメントの作成を開始した。その内容は、資本輸出に対する課税である利子平衡税政策は米国の主導する資本取引の自由化に背馳するものであり、基軸通貨としてのドルの信認に動揺が生じ、国際通貨・金融体制全体が機能不全に陥るのではないかとの懸念を示し、さらに利子平衡税が米国の国際収支改善にもたらす実質的な効果にも疑問符を付していた。特に日本との関係では、ゴア条項発動による心理的・政治的影響や日本が米国の国際金融政策にこれまで協力してきたこと、ゴア条項を日本に適用しても米国にとって期待したような効果をもたらさないことなどを指摘して、日本への特別な配慮を要請するものであった[76]。

こうしてスタートした協議の展開は、日米関係全般への否定的影響までも暗示する強い調子のステートメントを準備していた日本側の予想に反するものとなる[77]。初日の第一回全体会議冒頭、ライシャワーは米国としてはゴア条項の発動が日本にもたらす政治的、心理的影響や日本政府の関心については十分認識しているが、日本への救済措置を政治的理由で実施するのは困難なので、経済面に絞って対日救済措置を要する理由付けを検討したいとの見解を表明した。ライシャワーに引き続き、牛場外務審議官は前述のステートメントを読み上げ、資本取引の自由化というグローバルな視点から利子平衡税の問題点を指摘するとともに、日米関係への影響も示唆して、日本側の関心を強く訴えた。これに対して米国側はトルードが米国の国際収支の現状やゴア条項の概要を説明したが、その際、武内との協議を通じて日本側の深い関心を十分認識しており、協議を通じて「特別なアレンジメント」ができることを期待すると発言した。

その後、実質的な協議は日米財務当局間の実務者協議に委ねられ、両国の国際収支状況やゴア条項発動が日本におよぼす影響など広範な議論が重ねられた。その結果、対日救済措置が必要な事情について、会議の席上で大要次のように要点が纏められ、同日中にワシントンのディロンに報告されることとなった。すなわち、ゴア条項発動は日本株式市場に深甚な影響をおよぼし、その結果、海外で日本経済に対する信認を失わせる恐れがあること、利子平衡税によって米国からの長期資本調達が途絶したため、ユーロダラーなどの短期資本借りが増大しているが、日本経済への信用不安から短期資金が引き揚げてしまえば深刻な国際収支難となること、欧州市場での起債はすでに限界に達しており、さらなる起債の見込は極めて薄いこと、日本の国際収支改善はここ数ヵ月のことで必ずしも将来的に楽観できないことなどである。

こうした日本側の問題点を踏まえて、トルードは米国の今次ドル防衛政策の意図が、海外に対するすべての銀行貸付および非銀行貸付の水準を一九六四年一二月三一日の総貸付残高を超えさせない点にあり（輸出金融はすべて除外）、途上国に対しては融資を増大させる必要があるので、その分先進国向けの融資は減少せざるをえないが、その際に日本は先進国のなかで別扱いとして、一九六四年末の総貸付残高の横這いまで是認するよう業界を指導するつもりであるとの見解を示し、日本側の了解を求めた。そのうえでトルードは、対日救済の方法として、政府関係債の新規発行分を免税とするか、一年以上のローンを免税とするかの選択肢を提示し、さらに日本側として必要とする免税対象額についてのコメントを求めた。これに対して渡辺が、政府関係債への免税を希望すると答え、五〇〇〇万ドルから一億二五〇〇万ドルの間の金額を考えている旨回答すると、トルードは一億ドルというラインを提示した[78]。米国側は、ドル流出防止の具体的基準を設定しつつも、その枠内での日本に免除措置を認めるという配慮を示したのである。

この米国提案はすぐに田中蔵相に報告され、その回答が一〇日夜の非公式会合において米国側に伝えられた。田中の回答は、米国が提案する一億ドルは、米国人が購入する日本政府関係債の新規発行分であることなどを条件として米国の提案に同意するというものであった。米国側はこれにおおむね同意するとともに、日本の意向を踏まえ一億ドル免除を一九六五年限りではなく今後継続的に認めることを了承した。

こうして、二日間にわたる濃密な交渉の末、日米間では大要次の四点について合意をみた[79]。

① 米国は各年度一億ドルの日本国債および政府保証債の米国人による取得を免税とする。

② ①免税分を除き、利子平衡税はゴア条項を含めあらゆる債券・借款に課税される。

③ 米国政府は米国の対日輸出に関係のない対日民間貸付（①は別枠）が一九六四年末時点での残高を上回らないよう、非公式に銀行や機関投資家に対して道徳的勧告を行い、日本政府も必要に応じこれに協力する。

④ タスクフォース（対外的には非公表）において日米金融関係における協力を継続する。

ワシントン時間二月一〇日正午、利子平衡税延長やゴア条項を含むジョンソン大統領の国際収支特別教書が発表された。ワシントンでは、これに先立つ同日午前一一時一五分、バーネット国務次官補代理が中川進公使の往訪を求め、大統領教書が同日正午に発表されることを正式に事前通知した。その際、東京での協議をふまえて日本政府関係債の一億ドル免税などを認めるとともに、日米協議の結果について大統領の了承を得るために、日本への連絡が発表直前になったことについて理解を求めた[80]。また、東京ではワシントンでの通知よりも早く二月一一日午前一時に教書の要旨が日本側に手交され、その直後（午前二時）に田中蔵相私邸での記者会見において同教書に対する大蔵大臣談話が発表された[81]。

一〇日の日米実務者協議の調整を経て作成された談話の内容は、ドルの健全性の維持が通貨金融体制の安定と発展の基礎であるとして、国際収支安定を目指す米国政府の苦心と努力に理解と同情を惜しまないとの立場を明確にし、さらに教書発表に先立つワシントン、東京での日米間の協議を「国際金融の分野における両国の緊密な協力と両国間の緊密な関係の証左として歓迎すべきもの」と高く評価した。そして協議の結果、今回の米国のドル防衛政策によっても、①今後も米国市場以外からの資本調達が可能であること、②米国からのインパクトローンの担税発行を認めること、③日本国債および政府保証債について一億ドルの免税発行が認められたこと、④米国の輸出金融は利子平衡税の対象とはならないことの四点を挙げて、日本が必要とする外資は十分に導入できるとの見通しを示していた。この田中蔵相談話は、ジョンソン大統領の国際収支教書が一九六三年七月のようなショックを与えるものではないとのメッセージを市場へ伝えるとともに、ドル防衛について日米間で十分な協議と協力がなされていることを対外的に明らかにすることを意図するものだった。

教書発表直後、田中はディロンに対してメッセージを送り、米国の対日配慮に感謝の意を表明した[82]。教書発表の翌日、ディロンはジョンソン大統領に東京での合意について、日本は対日免除措置に満足しており、一億ドルという免税額は課税対象となるインパクトローンよりも少ないので、正味の結果は対日関係にとってプラスであるとのコメントを、田中のメッセージを記したメモとして送付していた[83]。ディロン率いる財務省は、ドル防衛政策の有効性を確保しながら、一定の配慮を示すことで日本からの理解を得るという二つの目的を同時に実現できたと考えていたのである。また、ケネディの国際収支教書公表以来、利子平衡税問題が日米関係におよぼす影響を憂慮していたライシャワーも、今回の措置は日米関係の強化に資するものとして満足の意を記していた[84]。

このように、一九六五年二月の大統領教書発表をめぐり、日米両政府間では一九六三年七月の利子平衡税発表が日本の株式市場のみならず日米関係にまでおよぼしたショックを教訓として、その衝撃を吸収するような外交措置が取られた。教書発表前の綿密な交渉を通じて、日本側は対日免除枠の獲得とともに市場への動揺を抑えることができ、米国側は政治的・経済的なインパクトを考慮して対日免除を認めることにより、大統領教書に対する日本の反発を避けることに成功した。結果として、利子平衡税問題をめぐる協議を通じて、日米両国はドル防衛の重要性についての認識を共有していることを対外的に表明することとなったのである。さらに、大蔵省と外務省との意思疎通と役割分担が有効に機能したことも、この利子平衡税問題をめぐる対米交渉の特徴であった。

さらに、利子平衡税問題をめぐって日米両政府でハイレベルの議論が重ねられ、その結果一定の合意に達したことは、一つの外交懸案が解決したということだけにとどまらない意義も有するものであった。当該期、米国はローザを中心として国際金融体制の再構築を目指しており、たとえば、六三年九月のIMF総会時には一般借入取極(GAB)参加一〇ヵ国の蔵相・中央銀行総裁会議が開催され、国際通貨体制の機能および将来の流動性需要について徹底的な検討を加えることなどに合意していた。また、OECDの経済政策委員会第三作業部会ではIMFの資金力強化による国際金融安定化策が検討されていた。こうした米国の試みは、国際金融問題を多国間関係のなかで調整し、安定化を図ろうとするものであったが[85]、米国はその一員として日本を取り込むことに積極的だった。日本がOECD加入を目指した理由の一つは、経済政策委員会作業部会第三作業部会の議論に加わることだったが、その後押しをしたのもローザであった[86]。また、GABへの加入においても米国のサポートがあった。こうした国際金融体制安定化のための多角的枠組み構築に向けた取り組みのなかで、日米財務・金融当局間の密接な意思疎通が図られるようになっていたのである。

高度成長政策とドル防衛という互いのロジックが衝突した利子平衡税問題をめぐる日米交渉は、国際収支をめぐる互いの問題意識を伝達し、ドル防衛についての認識を共有していく機会を提供した。以後の展開からみるとき、利子平衡税問題の帰結として発表された日米合同の田中蔵相談話は、日本の一方的な対米国際収支依存から日本も米国の国際収支政策に協力していくという、日米間のドル防衛協力の転換点に位置付けられるものとなる。

註

1——田所『「アメリカ」を超えたドル』一〇五～一〇七頁。
2——大河原良雄『オーラルヒストリー　日米外交』ジャパンタイムズ、二〇〇六年、一五五頁。
3——古城「ブレトン・ウッズ体制の変容と日本の対応」二五五頁。
4——「日米共同声明」一九六一年六月二二日、外務省情報文化局『外務省公表集　昭和三十六年度上半期』外務省、一九六一年、一七五～一七六頁。
5——"JAPAN, Department of State Guidelines for Policy and Operations," October 1961,『日米関係資料集』五二六～五三三頁。また、古城「ブレトン・ウッズ体制の変容と日本の対応」二五五頁。
6——「第一回日米貿易経済合同委員会共同声明」一九六一年一一月四日、外務省情報文化局『外務省公表集　昭和三十六年度下半期』外務省、一九六二年、一九四～一九九頁。
7——在米国朝海大使より大平外務大臣宛電報第二四一二号、一九六二年一〇月九日、外務省記録「本邦米国間財政・金融関係　日米財政・金融会議」E'.2.3.1.5-4、外交史料館。
8——外務省経済局「第二回日米貿易経済合同委員会議事概要」一九六二年一二月、外務省記録「日米貿易経済合同委員会関係　第二回委員会　本会議　議事概要」E'.2.3.1.17-2-3-1、外交史料館。

9――在米国朝海大使より川島外務大臣臨時代理宛電報第二九六七号、一九六二年一二月五日、外務省記録「日米貿易経済合同委員会関係　第二回委員会　個別会談」E'.2.3.1.17-2-4、外交史料館。

10――古城「ブレトン・ウッズ体制の変容と日本の対応」二五七頁。

11――『日本経済新聞』一九六三年七月一九日。

12――『日本経済新聞』一九六三年七月二〇日（夕刊）。

13――経済局「米国の国際収支対策に関する各省会議」一九六三年七月二三日、外務省記録「米国対外経済関係　財政・金融関係　利子平衡税関係」第四巻、E'.3.3.1.5-2-2（マイクロフィルム番号 E'-0112）外交史料館（以下、巻数を除き「利子平衡税関係」と略記。）。

14――大平外務大臣より在米国武内大使宛電報第一四一二号、一九六三年二七日、外務省記録「米国対外経済関係　財政・金融関係　ドル防衛関係　大統領教書・指令書綴」第二巻、E'.3.3.1.5-2-3-2（マイクロフィルム番号 E'-0113）外交史料館（以下、巻数を除き「大統領教書綴」と略記。）。

15――経済局「米国の国際収支対策に関する各省会議」。なお、外務省内での検討の結果、利子平衡税の適用にあたり日本とカナダとの間に差別を設けることは日米友好通商航海条約の趣旨に反するのみならず、日本国民または会社が日本の経済発展に必要な資本を米国内で衡平な条件で取得することを妨げないと規定した同条約第五条や日本国民または会社が米国において自由に事業を営みうることを定めた第七条に抵触するとの解釈を結論とした。ただし、ドル防衛に対する自由主義諸国の協力という政治的観点からも交渉上のテクニックとしての妥当性や外資導入規制との関係からも、条約論によって問題解決を図ることはしないことになった。大平外務大臣より在米国武内大使宛電報第一四二四号、一九六三年七月二九日、「大統領教書綴」第二巻。

16――在米国武内大使より大平外務大臣宛電報第一七六八号、一九六三年七月二二日、「利子平衡税関係」第三巻。

17――大平外務大臣より在米国武内大使宛電報第一三九五号、一九六三年七月二五日、「利子平衡税関係」第四巻。および、経済局「三一日の閣僚会議検討事項（案）」一九六三年七月二九日、「利子平衡税関係」第四巻。

18――大平外務大臣より在米国武内大使宛電報第一三八一号、一九六三年七月二三日、「大統領教書綴」第二巻。なお、日本側は当初、米国側から事前通告がなかったことに不満を示したが、実際には、公表の六時間前に在京米国大使館の財務アタッシェより大蔵省と日銀に通告されていた。大平外務大臣より在米国武内大使宛電報第一四三九号、一九六三年七月三〇日、同右所収。

19——大平外務大臣より在米国武内大使電報第一八三八号、一九六三年七月二四日、同右所収。

20——Telegram 314 from embassy in Germany to DOS, July 23, 1963, *Foreign Relations of the United States* (hereafter *FRUS*), 1961-1963, Volume IX, Foreign Economic Policy, doc. 78.

21——Telegram 285 from Tokyo to DOS, July 25, 1963, Box 124A, NSF, JFKL.

22——Telegram 369 from Tokyo to DOS, August 1, 1963, Box 3438, Central File 1963 (hereafter CF 1963), RG59, NA.

23——Telegram 385 from Tokyo to DOS, August 2, 1963, ibid.

24——Memo from Dillon to Ball, July 23, 1963, Box 124A, NSF, JFKL.

25——田中・ガーディナー会談については、大平外務大臣より在米国武内大使宛電報第一三九五号、一九六三年七月二五日、「大統領指令綴」第二巻。中山局長との会談については、経済局「利子平衡税のカナダに対する特別免除に関する件」一九六三年七月二五日、および、経済局米国カナダ課「米国利子平衡税の免除に関するガーディナー米公使の申し入れ要旨」一九六三年七月二六日、ともに「利子平衡税関係」第二巻。米側記録は、Telegram 283 from Tokyo to DOS, July 25, 1963, Box 124A, NSF, JFKL.

26——在米国武内大使より大平外務大臣宛電報第一八二八号、一九六三年七月二七日、「利子平衡税関係」第四巻。

27——在米国武内大使より大平外務大臣宛電報第一八三六号、一九六三年七月二七日、「利子平衡税関係」第三巻。

28——Telegram 176 from DOS to Certain Diplomatic Missions, July 26, 1963, *FRUS*, 1961-1963, Volume IX, doc. 79. Also see Footnote 1, ibid.

29——古城「ブレトン・ウッズ体制の変容と日本の対応」二五七頁。

30——大平外務大臣より在米国武内大使宛電報第一四三一号、一九六三年七月二九日、「大統領指令綴」第二巻。

31——在米国武内大使より大平外務大臣宛電報第一八四七号、一九六三年七月二九日、「利子平衡税関係」第三巻。

32——Telephone Conversation, Dillon and Ball, 10:15 a.m., July 27, 1963, Box 5, The Personal Papers of George W. Ball, JFKL.

33——Telephone Conversation, Hilsman and Ball, July 27, 1963, ibid.

34——Telephone Conversation, Ball and Takeuchi, July 30, 1963, ibid.

35――Telephone Conversation, Ball and Bundy, August 1, 1963, ibid.

36――『日本経済新聞』一九六三年七月三〇日(夕刊)。

37――大蔵省「利子平衡税のわが国経済に及ぼす影響と対米要請に関する件」一九六三年七月一日、「利子平衡税関係」第四巻。

38――「池田総理のケネディ大統領あて親書」一九六三年七月三一日付、「利子平衡税関係」第三巻。

39――Memorandum of Conversation, Rusk and Ohira, August 1, 1963, Digital National Security Archives (hereafter cited as DNSA), JU00256. 各会談の概要は、外務省経済局「米国の国際収支対策に関する大平外務大臣訪米の概要」一九六三年八月八日、「利子平衡税関係」第四巻。

40――在米国武内大使より福田外務大臣臨時代理宛電報第一九一六号、一九六三年八月二日、「大統領指令綴」第二巻。

41――在米国武内大使より福田外務大臣臨時代理宛電報第一九二三号、一九六三年八月二日、同右所収、および、Memorandum of Conversation, Kennedy and Ohira, August 2, 1963, Box 124A, NSF, JFKL.

42――「金利平衡税に関する日米共同コミュニケ」一九六三年八月二日、外務省記録「本邦・米国間財政金融関係」E'.2.3.1.5、外交史料館(以下、「日米財政金融関係」と略記。)。

43――在米国武内大使より大平外務大臣宛電報第一八五五号、一九六三年七月三〇日、「利子平衡税関係」第三巻。

44――Telegram 1317 from DOS to Tokyo, November 20, 1963, *FRUS*, 1961-1963, Volume IX, doc. 83.

45――"R-5 IV-Development in International Trade and Economic Relations" in "Third Meeting on the Joint US-Japan Committee on Trade and Economic Affairs, Tokyo, Jan. 27-28, 1964, Record of the Meeting," Box 253, Papers of Lyndon Baines Johnson President, 1963-69, National Security File, Country File, Asia and the Pacific, Japan (hereafter NSFJ), The Lyndon Baines Johnson Library, Austin, TX, USA (hereafter cited as LBJL).

46――在米国武内大使より大平外務大臣宛電報第一六二五号、一九六四年六月二九日、「利子平衡税関係」第三巻。

47――在米国武内大使より椎名外務大臣宛電報第一九三〇号、一九六四年七月二八日、同右所収。

48――椎名外務大臣より在米国武内大使宛電報第一四五九号、一九六四年八月一三日、同右所収。

49――在米国武内大使より椎名外務大臣宛電報第二一九三号、一九六四年八月二一日、同右所収。

50――在米国武内大使より椎名外務大臣宛電報第二二七一号、一九六四年八月三一日、「利子平衡税関係」第四巻。

51——大蔵省「田中・ディロン会談要旨」日付なし、同右所収。Also See, Memorandum of Conversation, Tanaka and Dillon, September 8, 1964,『集成Ⅷ(四)』二三〜三一頁。

52——椎名外務大臣より在米国武内大使宛電報第一五七一号、一九六四年八月二八日、「利子平衡税関係」第四巻。本電報は大蔵省が作成した資料を外交電報として送付したものである。

53——ライシャワーも、田中があくまでも政治的プレッシャーを通じて対日課税免除を獲得することを望んでいると観察していた。Telegram 1897 from Tokyo to DOS, December 9, 1964,『集成Ⅷ(四)』一九四〜一九五頁。

54——経済局米国カナダ課「日米金融問題等に関する大蔵省外資課長の内話」一九六四年九月二六日、「日米財政金融関係」。

55——Memorandum of Conversation, Ishino and Roosa, September 11, 1964,『集成Ⅷ(六)』二二七〜二二九頁。

56——大蔵省「田中・ディロン会談要旨」。

57——Telephone Conversation, Dillon and Ball.

58——経済局米国カナダ課「日米金融問題等に関する大蔵省外資課長の内話」。

59——同右。

60——中期経済計画はそもそも六四年一月に、池田が経済審議会に対して、物価上昇など当時顕在化しつつあった成長のひずみにどう対処するかを諮問したことに由来する。委員会では当初、高度成長が今後とも可能であるとする見方と安定成長への転換を図るべきだとする見方の対立があったが、政権交代後は安定成長路線への傾斜が鮮明になっていた。中期経済計画については、経済企画庁編『中期経済計画 付経済審議会答申』大蔵省印刷局、一九六五年、および、エコノミスト編集部編『高度成長期への証言 上』日本経済評論社、一九九九年、三〇八〜三二七頁。

61——一九六五年三月二二日の経済審議会での佐藤の発言。「経済審議会議事録」一九六五年三月二二日、総合研究開発機構(NIRA)戦後経済政策資料研究会編『国民所得倍増計画資料 第一七巻 経済審議会議事録(二)』日本経済評論社、一九九九年、一一五〜一二三頁。

62——Telegram 2062 from Tokyo to DOS, December 29, 1964, DNSA, JU00399.

63——Background Paper, January 4, 1965, DNSA, JU00406.

64——Memorandum of Conversation, Sato and Dillon, January 13, 1965, DNSA, JU00450.

65——Memorandum of Conversation, Sato and Dillon, January 13, 1965, DNSA, JU00451.

66——椎名外務大臣より在米国武内大使宛電報第一四三号、一九六五年一月二一日、「利子平衡税関係」第三巻。

67——椎名外務大臣より在米国武内大使宛電報第一六四号、一九六五年一月二三日、同右所収。

68——在米国武内大使より椎名外務大臣宛電報第二二六号、一九六五年一月二一日、同右所収。

69——この会合では、その直後に予定されていた国際収支に関する大統領教書の内容が議論されていた。ただし、本会合に関するジョンソン大統領宛のメモには、日本について議論されたとは記されていない。Memo from Bundy to Johnson, January 22, 1965, *FRUS*, 1964-1968, Volume VIII, International Monetary and Trade Policy, doc. 31.

70——在米国武内大使より椎名外務大臣宛電報第二三七号、一九六五年一月二二日、「利子平衡税関係」第三巻。

71——在米国武内大使より椎名外務大臣宛電報第二三九号、一九六五年一月二三日、同右所収。

72——Report from the Cabinet Committee on Balance of Payments to Johnson, undated, *FRUS*, 1964-1968, Volume VIII, doc. 33.

73——タスクフォースは、米国側からの①日米間にできるだけ緊密な連絡協議を遂げたという記録を残すこと、②東京での協議での質問事項をあらかじめ日本側に伝えておくことなどを目的として開催された。在米国武内大使より椎名外務大臣宛電報第三四五号、一九六五年二月二日、「利子平衡税関係」第四巻。

74——在米国武内大使より椎名外務大臣宛電報第三六〇号、一九六五年二月三日、同右所収。ただし、このタスクフォースでも、またこれに先立つ武内とディロンとの会談でも、米側は東京での協議が実施質的な協議が行われることを肯定していた。在米国武内大使より椎名外務大臣宛電報第三一六号、一九六五年一月二九日、同右所収。

75——椎名外務大臣より在米国武内大使宛電報第二二八号、一九六五年二月五日、同右所収。

76——外務省・大蔵省「平衡税法に関する日米協議第一回全体会議　牛場外務審議官ステートメント」一九六五年二月八日、「日米財政金融関係」。

77——以下、協議の模様については、外務省経済局米国カナダ課「経米加資料第一三八号　利子平衡税の対日免除に関する日米協議（議事要旨）」一九六五年二月二〇日、同右所収。

78——菊地清明（当時、経済局米国カナダ課長）によれば、日本側（大蔵省）は当初、七五〇〇万ドルの特別枠を求めたが、トレザイスから菊池への電話で米国側に一億ドルの対日免除枠の準備があることを知り、次の会合で改めて一億ドルを要求した。菊地清明『経済外交の現場を語る』鹿島平和研究所、二〇〇三年、三七〜三八頁。

79——椎名外務大臣より在米国武内大使宛電報第二四八号、一九六五年二月一〇日、「利子平衡税関係」第四巻。

80——在米国武内大使より椎名外務大臣宛電報第四〇五号、一九六五年二月一〇日、同右所収。

81——椎名外務大臣より在米国武内大使宛電報第二七九号、一九六五年二月一三日、同右所収。田中談話の内容は、外務省経済局米国カナダ課「経米加資料第一三八号　利子平衡税の対日免除に関する日米協議」。

82——Memo from Dillon to Johnson, February 11, 1965, DNSA, JU00460.

83——Ibid.

84——Telegram 2508 from Tokyo to DOS, February 10, 1965, *FRUS*, 1964-1968, Volume VIII, doc. 42.

85——田所『「アメリカ」を超えたドル』九四〜一二二頁。

86——Robert V. Roosa, *The United States and Japan in the International Monetary System 1946-1985*, New York: Group of Thirry, 1986, p.9.

第三章　東南アジア開発とベトナム戦争の連関　一九六五〜一九六六年

はじめに

一九六五年の年明け、戦後二〇年という節目を迎えた日本を覆っていたのは、高揚するおおらかなナショナリズムであった。

このナショナリズムの高まりを内側から促していたのは、経済成長であった。経済成長にともない、地方コミュニティーの崩壊と生活様式や文化の均一化が進行して「日本人」という意識を高めると同時に、生活の安定をもたらしてくれる「日本」への信頼が「無自覚なナショナリズム」という形で定着していた[1]。また、一九六五年七月に公刊された『外交青書』が前年の経済外交を回顧して「戦後経済外交の一貫した最大目的であった「先進国としての国際的地位の確立」を名実ともに実現しえた年」と表現したように[2]、一九六四年にはOECD加盟やIMF八条国移行が実現し、各国とのGATT三五条援用撤回交渉も進展して同年末までには主要国すべてが援用を撤回した。明治政府の条約改正にも似た外交交渉の末に「先進国」という国家像を得たことで、日本外交には新たな地平が開かれているとの自信が広がっていた。

このナショナリズムが試されることとなったのが、一九六五年二月に北ベトナムのドンホイを最初の標的として開始された北爆と、北爆開始から二ヵ月後にジョンソン大統領がジョンズ・ホプキンス大学での演説（ボルティモア演説）で発表した、いわゆるジョンソン提案であった。ベトナム戦争が本格化していくなかで発表されたジョンソン提案は、北ベトナムの「侵略」に対する軍事力行使とベトナムにおける平和確立のために東南アジア経済開発に一〇億ドルを拠出する準備があることを表明するものであり、経済協力の実現にはアジア諸国、とりわけ日本のイニシアティブを期待していた。ジョンソン提案を受けて、日本外交は、国民が強く反対するベトナム戦争の政治的意図を色濃く帯びた東南アジア経済開発にいかに関わっていくべきなのかという難問に直面することになったのである。

ジョンソン提案への対応は、ドル防衛協力という観点からみた場合、移転収支面での負担分担要求にどう応えるかという外交課題にあたる。それは国際収支という数字の問題であると同時に、米国による東南アジア経済開発への一〇億ドル拠出に日本としていかに歩調を合わせ、どの程度の東南アジア援助をどのように実施するのかという援助政策の協調という側面も有していた。さらにジョンソン提案は、本格化するベトナム戦争への対応や東南アジア諸国との地域的経済協力枠組みの構築といった多義的な課題も包含していた。

かくして、ボルティモア演説以後、東南アジア開発とベトナム戦争という複雑に錯綜する命題をめぐって、日米両国政府の間ではときに緊張を孕んだ交渉が繰り広げられていく。しかも、上述したナショナリズムの高まりを背景として、日本外交当局者の間にも積極的な東南アジア政策を展開していきたいとする機運が高まっていたことが、この間の日米関係をいっそう複雑なものにするのである。

本章では、このベトナム戦争と東南アジア開発という二つの争点の連関の上に展開された日米関係を検証する。その際、外務省、佐藤栄作、そしてライシャワー大使という三者関係を軸に据えて考察を進める。これら三つのアクターは、ベトナム戦争とは切り離された東南アジア開発を模索していく外務省、財政政策や国内世論との兼ね合いから対東南アジア経済政策の積極化を渋る佐藤、そして日米両国の連結点としてベトナム戦争で揺らいだ日米関係の立て直しに奔走するライシャワーという三角形の構図となっており、この三者間のダイナミズムを中心として、東南アジア開発とベトナム戦争をめぐる日米関係は展開されていくことになる。

1 北爆開始とジョンソン提案

北爆開始とジョンソン提案

一九六五年二月七日、ベトナム中部プレイクにある米軍宿舎攻撃への報復として、米国は南ベトナム軍とともに北ベトナムへの爆撃を実施した。翌八日の第二次爆撃に引き続き、二月一一日にもタイにある米軍下士官宿舎攻撃(二月一〇日)への報復として、北ベトナム南部への爆撃を実施した。北爆の開始である。

北爆に対する日本政府の立場は、北爆は報復攻撃であるが事態の拡大は望まないとの佐藤の国会答弁[3]に示されるように、北ベトナム側の攻撃に対するやむをえざる報復措置と認めつつも、戦火の拡大を希望しないというものだった[4]。だが、国内世論が急速に北爆批判に傾くなかで、政権発足間もない佐藤は苦しい対応を迫られていた。二月一九日、軍事作戦の継続などを含むベトナム政策を極秘裏に内報したエマソン公使(臨時代理大使)に対して、佐藤は在日米軍基地は直接作戦に使用されていないので米軍の動きは事前協議の対象にならないことについて確認を求めた。肯定するエマソンに対して、佐藤はどうしても急きょ兵力を増強・強化する必要がある場合には遠慮なく協議するよう付言した[5]。

しかし、戦線拡大を欲しないとの佐藤の度重なる言明にも関わらず、米軍と南ベトナム軍は、二月一六日に海上で発見された北ベトナム艦船が大量の武器弾薬を南ベトナムへ運搬しようとしていたことから北ベトナムの攻撃意図が継続しているとみて、三月二日に対抗措置として第四次北爆を実施した。佐藤は戦火の不拡大さらには紛争終息を望むとの立場を繰り返したが[6]、野党からの追及も、世論の反対もより厳しいものとなっていた。武内駐米大使がバンディ国務次官補に語ったように、焼夷弾や爆弾の惨禍を、文字どおり身をもって体験していた日本国民はベトナム情勢に悲観的かつ批判的であり、ハノイ近辺への爆撃で北ベトナム国民に多数の死傷者がでるような事態になれば日本政府は苦境に立たざるをえないとの危惧が政府内に広がっていた[7]。かといって、米国による爆撃が継続している時期に日本が平和解決を呼びかければ米国の立場を困難にしてしまいかねず、佐藤政権は事態の推移を注視することしかできなかった[8]。米国のベトナム政策への支持と、米国の軍事行動に批判的で北爆の効果に心理的にも疑念を抱く国内世論との狭間にあって、日本政府にできることは南ベトナムに特使を派遣して情報収集したり、軍事行動の対象や方法について慎重であることを米国に希望する程度に限られていたのである。

こうした難しい事態をいっそう複雑にしたのが、一九六五年四月七日、ジョンソン大統領によるジョンズ・ホプキンス大学での演説、いわゆるボルティモア演説であった[9]。地域主義的アプローチによる東南アジア経済開発に一〇億ドルの資金援助を表明したジョンソンの演説には、ナショナリズムの暴発による地域紛争の抑制、共産主義の浸透阻止、東南アジア諸国の自助努力による米国の負担軽減といった多義的な狙いが秘められていた[10]。しかもそれは、和平後の北ベトナムやソ連の参加を想定し、また国連の役割を強調するなど、東南アジア地域の経済開発を幅広い枠組みで解決しようとする提案であった。

このジョンソン提案に対して、日本政府は構想発表直後から歓迎の意を表明していた。演説の翌日には、首相である佐藤本人がさっそくライシャワーに電話をかけて、ジョンソン提案を歓迎する旨を伝え、四月一〇日には、日本政府としてジョンソン提案を支持する大統領宛の書簡を送付した[11]。事実、ジョンソン提案において米国は日本をキープレイヤーと位置付けていたが、その直接的な理由は一九六五年一月の日米首脳会談にあった。ジョンソンらとの会談で、佐藤はベトナム支援が国連の機関で行われるのであれば、日本の協力しうる余地が大きくなると語っており[12]、会談後の共同コミュニケにもその旨が明記されていた。国連を引き込んだ東南アジア経済開発計画としてジョンソン提案を検討していた国務省は、このことを念頭に資金面も含めた日本の積極的な支持と参加を期待していたのである[13]。こうした意図から、佐藤の親書を携えて来訪した武内大使に対してラスク国務長官は、米国の提案には消極的な国もあるので、そうした国に影響力を有する日本がイニシアティブをとり、必要に応じてウ・タント国連事務総長とも協調して東南アジア開発援助を推進するよう要請していた[14]。

一方、北爆開始によって「私たちが四年間かけて築いてきた足場が、固まるどころか揺らぐ方向にある」と日米関係の現状に憂慮を深めつつあったライシャワーも[15]、このジョンソン提案に大きな意義を見出していた。ジョンソン提案はベトナム情勢に関する日本人の不安を静め、批判を鈍らせ、さらには米国の行動への人々の容認と支持を獲得するうえで非常に役立つものと評価できたからである[16]。ライシャワーはまた、ジョンソン提案に対するアジア側からの好ましい反応を引き出すうえで、域内で唯一の援助国である日本の果たしうる役割は大きく、それはさらに、増大するナショナリズムを背景として国際的地位を希求する日本の要望にも適うものであると考えていた。ライシャワーは「十分なお土産を持参しさえすれば」日本がアジア地域でのリーダーシップを発揮することを懸念するのはもはや妥当ではないと判断していた[17]。つまり、ライシャワーにとってジョンソン提案は、ベトナム情勢をめぐる日本の国内対策であると同時に、日本が積極的に国際的な役割を担っていく機会として映っていたのである。そこでライシャワーは、日本の東南アジアへの援助（一〇億ドル単位が望ましい）と、日本による東南アジア諸国へのジョンソン提案（初期OEC型の地域枠組み）参加招請といった意見をワシントンに具申した[18]。このライシャワーの意見は了承され、ライシャワーは日本政府への働きかけを開始することとなる[19]。だが、国連のイニシアティブを重視する国務省と、日本こそが東南アジア諸国に対して主導的な役割を果たすべきとするライシャワーとの間には当初から温度差があった。

こうした米国側の日本への期待に反して、具体的な協力策となると日本政府内の意見は積極策で一致していたわけではなかった。とくに煮え切らなかったのが佐藤だった。四月一二日、ライシャワーが前述の大統領宛書簡への返書を持参して佐藤を往訪し、先の意見具申に基づきジョンソン提案への日本の対応を次のように要請した。ライシャワーはまず、北ベトナムへの軍事力行使とならんで東南アジアへの経済協力を行い、これを戦争終結の一つの手立てとするとのジョンソン提案の意図を説明した。そのうえで、米国政府としては日本が経済面で特別の積極的役割を果たし、ジョンソン提案に応えるためにアジア諸国を「オーガナイズ（"organize"）」することを希望していると明かし、佐藤から直接、日本側の真意を伺いたいと水を向けた。しかし佐藤は、ジョンソンの演説では米国の軍事行動が北ベトナムからの攻撃に対する報復に限定されている点を歓迎しつつも、経済協力に関してはウ・タントがやればよいとあえて距離を置く姿勢をみせた。日本の主導的役割に期待していたライシャワーは、ジョンソンの演説はウ・タントに言及しているが援助受け入れ体制を組織することまでは国連のイニシアティブに期待はできないと断言して、日本こそがその役割を担うよう促した。ライシャワーからこれだけの言質を得てようやく、佐藤は「そこまでいっていただければ御手伝いしやすい」と述べて、日本として協力できると確約し、同席していた安川壮アメリカ局長に外務省として検討するよう命じた。しかし同時に、アジア開発銀行への出資などを挙げながら「日本は金を持っていないので恥ずかしい思いをしていたが、今度は米国が金を出すというのであるからやり易い」と語って、米国による資金拠出への期待と日本側への負担増大への懸念をにじませた[20]。

ジョンソン提案に意義を見出す点では意見の一致した佐藤とライシャワーであるが、米国の軍事行動の抑制と資金拠出とを瀬踏みする佐藤と、マーシャル・プランを念頭に東南アジア諸国の援助受け入れ体制を組織するうえで日本に期待するライシャワーとの間には当初から意見の相違が存在した。議論が具体化していくなかで、両者の溝は避けがたいものとなる。

「アジア平和計画」の策定

佐藤からの指示と前後して、外務省では主管局となった経済協力局が東南アジア開発計画案をまとめていくが、そのベースとなったのは経済協力局政策課の妹尾正毅が作成した「アジアの安定と繁栄のための国際協力計画」であった[21]。この計画は、アジアの民生安定と長期的な経済発展のためには多数国間の国際協力が必要であるとの認識の下、①政治的イデオロギーを問わずできるだけ多数国の参加を求め、政治不安が経済発展におよぼす悪影響の防止をはかる、②途上国のイニシアティブを活用し、自力更正の精神の昂揚と地域協力の促進をはかる、③途上国の貿易拡大への強い要請を勘案し、開発援助のみならず、地域的支払同盟の結成、一次産品価格の安定策など貿易面での効果的施策を考慮する、という三点を基本方針とし、そのために今後五年間で二〇～二五億ドル(そのうち米国から半分、日本からは二・五～三・三億ドル程度の負担)の資金拠出を予定していた。

経済協力局の計画案は、その基調を残しつつ、省内の関係各局のコメントをふまえて、「アジア平和計画」として再策定される[22]。この計画は、「アジアに平和をもたらすためにはまず経済の安定が必要である」との前提から、国際協力の下、前半五年間を平和の招来と民生の安定にあて、これに続く五年間で経済発展に重点を置くとする計画で、最終的には「特に各国の特殊性を活かした産業構造の発展を目的として工鉱業、農業、インフラストラクチュア部門の飛躍的発展をはかり、アジア諸国の有機的協力体制の確立をはかる」ことを目的としていた。

このアジア平和計画の最大の特徴は、参加予定国の幅広さと日本からの予定拠出額の大きさにあった。参加予定国について、アジア平和計画では、日本、韓国、台湾、フィリピン、南ベトナム、ラオス、カンボジア、マレーシア、インドネシア、タイ、ビルマのほか、北ベトナムに対しては特に強く参加を求め、中国、北朝鮮にも将来門戸を開く方向で検討するとされた。一方で、域外援助国としては、米国、ソ連、オーストラリア、ニュージーランド、カナダ、西欧諸国などに広く参加を呼びかけ、またＩＭＦ、世界銀行グループ、国連、アジア極東経済委員会（ＥＣＡＦＥ）、メコン委員会などの国際機関とも密接な協力関係を保つこととされた。この背後には、ジョンソン提案の狙いが、共同開発計画を通じて北ベトナムおよび南ベトナムの民族解放戦線に対して平和解決のきっかけを提示することにあり、そのためには何らかの形で中国を関与させる必要があること、またアジア各国が援助を受け入れやすくするためには米国の存在を薄めるべきとの判断が隠されていた[23]。つまり、政治的にはベトナム和平、経済的にはイデオロギーにとらわれない国際的協力体制の実現という二つ意図がアジア平和計画には秘められていたのである。

拠出額については、米国の一〇億ドルに対し、日本が五億ドル、その他の域外国が五億ドル、日本を除く域内国が二億ドル（現地通貨払い）の合計二二億ドルを計上することとされ、資金残余が一〇億ドルを切った場合には、この拠出比率に応じて必要額を新たに拠出することとされていた。この日本からの五億ドル拠出について、経済協力局では「先ず自ら相当額の拠出を行ない、本計画およびアジアの平和と繁栄に対するわが国の熱意の証左とする」ことで、アジアの先進国として国際社会における地位と発言力を強化することにその意義を置いていた。同時に、経済的にも、援助は結局日本の損にならないばかりか、前年の国連貿易開発会議(UNCTAD)で示された途上国への経済援助をGNP比一%に近付けるという国際目標からも重要であるとしていた[24]。国際社会で責任ある役割を担うためには、それに見合うだけの経済資源を拠出しなければならないというナショナリズムの高まりをここに見出すことができる[25]。

このアジア平和計画には、経済局やアメリカ局北米課、国連局経済課からコメントが寄せられていた。経済局や国連局経済課からは、東南アジア諸国のなかでも安定度の低い国のみを対象とすることや、アジア地域の一次産品問題の解決策として一次産品協議会の設置に賛成することなどが伝えられた[26]。また、北米課は米国政府がマーシャル・プランのような多角的援助方式を打ち出そうとしており、アジア平和計画はその意味で適当なものであるが、本件計画を関係国に打診する際には、「米国の平和攻勢のお先棒をかつがされているという印象を与えないよう」、また「過早なコミットメントの結果、本件構想がアジアの親米グループのみだけで発足せざるを得なくなる事態は避けるよう留意する」ことを強調し、日本からの働きかけは、カンボジア、インドネシア、ビルマといった「政治的な理由により米国等よりの直接援助受入れを望まない国に置くべき」としていた[27]。

経済協力局を中心に本省で日本側提案の作成が進められるのと並行して、関係在外公館では情報収集が進められた。また、ジョンソン提案の具体像については、米国国際開発庁(USAID)のポーツ極東局長とニブロック東南アジア部長の談話として、米国としてはとりあえずメコン流域国を中心として、将来的には、大恐慌時のテネシー川流域開発公社に対応する「メコン川開発公社（Mekong Development Authority）」の設置を考慮していること[28]、東南アジアからの自発的かつ積極的な反応を期待していること、カンボジアの参加を重視していることなどが伝えられた[29]。このような情報をふまえて、ワシントンの武内大使は、ジョンソン提案に積極的に応えていくことは「アジアにおける日本の地位を高めると共に米国に対する発言権の強化の点からも極めて望ましい」ので、早急に具体案を作成して議論をリードしていくべきであり、その際には「日本は技術を出し米国の資金と結びつけ東南アジアの開発に当り外貨をもうけるべしとのあまい考え方はとうてい通用しないので、わが方としても相当の金額の拠出をまず覚ご《ママ》せらるる必要あるべし」と意見具申した[30]。

このように外務省内部にはジョンソン提案をきっかけとして、日本が資金と政策の両面から積極的に東南アジア開発に関与していくことで、対米関係・対東南アジア関係の強化をはかるべきとする意見が強まっていた。しかしながら、アジア平和計画をめぐる熱狂の片隅で、ベトナムを含む東南アジア開発への資金をみつけることは「政治的に非常に難しい問題」であり、ベトナム和平に向けて「現時点で日本がなしうる有効なことは何もない」とのシニシズムもまた、外務省内には存在した[31]。さらに、ベトナムでの軍事行動の進展がアジア平和計画の行く末に重くのしかかっていくことになる。

アジア平和計画の挫折――佐藤とライシャワーの意見対立

アジア平和計画の成案を得た経済協力局は、四月二三日に佐藤首相に決裁を求めた。ところが佐藤は五億ドルという巨額の出資に驚愕し、韓国・台湾への経済協力を実施していかねばならない今後数年間の財政事情にそぐわないとして、外務省提案をにべもなく却下した。佐藤が代替案としてわずかに示したのは、すでに決定していた対南ベトナム向け商業借款九一〇万ドルを道路・ダム建設に向けることであった[32]。

佐藤がアジア平和計画を拒否した理由の一つは、当時の経済事情にあった。昭和四〇年不況のどん底で経済の舵を取っていた佐藤は、安定成長路線への転換と財政均衡主義の堅持を目指している最中であり、経済力を対外的に融通する余裕はなかった[33]。アジア平和計画を佐藤が拒否した経緯について、外務省から説明を受けたライシャワーはもっぱらこうした経済・財政上の理由に基づくものとしてワシントンに報告している[34]。だが、佐藤にとってもう一つ看過できない要因がベトナムでの軍事情勢であった。

アジア平和計画を却下した翌日、ベトナム問題の特使として来日したロッジと会談した佐藤は、「一方において熱い戦争の政策をとり、他方において経済協力政策を打ち出しても、両面を調和して進めていこうといった機運が日本にも、又アジアにもない」、「東洋的な考え方をするならば、一方で北爆を続け、他方経済援助の手を差しのべるというのは、西洋的合理主義では理解できても一寸うけ入れ難い」と述べて、軍事作戦の緩和、とりわけ北爆の一時停止を先行するよう要請した。佐藤はまた、米国の軍事行動が北爆から北ベトナムの一部占領やハノイ爆撃へとエスカレートすることへの警戒感や、戦争激化による在日米軍基地の使用や日本が戦争に巻き込まれるのではないかと国内世論が憂慮していることなどを縷々語り、軍事作戦の有用性やジョンソンの演説後も中国の影響下にある北ベトナムが話し合いに応じる可能性は少ないと強調するロッジとの間でかみ合わないやり取りが繰り返された[35]。このように、佐藤にとっては経済援助よりも軍事作戦の緩和の方が優先すべき課題だったのであり、それゆえ日本としてもベトナム和平工作を先行していこうと考えていた。実際に佐藤はロッジとの会談で、ソ連が北ベトナムに対して話し合いに応じるよう影響力を行使することと、日本が米国に北爆の一時停止を働きかけることとをセットの条件とした仲介策を極秘裏に提案している[36]。

さらに、経済協力枠組みの構築において日本が果たす役割についても、佐藤の認識はアジア平和計画とも、米国側の想定とも異なっていた。ロッジは、ライシャワーの佐藤に対する先の発言と同様に、ジョンソン提案において日本は特別に建設的な役割を果たしうるとして、日本に善意ある協力とイニシアティブ発揮への期待を伝えた。しかし佐藤は、ジョンソン提案はメコン川開発に重点を置き、援助対象国をメコン川流域国(南ベトナム、ラオス、カンボジア)にタイとマレーシアを加えた五ヵ国とすること、それ以外の地域はアジア開発銀行を活用すると回答した[37]。前述の四月一二日のライシャワーとの会談では、マーシャル・プランでのOEEC型の援助受け入れ組織を提起するライシャワーに対し、佐藤はアジアには政治的に片寄っている国が多いので、政治的な案配が必要であろうとし、北朝鮮は難しいもののインドネシア、カンボジア、ビルマ、北ベトナムは加わるだろうとの感触を伝えていた[38]。アジア平和計画はこの佐藤の発言に沿ったものだったが、佐藤は前言をあっさりと撤回したのである。佐藤からロッジへの説明の際、同席していたライシャワーはロッジに「より広範なことを考えていた」と打ち明けて議論の軌道修正を図ろうとしたが、ロッジはこれを抑えた感じとなった[39]。

こうしてアジア平和計画は佐藤によって全否定される形になったが、実際のところ同計画は米国にとっても受け入れ可能なものではなかった。佐藤とロッジとの会談と同日(四月二四日)から、ロストウ政策企画本部長などが来日して日米政策担当者協議が開催された。四月二七日の協議の席上、外務省は公式な政策ではないと断った上でアジア平和計画を米国側に提示した。これに対してロストウは、ジョンソン提案におけるアジア諸国のイニシアティブを強調し、とりわけ日本の果たしうる役割の重要性を訴えつつも、アジア地域に必要なのは銀行の採算にあうプロジェクトであって、東南アジア諸国の多くはアジア平和計画のコンセプトに合致しないと断言した。そして、かわりに「アジア版・進歩のための同盟(Asian CIAP)」を提案して、本計画を否定した[40]。こうしてアジア平和計画は佐藤に峻拒され、また米国政権中枢からも否定される結果となったのである。

このアジア平和計画をめぐる顛末は、思わぬ形で日米関係に一本の亀裂を生じさせた。日本と米国をつなぐパイプ役であるライシャワーが佐藤に不信感を抱き始めるのである。日本が援助受け入れ枠組みの組織化をリードするとのライシャワーの発想は、国連の役割をより重視する国務省との間にもズレがあり[41]、ライシャワーの方が政策の方向性を見誤っていたというのが実態に近い。しかし、ジョンソンの演説当初から日本の主導的役割に期待していたライシャワーにとって、アジア平和計画に対する佐藤の否定的態度は大きなショックであった。しかも、佐藤・ロッジ会談の席上、佐藤がベトナム問題について「米国はPRが足りないのではないか。米国の真の意図を我々は理解していない」と不満を述べ、ライシャワーがこれに陳謝するような事態まで生じており[42]、二人の間には冷たい空気が流れていた。

ライシャワーは、佐藤さえ説得できれば、日本政府は適切に対応すると状況を分析する一方、日本のイニシアティブがなければジョンソン提案へのアジア側からの有意な反応は得にくいであろうと考えた。そして、佐藤を説得するため、ウ・タントを訪日させるべきとまで提案した[43]。ライシャワーはさらに、佐藤がロッジとの会談でジョンソン提案の対象国をメコン川流域の五ヵ国に限定すると発言した点をあえて国務省には報告せず[44]、また外務省に対してアジア平和計画を放棄しないよう伝えることで[45]、より多くの国が参加する枠組み構築の可能性を残そうとした。ライシャワーにとって、ジョンソン提案を自らが想定する形で具体化するためには、まず佐藤を説得しなければならなかった。ところが、財政均衡を盾に頑迷に東南アジアへの経済援助を拒む佐藤に、ライシャワーは更なる不信を募らせていくことになる。

2 東南アジア開発をめぐる意見の錯綜

外務省による代替案の模索と米国との距離

佐藤による却下とロストウによる否定を受けて、外務省内部ではアジア平和計画の代替案の検討が進められた。そしてその過程で外務省は、日本の追求すべき東南アジア政策とジョンソン提案との間に存在するズレを認識していく。

そのきっかけとなったのが、一九六五年五月一八日より開催された第一四回アジア・太平洋地域公館長会議であった。会議を前に、外務省は関係在外公館に対して、ジョンソン提案に関する赴任国政府の見解や各界の反応、日本がベトナム戦争問題と切り離して東南アジア開発構想を提案することの是非、計画参加受諾国の範囲(北ベトナム、カンボジア、ビルマ、インドネシアが参加するか否か)、対象地域の範囲、協力計画の内容などについて、赴任国政府の反応を研究したうえで会議に出席するよう訓令した[46]。こうして、五月一八日から二〇日までの三日間、それぞれの赴任国の情報を携えて帰国したアジア太平洋地域の公館長に椎名悦三郎外相、黄田多喜夫事務次官らを交えて第一四回公館長会議が開催され、ジョンソン提案への対応が検討された[47]。

そこでの意見の大勢は、ジョンソン提案はベトナム戦争との関係を隠しきれず時期が悪いこと、また、対象地域についてもメコン川流域国に絞るほうが現実的とする見解であった。実際、シンガポール独立直前のマレーシアではリー・クァンユーが、ジョンソン提案を「アメと鞭(Stick and Carrot)アプローチ」と呼んで批判していたほか[48]、ビルマも同様の反応を示すなど、メコン川流域以外の東南アジア諸国では、ベトナム戦争との関連からジョンソン提案に対する不信感が強いことが伝えられた。他方、メコン川流域国や国連関係者が出席して五月一〇、一一日に開催されたメコン委員会特別会合では、優先すべきプロジェクトをリストアップし、ウ・タントより米国側に正式に提示のうえ、協力を求めることが決定されるなど、ジョンソン提案はメコン川開発に集中して実施される見通しが強まっていた[49]。こうして外務省では、ジョンソン提案がメコン川流域国に限定される一方、対象地域外の東南アジア諸国ではベトナム戦争との関連から批判が強いことを理由に、これとは距離を置いた政策が模索されるようになっていた。

こうした情勢を背景に、経済協力局はジョンソン提案への対応について再検討を進めた。その結果、東南アジアの経済開発の重要性を確認し、また、アジアのイニシアティブを尊重するなど、ジョンソン提案の基本的な方向性は評価するものの「最大の問題点はこれが特定紛争解決のための一つの武器としてなされたことであり、多くのアジア諸国と長期に亘り調和ある政治的・経済的関係を保たねばならぬ、わが国としては国内世論動向もあり、これを鵜呑みにすることはできない」として、ジョンソン提案とは一線を画した政策を探求することを確認した。そのうえで、日本政府としては、ベトナム戦争に直接関連する援助は対米協調路線を崩さない程度に最小限にとどめ、戦争が終結し次第、大規模な援助がアジア全体に向けられるよう努力すること、その際には「わが国としてはこれがわが国の国家利益であるという認識に立ち、アジア唯一の先進国として応分の資金的、人的寄与を覚悟しなければならない」との立場を打ち出した。つまり、ベトナム戦争を理由にジョンソン提案との関係は希薄化し、戦争終結後を見越した、しかもアジア全域を含む開発援助スキームが必要であるとされたのである。具体的には、アジア開銀による開発資金、等質的な国のグループ間でのサブ・リージョナルな協力の促進、自助努力および援助吸収能力強化の観点、先進国と途上国との協議などが必要とされ、優先順位は第一にアジア開発銀行、次いで「アジア諸国の援助受入体制を作る基礎となるべき「自助努力ないし援助吸収能力に資する機関」」として独立諮問委員会(ラテンアメリカのCIAPを想定したもの)もしくは各国内の計画作成機関の強化とされた[50]。外務省が想定したのは、政治的利害を離れた、よりプラクティカルな開発援助枠組みであった。

こうした方針に従って浮上したのが、「東南アジア開発会議」構想である。その狙いは、東南アジア諸国が「国民福祉の向上のため経済・社会開発に専念するようになれば、これら諸国自身がおのずから自由と平和への途を選ぶ」ので、「アジア諸国民の心裏を援助側に理解せしめその援助姿勢を直すよう説く一方、アジアの指導者をして経済開発のための地道な努力に尽力せしめるように働きかけることができる立場」にある日本が世話役となり、東南アジア諸国が経済建設のため政治的主義主張や社会的思想を離れて、腹蔵ない意見を述べあう懇談の場を提供することとされた。一方、ジョンソン提案については「当面の問題とせず、もっぱら会議の成行に任せ、米国の資金を受入れるべしとの意見が強いような場合にのみ、その検討のための小委員会の如きものを設置する」と限定的に将来的な関連性を示すのみであった[51]。一九六五年七月に開催される予定の第四回日米貿易経済合同委員会に向けて、外務省はこの東南アジア開発会議構想の具体化を急ピッチで進めていく。

佐藤とライシャワーの確執

外務省がジョンソン提案から切り離した東南アジア開発構想を検討しはじめていたころ、在京大使館と首相周辺との間には相互不信が募っていた。

アジア平和計画を却下して以降、佐藤の東南アジア開発問題に対する熱意は急速に冷めていた。これは佐藤が、財政均衡下での安定経済成長の実現という大蔵省の主張する経済政策上の要請に応じた結果であると同時に、ベトナムでの軍事行動の緩和を大規模な経済援助の前提条件と考えていたためでもあった。ところが、北爆停止に関する米国の反応は依然として消極的だった。六五年五月六日の佐藤・ライシャワー会談でも、ロッジとの会談で日本側が示した仲介案（北爆の一時停止と民族解放戦線との直接交渉によるベトナム和平工作）について、佐藤がそのきっかけを作るためには特使を訪米させてもよいと提案したのに対して、ライシャワーは北爆停止が米国の弱みと誤解されることへの懸念や北爆の政治的効果、さらには自由主義陣営の断固たる態度を示すことなどを挙げて軍事行動の停止に慎重な姿勢を示し、また、民族解放戦線との交渉にも強く反対していた[52]。米国側のこうした姿勢を前に、佐藤は米国政府の戦争継続の意志が固いことを再確認し、東南アジアへの大規模な経済援助に乗り出していくのは時期尚早との認識を深めていた。参議院選挙を目前（七月四日）に控え、北爆反対を叫ぶ国内世論の高まりに直面していた佐藤にとって、ベトナムでの軍事行動の緩和を前提としない東南アジア援助は国内政治状況からも受け入れ難いものだったのである。

一方、日本とジョンソン提案とが相互補完的に重要だとするライシャワーの信念は更に確固たるものとなっていた。ライシャワーを突き動かしていたのは日米関係の将来をめぐる不安であった。ライシャワーは、日本が戦後初めてアジア地域の問題に自覚的に取り組みつつあるなかで、米国のベトナム政策に対する日本国民の誤解を解くための全面的かつ不断の教育努力がなければ、米国への不信感がいっそう強まり、日米関係が揺らぎかねないと憂慮を深めていた[53]。ライシャワーにとって、日米間の前向きな協力を可能とするジョンソン提案は日米関係の再構築という文脈にも位置付けられていたのである。

こうした認識の下、佐藤の消極性により事態が膠着していると判断したライシャワーは、イニシアティブを強要することの矛盾を自覚しながらも、日本が東南アジア開発を主導することが日米関係にとっても重要であるとの信念から、直接、佐藤の説得工作に乗り出す。その舞台となったのが、六月一四日の佐藤との非公式会談であった。しかし、この場で佐藤はベトナムでの米国の行動を支持するとは明言したものの、ライシャワーの目には慎重で消極的なものに映っていた。実際、東南アジア開発に関して、佐藤は参議院選挙に対するベトナム戦争の影響を憂慮しつつ、「池田の誤った政策のため日本は経済の立て直しに真剣に取り組まねばならないので、海外での経済的な役割を増大させる立場にはない」と、安定成長路線への経済方針の転換と財政均衡主義を理由に、ライシャワーの説得を拒んだ[54]。

こうした佐藤とのやり取りから、ライシャワーは、選挙対策や経済財政政策といった内向きの議論を盾に東南アジア政策への関与を拒む佐藤とその背後にある大蔵省、両者の拒否によって東南アジア政策を積極化しようとするも身動きが取れなくなっている外務省という日本政府内部の力学を察知した。そこで、ライシャワーは以下のような情勢分析と意見具申をワシントンに打電して、第四回日米貿易経済合同委員会での事態の打開を画策した。すなわち、佐藤は表向き大統領演説を歓迎しているが、それは実体をともなったものではない。他方、外務省は東南アジア開発に向けたイニシアティブを推進しているが、他の省庁はこうした態度を共有していない。そこで、ジョンソン提案に占める日本の政治的責任とイニシアティブの重要性を日本の閣僚が認識するよう、合同委員会においてこの点を強調すべきである[55]。ライシャワーとしては、（おそらく不本意ながらも）外圧がなければ日本政府は動き出さないと考えたのである。この意見具申について報告を受けたロストウは、ライシャワーの提案に応じる形で、この機会を最大限利用してアジア問題における自らの役割の重要性を日本政府に認識させるべきだとするメモをラスクに送付した[56]。以後、ジョンソン政権内では東南アジア開発をめぐる対日政策が一つの焦点となっていくのである。

東南アジア開発をめぐる米国政府の対日認識 | 118

外務省が考案した東南アジア開発会議構想は、アジア平和計画と同様に六月末から慌ただしく具体化が進められ、七月七日に西山昭経済協力局長が佐藤に本構想について直接説明した。しかしながら、ここでも佐藤の反応は鈍かった。佐藤は関係各国に意向を打診することは認めたものの、厳しい財政事情を理由に経済援助を拡大することには極めて消極的で、米国が米国市場での日本の資本獲得を容易にするのであれば、日本としても途上国への資金供与に積極的なアプローチをとりうるかもれないと国際収支を理由に態度を留保した[57]。援助増大により発生する移転収支の赤字を、米国が資本収支面で補填してくれるのであればよいという、自らには都合の良く、米国にとっては受け入れがたい条件を佐藤は念頭に置いていたのである。

ちょうど同じ時期にアジア開発銀行に関する討議のため来日したブラック米大統領特別顧問との会談でも佐藤は、アジア開発銀行への資金拠出とあわせて「東南アジア地域開発基金」を提案するブラックに対し、アジア開発銀行の設置にはいくつかの障害があるので、「米国はその構想を推し進めるにあたり、軍事的、政治的問題を排除し、着実に問題を一つ一つ解決するという方式をとられたい」と述べて、米国政府の動きを牽制した[58]。財政の紐を握る大蔵省ですら、福田赳夫蔵相がアジア開発銀行の経済的なやり方がアジアへの援助を進めるうえで最も効果的であると、その価値を認めているなかで[59]、佐藤の慎重な態度は突出していた。国内経済政策の立て直しを優先課題とし、また日本からの経済協力がベトナム戦争と同一視されることを忌避する佐藤にとって、依然として経済成長の果実を東南アジア政策に積極的に転化していこうとする政策思考は芽生えていなかった。佐藤はブラックとの二人だけの会談で、米軍の軍事行動が北ベトナム侵攻へとエスカレートする可能性を深く憂慮し、米国が現在とっている軍事的努力を継続するとともに、ソ連を通じた北ベトナムへの圧力行使などの方法で従来以上に交渉の機会を捉えること、その際に日本にできることがあれば遠慮なく相談するよう、ジョンソン大統領へのメッセージを託した[60]。佐藤の最大の懸念材料は、依然としてベトナムでの軍事情勢だったのである。

このような日本政府内の状況を把握した在京大使館は、佐藤がアジア開発銀行の分担金以上に資金拠出に応じるつもりはないこと、外務省は東南アジア開発に日本が主導的役割を果たしていかなければならないと考えているが、大蔵省が否定的であること、そこで、日米貿易経済合同委員会を通じて日本の閣僚の間に東南アジア問題への理解と支持が高まり、そのムードが結果として佐藤に伝わることを期待するといった見解を改めてワシントンに打電した[61]。

これを受けて、ジョンソン政権はライシャワーから提起された外圧の行使を決断する。ロストウから先述のメモを受け取っていたラスクはジョンソンに対して次のようなメモを送付し、大統領自らが日本政府に直接、プレッシャーを加えることを提案した。すなわち、東南アジア開発計画は第四回日米貿易経済合同委員会における米国側の重要なテーマである。しかしながら、外務省が主導する日本のイニシアティブは、上からの安定的で強固な関心がなければ、官僚的な惰性と海外へのコミットメント増加を伝統的に忌避する大蔵省の前に台無しになってしまうだろう。そのため、東南アジア開発のための新たな計画と制度を構築するうえで日本の想像力と指導力を非常に重視していることを、大統領自らが日本代表団に示唆することが極めて有効だろう[62]。

こうして、第四回合同委員会は、財政的な理由やベトナムでの軍事情勢への懸念から東南アジア開発への資金拠出を渋る佐藤・大蔵省、やはりベトナム戦争との関連性およびその地域的限定性からジョンソン提案とは距離を置いた東南アジア開発を模索する外務省、そして佐藤と大蔵省の消極性が外務省のイニシアティブを阻害しているとの判断から、東南アジア開発における日本の役割の大きさを再確認することで外務省の動きを側面から支援しようとする米国政府、という錯綜する三つの立場の意見調整の舞台となる。

第四回日米貿易経済合同委員会での意見調整——ジョンソン大統領の直接要請

一九六五年七月、開催を迎えた第四回日米貿易経済合同委員会では、まず全体会議においてラスクが、アジアの平和と安定を促し平和的な経済発展へとアジア諸国の関心を向けようとする日本のアジア政策の方針を米国も共有していること、米国としてもアジア諸国のイニシアティブに基づく多角的な経済開発を期待していること、アジア開発銀行、東南アジア開発会議、農業開発基金といった日本の主導的取組みを歓迎すること、そして東南アジアの経済的・社会的発展のために日本が資金を提供することなどへの期待を述べた。これに対して日本側は、椎名外相と三木武夫通産相がアジアのイニシアティブを重視するジョンソン提案を歓迎し、またUNCTADで表明したGNP一%を援助に充てることを再確認した。そのうえで、先進国からの援助はアジア諸国の感受性に配慮し、また純粋に人々の福祉を考えて実施されるべきだとの意見を付して、米国政府の東南アジア開発計画に注文を付けた。一方、蔵相の福田は案の定、歳入不足が生じていることや国民一人当りの所得が依然として低いこと、国内の金利が高いことを理由に、日本が援助拡大や援助条件の緩和に踏み出すのにはまだ時間がかかると繰り返した[63]。思惑は三竦みのままだった。

ここで米国は、福田の、大蔵省の、そして佐藤の態度に転換を促すため、ラスクの進言どおりジョンソンが直接、説得に乗り出した。日本代表団との昼食の席上、ジョンソンはブラック訪日の際に話題となったアジア開発銀行の特別基金設立についての日本の対応を訊ねた。これに対して福田が不況による税収不足を理由に、ブラック提案への回答は延期せざるをえないと返答したところ、ジョンソンは次のような強い口調で福田を批判した。

それを聞き愕然としている。日本がかかる貢献をすることは重要であり、それこそが将来の何十億ドルを節約する、平和の道具となるのだ。米国が同額の出資を何らの自己中心的な動機を有さずに喜んで行うことを考えれば、アジアで主導的立場にある国家として、この地域の平和と安定に同様の関心を示すことは日本の義務である。我々は日本に軍隊を出すことを求めてはいない。だが経済資源の提供を求めている。佐藤首相のベトナム戦争に対するモラル・サポートには感謝するが、今度はより具体的なサポートを示す時である。

このジョンソンの発言は効果覿面《てきめん》であった。福田は個人的には大統領の立場を理解しており、大統領の見解に同意すると述べた上で、帰国後、佐藤と相談して、その結果を報告すると約束した。これに対してジョンソンは、日本が自ら進んで提案されただけの資金提供を行いつつ、米国とともに開発基金を発足させる指導力を発揮することが最も望ましい報告であると念を押した[64]。ジョンソンは日本に東南アジアへの援助拡大を強硬かつ直接的に要求したのである。

米国の最高権力からの政策圧力は、東南アジア開発構想を渋り続けてきた佐藤・大蔵省に大きな衝撃を与えた。帰国した福田からジョンソンとの会談内容を伝えられた佐藤は、ようやく援助拡大がもはや避けられないことを認識した。七月二六日、ベトナムへの兵力増強の通達と援助増大を要請する大統領親書[65]を持参したエマソン公使と会談した佐藤は、直前の都議会選挙での敗北を挙げて、その発表方法には留意しつつも、ベトナムの国民生活に直結した援助と東南アジア開発援助の双方に前向きな姿勢を示した。エマソンから大統領親書にある経済援助とは東南アジア開発構想のことであると指摘されると、佐藤は、福田がホワイトハウスの昼食会で大統領と東南アジア援助について討議できたことを非常に感謝しており、日本が重要な役割を果たさなければならないことは福田も自分も承知していると付言して、ジョンソンから課せられた宿題に積極的に対応していくことを示唆した[66]。

　これ以降、大蔵省の頑な姿勢は徐々に軟化していく。たとえば、かつて柏木雄介国際金融局長が経済的利点の疑わしいショウケース・プロジェクトとして資金投入に否定的な見解を示していたナム・グァム・ダムについて[67]、八月に来日したニブロックとの会談では大蔵省の態度は従来に比べ前向きなものへと変化していた[68]。また、佐藤も七月三〇日の施政方針演説で、メコン川流域の開発に対する国際協力の必要性が強く要請されていることを指摘し、「わが国としては、アジア諸国の開発意欲と地域協力の精神を尊重しつつ、わが国独自の立場から、資金面、技術面での協力を一《マ》そ《マ》う拡大強化してゆきたいと考えます」と述べるなど、積極的な姿勢を公にした[69]。かくして、第四回合同委員会での三つ巴の意見調整は、佐藤・大蔵省が折れる形で一応の決着をみたかに思われた。

3　東南アジア開発閣僚会議

ベトナム戦争の激化

　第四回合同委員会の顛末は、しかしながら、日米関係の安定化を意味しなかった。緊縮財政という言い逃れを失った佐藤が、今度はベトナム戦争の激化を前にサボタージュを決め込んだからである。佐藤・大蔵省と外務省、ライシャワーとの間で繰り広げられた意見の錯綜は形を変えながらも継続し、一九六五年七月末以降、日米関係は緊張のピークを迎えることになる。

その引き金を引いたのは、七月二九日に沖縄から出撃して直接、南ベトナムの民族解放戦線の拠点を攻撃したB52戦略爆撃機隊であった。日本の国内世論はこれに猛反発し、激しい抗議行動が繰り広げられた。数週間後に沖縄訪問を控え、沖縄問題の解決に乗り出そうとする矢先にあった佐藤にとっても、こうした事態は不愉快なものであった。沖縄とベトナム戦争との結び付きを否応なく想起させる米軍の行動は、沖縄返還問題への世論の支持をも揺るがしかねなかったからである。実際、佐藤は八月二日の衆議院本会議において、「実は私も非常にこれは困惑しております。〔中略〕ただいまの国民感情から申しまして、B五二、しかもそれが台風の退避に来たと、かように言われて、しかもそれがベトナムに出かけたということについては、どうしても割り切れないものがあるのであります」と疑念を公言し[70]、日記には「沖縄ではどうも法律的には問題がない。颱風待避行で渡洋爆撃では、納得いかぬと云うもの」との不満を記した[71]。佐藤はまた、この件についてライシャワーに深い個人的懸念を伝え[72]、事務レベルでも安川北米局長からエマソン公使に対して、沖縄の基地使用に際しては日本の国民感情を十分配慮するよう要請している[73]。

こうした事態を前に、日米関係の将来に対するライシャワーの憂慮はいっそう深まっていた。そもそもライシャワーは、第四回合同委員会に出席するため一時帰国した際、日本国内でのナショナリズムの復活、ベトナム情勢への反応、沖縄問題、一九七〇年の安保自動延長問題などを念頭に、新たな日米関係の構築に向けて、日本政府首脳との間で政治・軍事・経済協力といった多面的な討議を開始すべきとのメモをジョンソン政権首脳に配布していた[74]。

八月三一日、こうした思惑のもとライシャワーは佐藤との会談に臨んだが、その結果は大きな挫折であった。「最近六ヵ月間、日米関係はよくなっていないと思う。〔中略〕私は日米関係を強化するための話合が必要と思う」と水を向けるライシャワーに対して佐藤は、日米関係は基本的には悪化しておらず、そう思うのは「神経過敏」と断じた。さらに沖縄、韓国・台湾、ベトナムといった安全保障問題についても自分と大統領の間で合意済みであるとして、日米関係強化のための話し合いというライシャワー提案を無下に否定した。ベトナム援助についても佐藤は、難民への人道的支援やダム建設、発電所建設など個別提案には応じる用意をみせたが、「ムチと人参の政策」はアジア人にはピンとこないと述べて、長期援助といったより全般的な問題には消極的であった。佐藤は依然として、大規模な援助は時期尚早と考えていたのである。ライシャワーは、こうした佐藤の対応を逃げ口上に徹したとワシントンに報告した。日米間の共通利益にかかわる問題や防衛問題について真摯な意見交換を避けようとする佐藤に、ライシャワーは失望を隠せなかった[75]。

ライシャワーによる佐藤への説得は奏功しなかったものの、米国政府内ではライシャワーのイニシアティブを受け入れる形で、日本政府首脳が日米関係をより強固で充実したものへと深化させていく準備があるかを注意深く探ることで合意した[76]。これ以降、ライシャワーは佐藤を迂回して、政財界など多方面の主要関係者との意見交換を繰り返した。失望に終った佐藤との会談以後、ライシャワーは矢継ぎ早に、吉田茂元首相、岸信介元首相、福田蔵相、田中角栄自民党幹事長などの政界人や、財界の岩佐凱実富士銀行頭取、石坂泰三経団連会長、植村甲午郎経団連副会長などと精力的に会談し、日米関係の将来像について議論を重ねた。佐藤への評価とは対照的に、政財界首脳との会談はライシャワーにとって実りの多いものであった[77]。

ライシャワーが会談した福田蔵相は、援助額の増大にはなお慎重な姿勢をのぞかせていたが、その理由は国際収支にあった。九月一五日にライシャワーと会談した福田は、米国と秘密会議を開き「日本の東南アジア援助拡大の能力と日本の米国資本市場へのアクセスとの関係」について討議したいと密かに提案した[78]。先述の佐藤の反応と同様に、国際収支の均衡維持という観点から、援助拡大による移転収支の赤字を米国からの資本移転によって穴埋めしたいという発想が垣間みえる。また、六五年九月、訪米した福田はウッズ世界銀行総裁との会談において、東南アジアへの援助を日本の責務と述べたうえで、そうした日本の支出増加に備えるためとして、世界銀行から一九六五年に一億五〇〇〇万ドル、翌年には一億ドルの長期資金の調達を希望した。だが、ウッズは先進国へのボーダーライン上にある日本を途上国と認定することは難しいとして、利子平衡税とのバーターを約束した前年とは態度を一変し、福田の融資要請を拒否した[79]。福田と大蔵省にとって、東南アジア援助の拡大は国際収支政策の一環として慎重に検討しなければならない課題であり、援助増額と米国や世界銀行からの資本獲得とを交換条件としてたびたび提起した。佐藤もこの認識を共有していたのである。

一方、ライシャワーは、日本が国際社会の現実を直視し、世界平和に積極的に貢献すべしとの強い調子のスピーチ(一〇月五日、大阪・日米協会)をするなど、ベトナム反戦の色濃い世論への説得も試みていた。ライシャワーの動きに呼応する形で、ジョンソン政権内部でも対日政策の見直しが進められていた[80]。ライシャワーを中心とする米国政府のこうした働きかけが効果をみせはじめるのは、日韓基本条約が国会を通過し、また米国がクリスマス休戦に応じて北爆を一時停止したことで、国内世論が落ち着きをみせはじめた一九六六年の年明け以降のこととなる。

「東南アジア開発閣僚会議」構想の具体化とベトナム戦争の影

第四回日米貿易経済合同委員会に向けて第一案が策定された東南アジア開発会議の構想は、その後、幾度かの局内会議などを経て、九月一七日付の『「東南アジア開発閣僚会議」要綱(案)』が最終的に同月二一日の閣議で披露され、原則的な了解を得た[81]。その後、後述する紆余曲折を経ながら、一〇月一五日の外交関係閣僚懇談会で東南アジア開発閣僚会議(以下、東南アジア開発閣僚会議は「開発閣僚会議」とも記載する。)の開催が了承されている。

この間、外務省にとって二つの大きな難問が浮上していた。佐藤を筆頭とする会議開催に慎重な勢力をいかに説得するかと、開発閣僚会議とベトナム戦争との関連をどのように希薄化するかという問題である。九月二一日の閣議で開発閣僚会議構想が取り上げられた際、佐藤は福田とともに、あまり資金のかからないようにするべきとの留保付きで了解した。しかし外務省では開発閣僚会議の開催は参加各国へのお土産(＝経済援助)問題と切り離せないと考えられていたことから、佐藤・大蔵省の説得が最大の焦点と認識され、牛場外務審議官を中心として検討が進められた[82]。その結果、大蔵省への直接の働きかけは後回しとし、通産省や財界、言論界からの支持獲得を優先することとされた。通産省については、大臣の三木が経済援助増大に積極的な姿勢を示していたほか、経済援助が結局は国内企業を裨益するとの理由から協力を得やすいだろうと考えられた。また、佐藤が大蔵省の言い分に取り込まれてしまわないように、経団連幹部を中心とする財界から佐藤へ圧力をかけることも期待された。本丸である大蔵省には経済援助の増大の必要性を前年に開催されたUNCTADで示されたGNP一%援助目標という国際世論のプレッシャーから説得した方が効果的だろうとも判断されていた[83]。

他方、外務省は対外的にも苦境に立たされていた。争点はインドネシア、ビルマ、カンボジアの会議出席をいかに確保するかであった。そもそも主管局である経済協力局では、アジア平和計画から開発閣僚会議まで一貫して、ベトナム戦争参戦国以外の東南アジア諸国の参加を重視しており、当初はビルマやカンボジアなどが会議の共同提唱国となることも期待されていた[84]。これら各国の参加が得られなければ、会議の構成国がベトナム戦争に深くコミットする自由主義陣営諸国に偏ってしまうことになり、ベトナム戦争支援枠組みという強い政治性を帯びてしまうと判断したからである。事実、東南アジア諸国のなかには開発閣僚会議をジョンソン提案の一環として捉える向きが少なくなかった。そこで経済協力局は、これら三ヵ国の出席を確保するため、東南アジア各国は政治体制に関わらず経済開発分野では協力しうるとの政経分離の論理を掲げて説得を試みていた。東西対立に規定された冷戦構造を脱して、域内経済協力というテーマの下に、東南アジア地域の再構築を試みたのである。こうした方針の背後には、東南アジア諸国が経済開発へと国家運営の指針を転換することになれば、結果的に域内の政治的安定がもたらされるとする機能主義的な発想が秘められていた[85]。

かくして、九月一日の閣議了解にも関わらず、会議開催の先行きは不透明なままであった。この事態をいっそう複雑化させたのが、インドネシアで勃発した九・三〇事件であった[86]。九・三〇事件の発生後、佐藤は記者会見で会議の開催を必ずしも確信していないと発言し、また、閣内からは藤山愛一郎経済企画庁長官の「外務省の独走を心配する」との意見が伝えられていた。このような事態を前に外務省は、政府内の意見の不統一を露呈するのは対外的にもマイナスであるとの判断から、「万難を排しても本件会議を実施する必要がある」(下田武三事務次官)ことを再確認し、会議開催の方針および要領をまとめて閣議決定し、さらに第四九回臨時国会の大臣演説にその方針を盛り込むことで、開発閣僚会議開催を既成事実としてしまおうと画策した[87]。こうした外務省の強硬な意見を受けて、一〇月一五日に開催された外交関係閣僚懇談会において、開発閣僚会議の開催が了承された[88]。この見切り発車的な決定を受けて、外務省は国内外に向けた積極的な説得工作を展開していく。

このうち、国内の説得は案の定、お土産問題をめぐって議論が紛糾した。前述したように、佐藤や福田は開発閣僚会議が東南アジア向け経済援助の増大を確約するものと受け止められることを危惧し、「あまり金のかからないよう」との条件付きで開催を了解していた。この点を突破口に、外務省に猛烈な揺さぶりをかけたのが大蔵省であった。一〇月二九日に開かれた各省会議において、大蔵省は「参加する各国は、日本からカネをもらいたいという気持をもってやってくるのではないか」、「最終的にカネに結びつかない開発閣僚会議というものはあり得ないのではないか」と探りを入れた。これに対して外務省は「その通りである」と明言したが、実際、このとき外務省内部には会議をきっかけとして、ある程度具体的な東南アジア経済協力構想を明らかにしたいとの発想が芽生えていた[89]。ところが、外務省のこうした姿勢に大蔵省は声を大にして異議を唱えた。翌年二月八日に開催された関係各省への説明会において、大蔵省は「いかなるかたちのものでもわが国が援助の供与を新たにコミットする如き立場に追いこまれる可能性のある議題点には反対である」と言明し、外務省の動きを牽制した。通産省などから日本が積極的に経済協力計画を提示すべきと外務省に歩調をあわせる発言がなされると、独り大蔵省は「もしも資金援助を行なうというコミットメントに結びついて行くのならば会議の開催自体を改めて考え直させてほしい」と拒否権を発動する素振りすらみせた[90]。

結局、両者が折衷案を見出したのは会議直前のことであった。一九六六年三月末、東南アジア開発閣僚会議準備小委員会(会議の具体的な準備のために、各省庁を横断して設置されたもの)の席上、外務省・通産省・経済企画庁はそろって、GNP一%目標達成のための長期援助計画(ないし参考のための試算)や新たな円借款の必要性を訴えた。これに対して大蔵省は、援助計画が実行できなかった場合に対外的な影響が大きいことや、途上国からの援助要請を徒らに激しくするおそれがあること、会議の開催までの期日が限られており、各省間で計画を検討する時間が十分でないこと、対外援助計画はそのほかの国内施策と切り離して立案すべきでないことなどを理由に、援助計画作成を拒否した。代替案として大蔵省が提示したのは、日本と片貿易問題を抱えているタイ、カンボジアへの円借款や援助条件の緩和を容認することのみであった[91]。会議の開幕が直前に迫っているという時間的な制約もあり、外務省は大蔵省のわずかばかりの妥協案を受け入れざるをえなかった。開発閣僚会議をきっかけとして、具体的な計画・構想に基づいて東南アジアへの経済協力を進めようとする外務省の思惑は、結局、具体化しなかったのである。

もっとも、この東南アジア経済援助をめぐる外務省と大蔵省の対立の顛末を大蔵省の勝利とみるのは早計であろう。大蔵省は「昭和四〇年不況」を受けて一時的に財政均衡という看板を取り下げ、国債発行による財政拡大へと経済財政政策の方針を転換しており、一九六六年度予算では、貿易振興および経済協力関係の予算が大幅に増額(一二九億円から二八一億円)されていたからである[92]。経済協力局政策課長の任にあった御巫《みかなぎ》清尚によれば、この一九六六年度予算によって、外務省内部では会議成功への見通しが一挙に深まったのであった[93]。また、一九六六年四月に開業するアジア開発銀行の動きを主導していたのも大蔵省であった。このことにみられるように、大蔵省内部にも徐々に、援助増大が「経済大国・日本」の国際的責務であるとの認識が広まっており、積極的な経済外交を支える財政的基盤がようやく整いつつあった。このことが来るべき開発閣僚会議に明るい展望を広げていたのである。

一方、目を外に向けてみても、開発閣僚会議をめぐる事態は難航していた。一〇月一五日の外交関係閣僚懇談会後、外務省は招請予定国の公館長に向けて、赴任国政府に会議の趣旨や目的などを改めて伝え、参加の意向を打診するよう訓令を発出した[94]。ところが、日本政府が会議の開催を正式に決定して以降、各国政府の反応は負の連鎖を起こすかのように消極的なものとなっていった。しかし、インドネシアでの九・三〇事件とその後の政変をきっかけに、会議直前の三月末から四月初めにかけて、駆け込み的に各国の参加が決定した[95]。発案当初から危惧されていた、参加国がベトナム戦争協力国に限定され、開発閣僚会議がベトナム戦争支援会議とみなされてしまう事態は瀬戸際で回避されたのである。

日米関係改善に向けた動き――クリスマス休戦とベトナム和平

外務省は開発閣僚会議をベトナム戦争と切り離されたものとするため、インドネシアやカンボジアの参加確保に邁進していたが、これは米国による経済援助が困難な国を日本が受け持つという補完的役割を担うことを想定したためだった。開発閣僚会議を通じて日本がこうした責務を担うことにより、東南アジア諸国に対しては利己的なことしかしない日本というイメージをなくすと同時に、米国との関係においてもアジア問題について発言力を高めることになると考えられた[96]。つまり開発閣僚会議は、対東南アジア外交と対米外交の二方向に対するスプリングボードとして位置付けられていたのである。

外務省は開発閣僚会議に込められたこうした政策意図を、米国側に幾度となく伝え、意思疎通を図っている。たとえば、一九六五年一一月に開催された第三回日米政策企画協議において、国際資料部長の小川平四郎は開発閣僚会議を単なる同盟国会議にしないためにも、インドネシアとカンボジアの参加を重視していると米国側に伝えた[97]。また、同年一二月のラスク国務長官との会談で椎名外相は、カンボジアと米国との関係修復を側面から支えるため、まず日本がカンボジアとの関係改善を進める必要があり、そのためにも同国へ経済援助を行うつもりであるとの方針を明かしている[98]。外務省は、日本がカンボジアやインドネシアと良好な関係を構築することが、米国政府の東南アジア政策を補完するものであることを米国側に繰り返し説得した。

一方、このころになると佐藤の態度にも変化がみられるようになる[99]。その一因として日韓基本条約の批准が完了したことが挙げられるが、より大きな要因は一九六五年一二月二四日より実施されたクリスマス休戦とそれに続く北爆一時停止、こうした動きと並行するベトナム和平の模索という米国のベトナム政策の変化にあった。軍事的行為の一時中止を先行すべきと主張してきた佐藤は、米国から情報提供を頻繁に受けるなかで、次第に米国のベトナム政策を前向きに評価するようになり、米国の動きにより歩調をそろえた東南アジア政策を展開することにつながっていくのである。

一九六五年一二月二九日に来日したハンフリー副大統領と会談した佐藤は、クリスマス休戦や北爆一時停止により世論の反応が緩和しているので、この際に米国はより積極的にソ連や北ベトナムなどに呼びかけて平和的解決に努めるべきとの意見を開陳し、翌月の椎名外相訪ソの際に米国が平和的解決を熱望していることをソ連指導部に伝達することについて了承を求めた。ハンフリーはこれを承諾するとともにベトナム政策についての米国の考え方を説明し、さらにアジア開発銀行や開発閣僚会議に向けた日本のイニシアティブを高く評価していること、米国は自主的な地域的計画に関与してかえって挫折させた経験から静かな協力の方が良いと考えていると語った[100]。この会談について、「十一時半ハンフリー副大統領と会談。約一時間半、ベトナム問題をふくめ広範に亙り議論する。理解を深めるに大いに役立つ」と日記に記しているように、佐藤は米国からの情報提供を受けてそのベトナム政策への共感を徐々に深めていた[101]。

一二月三一日の大晦日にはライシャワーが佐藤を訪問して、ベトナム問題の平和解決に向けた米国政府の最近の動きを説明し、さらに米国の働きかけに中国や北ベトナムが応じるように日本政府としても何らかの声明を出すよう依頼した[102]。これを受けて日本政府は同日午後六時半に急きょ橋本登美三郎官房長官がベトナム問題に関する政府声明を出し、米国による北爆一時停止以降の一連の動きをベトナム和平のための重要な努力と評価するとともに、北ベトナムと中国に積極的な対応を期待し、さらに日本政府として平和的解決を目的とする話し合いのすみやかな開始を紛争当事国や関係各国に働きかける方針を公表した[103]。その直後(一九六六年一月二日)、橋本官房長官は後宮虎郎アジア局長とともに戦時中に駐仏印公使、戦後はバオダイ政権の顧問も務めた横山正幸と会談し、日本が米国と北ベトナムとの会談をアレンジする可能性を取り上げている[104]。

米国の平和的意図を説明するため各国を回っていたハリマン無任所大使との会談(一月七日)でも、佐藤は椎名訪ソ時に米国の和平達成への努力意思をソ連首脳に伝達することや川島正次郎自民党副総裁からエジプトのナセル大統領に非同盟諸国による和平仲介を要請することなどを伝えつつ、北爆一時停止を旧正月以降まで延長するよう期待を表明した[105]。別途ハリマンと会談した椎名も、米国が平和解決のため真剣に努力していることや紛争長期化が中国を利することなどを理由として、ソ連に対し北ベトナムが話し合いに応じるよう影響力を行使することを申し入れる内容の仲介工作案をペーパーとして手交した。ハリマンは日本側のこうした動きを有用と認め、ソ連は本心では日本提案が示す中国との主導権争いを重要視しているので、たとえソ連の反応が表面上冷淡なものであっても本申し入れの立場を強く固執するよう要請している[106]。

ハリマン訪日と前後して、ライシャワーら在京大使館は外務省にクリスマス休戦後の和平工作についての米国の政策意図を繰り返し説明している[107]。これに対して日本側からは、ソ連への働きかけを通じて米国の和平努力にできる限り協力していくことや北ベトナムを対話の場に引き込むためにも引き続き軍事行動に手心を加えるよう要請する佐藤のメッセージをジョンソン大統領に伝えた[108]。その後も日米両国は椎名訪ソに向けてソ連への申し入れ案やベトナム情勢についての協議を重ねた。結局、椎名による対ソ申し入れは外相会談の席上でグロムイコから一蹴されることになるが[109]、そうした経緯についても日米両国間では迅速な情報交換が行われている[110]。

米国は和平呼びかけに対する北ベトナムの反応がないことを理由として六六年一月三一日に北爆を再開した。日本政府にはその一週間前に北爆停止継続が難しい状況に立ち至っている旨の通報があり[111]、さらに北爆再開前日には、ジョンソンからの佐藤宛親書がもたらされ、翌日から北爆を再開することとともに日本の和平努力、とくに椎名によるソ連側との討議に感謝する旨が伝達された[112]。これに対する返書のなかで、佐藤は米国の真摯な和平努力を高く評価し、さらに米国がハンフリーとハリマンの訪日や外交ルートを通じての緊密な連絡を保とうとしたことに感謝した[113]。佐藤はこれに先立つ一月二一日のライシャワーとの会談でも米国による北爆一時停止とその間の和平努力を評価し、米国が犠牲を払っている実情を日本国民も理解しなければいけないと述べている[114]。その後も日米両国は、二月上旬のホノルル会談やソ連への日本の働きかけなどについて通報や意見交換を重ねた[115]。二月二三日に来日したバンディ国務次官補と会談した下田次官は、ジョンソン大統領が緊密に連絡・通報してきていることを佐藤が非常に多としていることを伝えつつ、日本は軍事面では特別な協力活動はできないが、民生の向上と平和の早期回復面ではできるだけ協力していきたいとの意向を伝えた[116]。

このように一九六五年末以降、ベトナム情勢をめぐって日米両国間では密な協議が重ねられ、また日本政府も自らソ連を通じた和平工作に乗り出していくなかで、米国のベトナム政策に対する佐藤の態度は徐々に積極化していった。六六年一月二八日の施政方針演説において、日米安保を破棄し、中立を宣言すれば安全が確保されるという考えは幻想に過ぎないと表明するなど[117]、佐藤は国会答弁でも野党の打ち出すベトナム反戦の議論に反論を繰り返すようになる。

日本政府のこうした動きを米国政府は歓迎した。一九六六年二月、ライシャワーはベトナム戦争に関して、日本の世論も政府もようやく好ましい方向へと転換し、また、日本の指導者が新たな確信の下に、日本を正しい方向へとリードしていくようになったと好感をもってワシントンに打電した[118]。このころのライシャワーのより率直な心情は「最近、日本が進んでイニシアチブを取ろうとしていることは非常に励みになる——二、三ヵ月前とは大違いだ」との感想から読み取ることができる[119]。かくして、一九六五年末から佐藤政権が米国のベトナム政策への支持をより明確化しつつあり、また、米国の補完をも視野に入れた積極的な外交努力を開発閣僚会議の開催に向けて発揮し始めていたことにより、ライシャワーの、そして米国政府の、日本に対する不信感は次第に払拭されていったのである。

東南アジア開発閣僚会議の開催と日米関係の安定化

一九六六年四月六、七日の二日間にわたって、第一回東南アジア開発閣僚会議が東京で開催された。会議には、オブザーバーながらもインドネシアとカンボジアが出席し、また従来固く財政の紐を閉ざしてきた大蔵省からの了解を得て、関係閣僚がこぞってGNP一%援助目標の実現や東南アジア向け経済援助の拡大を公言した。具体的な長期援助計画には至らなかったものの、こうした成果を残した開発閣僚会議は、日本自身にとっても、また米国の目からみても成功と映っていた。

外務省は会議の成果として、インドネシアやカンボジアなど多くの東南アジア諸国が、政治的問題から離れて経済開発問題に協力していく点を確認したことや、これまで経済援助拡大に消極的だった佐藤や福田が東南アジア向け援助拡大を明言した点などを挙げた[120]。実際に会議直後には、タイやマレーシア、カンボジアに対する二国間援助の実施がほぼ固まっていた[121]。

重要なのは、開発閣僚会議を機に高まった援助拡大の方針が、米国との政策協調を前提としていたことである。第一回開発閣僚会議の共同コミュニケでは、会議が「国際機関及び先進国がこの地域の経済開発に対し、より深い関心を示すことが必要であること」を認めたと謳っている[122]。これは新設されるアジア開発銀行とならんで、ジョンソン提案を含む米国からの援助を会議参加国が歓迎することを示唆するものだった。

外務省は参加国からの日本の援助への期待が米国を軽視することを意味せず、むしろ日本の援助は米国の大規模援助の呼び水であると考えていた[123]。実際、会議後にラスクと会談した武内大使も、本省からの電報に基づき、日本政府は東南アジア開発という日米共通の目的に向かって努力していることを理解しており、日本の援助は将来の米国の援助を容易にする役割を果たすと語っている[124]。こうした外務省の姿勢は、国際収支や財政的な事情から経済援助を一挙に大幅拡大するのは難しいという現実的な判断であると同時に、東南アジア開発における日米間の政策協調・役割分担を明確に意識した結果であった。

他方、ライシャワーは開発閣僚会議の直後、「アメリカの政策への反応としてではなく、日本自身の利害に基づいて世界の問題を考えるように、日本政府や国民を仕向けることもなし遂げた。この三〜六ヵ月の間のムードの変化は、驚き以外の何物でもない。〔中略〕日米関係や日本の対外政策は、速いペースで望ましい方向へ進んでいる」と記し、日米関係の再構築に取り組んできた自身の努力が結実したことに充足を感じていた[125]。ライシャワーにとって、日本が開発閣僚会議を開催したことは、日米関係が一段ステップアップしたことの証左として映っていた。実際、ライシャワーは開発閣僚会議を紛れもない成功で、戦後日本にとって歴史的と賞賛し、大統領から口頭で個人的な祝辞を佐藤に伝えるようワシントンに打診した[126]。これを受けて国務省でも、こうした会議こそが長い間、日本に期待していたことであるとして、開発閣僚会議を主催した日本を高く評価した[127]。

このような認識はライシャワーの報告を受けて米国政府内で進められていた対日政策の見直し作業にも反映していくことになる。開発閣僚会議の翌月（一九六六年五月）に纏められた上級省庁間グループ（SIG、ジョンソン政権期に設置された国務次官を長とする省庁横断の政策協議グループ）による対日政策文書「日米関係全般」では、日米両国は多少の違いがあったとしても、根本的な目的が一致するかぎり、アジア地域において極めて効果的な協力関係を構築することができると指摘していた。さらに日本は東南アジア経済援助においてリーダーシップを発揮すべきであり、とりわけインドネシアやカンボジア、ビルマに関しては、米国は補助的な役割を担っていくべきとされた。また、アジア太平洋地域における非軍事的な地域協力の促進についても、日本が主導的な役割を果たすことが期待されていた[128]。要するに、そこで想定されたのは、開発閣僚会議をめぐって展開されたような日米関係の構図であった。すなわち、日本としては、ベトナム戦争の論理を離れたプラクティカルな経済開発を推進するという東南アジア政策を追求することが、米国のアジア政策という大きな枠組みにとってもプラスになるという、相互補完的な役割を双方が自覚的に担っていく図式が想定されていたのである。

その意味で象徴的なのが、一九六六年七月に京都で開催された第五回日米貿易経済合同委員会での討議である。全体会議では、米国のベトナム政策をめぐって、アジアの民衆の心理を理解していないと米国を鋭く批判する藤山経企庁長官と、「援助では弾丸に代り得ない」と反論するラスク国務長官との間で激しい舌戦が繰り広げられた[129]。その場に立ち会った牛場信彦は後年、記憶に残る合同委員会としてこの第五回委員会を挙げ、このときのラスクの様子には「アメリカのあの時のせっぱ詰まった気持ち」が表れていたと回顧したが、それほど藤山とラスクの意見対立の溝は深かった[130]。

ところが意外なことに、そのラスクはこれまでの合同委員会のなかで今回が最も成功であると評価した。また会議に同行したある国務省員は、日米関係のありようを次のように評した。「日米両国の国益は、もはや二国間にのみ存在するのではない。米国とパートナーである日本とは、世界的にも、地域協力に向け満足すべきイニシアティブが存在するアジア極東地域においても、それぞれ異なった、それでいて相互補完的な役割を果たしているのだ」[131]。

同年七月に訪米した三木外相と会談したハンフリー副大統領も、このころの日本外交で米国として最もうれしく感じる点として、椎名訪ソによるベトナム調停努力、東南アジア開発閣僚会議の開催、そして対インドネシア政策の三つを挙げている[132]。ここからは、ベトナム政策をめぐって、たとえ表面的に両国の意見が衝突したとしても、結局のところ、両者の政策は(地域的な政策のみならず、グローバルな問題についても)相互補完的であるとする、きわめて楽観的な日米関係像をみてとることができる。かくして、一九六五年二月の北爆開始以後、大きく揺らいだ日米関係は、開発閣僚会議を一つの契機として、六七年までの「凪」のなかで新たな安定点を見出していたのである[133]。

その意味で、ジョンソンのボルティモア演説から東南アジア開発閣僚会議までの期間は、東南アジア開発とベトナム戦争をめぐって繰り広げられた日米関係の調整期であったといえよう。しかしながら、この理想的な方程式が魅力と説得力を持つ時間はそれほど長くはなかった。一九六〇年代後半、ベトナム戦争で体力を消耗し続ける米国と、ベトナム特需を追い風に「いざなぎ景気」と名付けられた高度経済成長を続ける日本との経済力の相対的な格差が縮まっていくなかで、ジョンソン政権はこうした迂遠な協調関係よりも、より直接的に国際収支面での協力を要求していくことになる。一方、菅英輝が指摘するように、佐藤がベトナム和平工作に力を注いだのは、日本国民のナショナリズムに形を与えると同時に、沖縄返還交渉に対する米国政府の好意的対応を引き出すためだった[134]。和平工作は何ら具体的成果を残さなかったものの、安定を迎えた日米関係をみた佐藤は、次章以降で論じるように沖縄返還交渉に乗り出していく。ドル防衛と沖縄返還という二つの外交課題をめぐって一九六〇年代後半の日米関係は展開されるのである。

註

1——小熊英二『〈民主〉と〈愛国〉』新曜社、二〇〇二年、五五一～五五八頁。

2——外務省編『わが外交の近況（第九号）』一九六五年七月（http://www.mofa.go.jp/mofaj/gaiko/bluebook/1965/s40-contents.htm）。

3——第四八回衆議院予算委員会、一九六五年二月一〇日、国会会議録検索システム。

4——椎名外務大臣より在米国武内大使宛電報第二八四号、一九六五年二月一六日、外交記録「日米関係／ヴィエトナムに関する日米連絡」二〇一五－一〇四二、外交史料館（以下、「「ヴィエトナムに関する日米連絡」二〇一五－一〇四二と略記）。

5——北米課（有馬龍夫）「総理・エマーソン公使会談要旨（ベトナム関係）」一九六五年二月一九日、同右所収。

6——たとえば、第四八回衆議院予算委員会、一九六五年三月五日、国会会議録検索システム。

7——在米国武内大使より椎名外務大臣宛電報第八三八号、一九六五年三月三〇日、「ヴィエトナムに関する日米連絡」二〇一五－一〇四二。

8——椎名外務大臣より在カナダ島津大使宛電報第七一号、一九六五年四月一日、同右所収。

9——ボルティモアースピーチについては、Lloyd C. Gardner, *Pay Any Price: Lyndon Johnson and the Wars for Vietnam*, Chicago: Ivan R. Dee Publisher, 1995, Ch.9, W. W. Rostow, *The United States and the Regional Organization of Asia and the Pacific, 1965-1985*, Austin: University of Texas Press, 1986, Ch.1-3.

10——菅「ベトナム戦争と日米安保体制」七六～七八頁。

11——椎名外務大臣より在米国武内大使宛電報第五九九号、一九六五年四月一〇日、「ヴィエトナムに関する日米連絡」二〇一五－一〇四二。また、Telegram 3185 from Tokyo to DOS, April 7, 1965, Box 250, NSFJ, LBJL. この点については、河野康子「日本外交と地域主義」『年報・政治学一九九七　危機の七〇年代』岩波書店、一九九八年、一一三頁、および菅「ベトナム戦争と日米安保体制」八一頁も参照。

12——Memorandum of Conversation, Sato and Johnson, January 12 1965, DNSA, JU00437. 日本側記録は、「第一回ジョンソン大統領佐藤総理大臣会談要旨」一九六五年一月一二日、外務省記録「佐藤総理訪米関係（一九六五・一）会談

関係」A'.1.5.2.12-2（CD番号A'-444）、外交史料館。

13――Telegram 2573 from DOS to Tokyo, April 8, 1965, Box 250, NSFJ, LBJL.

14――在米国武内大使より椎名外務大臣宛電報第九七六号、一九六五年四月一三日、「ヴィエトナムに関する日米連絡」二〇一五－一〇四二。また、Telegram 2630 from DOS to Tokyo, April 14, 1965,『集成IX（五）』一八一～一八二頁。

15――エドウィン・O・ライシャワー、ハル・ライシャワー（入江昭監修）『ライシャワー大使日録』講談社（講談社学術文庫）、二〇〇三年、二三〇頁、一九六五年四月一八日の項。

16――Telegram 3185 from Tokyo to DOS. ジョンソン構想における日本の位置付けに関する米国政府内の動向については、曺『アジア地域主義とアメリカ』一二八～一三六頁も参照。

17――Telegram 3220 from Tokyo to DOS, April 9, 1965, Box 250, NSFJ, LBJL.

18――Ibid.

19――曺『アジア地域主義とアメリカ』一三〇頁。

20――椎名外務大臣より在米国武内大使宛電報第六一二号、一九六五年四月一二日、および、北米課「佐藤総理、ライシャワー大使会談要旨」一九六五年四月一二日、いずれも「ヴィエトナムに関する日米連絡」二〇一五－一〇四二。

21――妹尾（正毅）事務官「アジアの安定と繁栄のための国際協力計画」一九六五年四月一二日、外務省記録「東南アジア開発閣僚会議関係　第一回会議関係　開催経緯」第一巻、B'.6.1.0.63-1-1、外交史料館（以下、巻数を除き「開発閣僚会議開催経緯」と略記。）。

22――以下、「アジア平和計画」については、「アジア平和計画の構想について」一九六五年四月二一日、同右所収。

23――西山（昭）事務官（経済協力局長）「米国の対ベトナム新政策をめぐる問題点」一九六五年四月一二日、同右所収。

24――経済協力局「アジア平和計画に対するわが国拠出の意義」一九六五年四月一五日、同右所収。

25――アジア平和計画では、アジア諸国の一次産品問題を検討する第一次産品協議会を各国政府代表からなる常設委員会の下部組織として設置することを想定していた。こうしたGNP一％援助目標やアジア地域の一次産品問題への言及は、アジア平和計画が池田政権末期に芽生えた南北問題に配慮した新たな東南アジア政策を目指す動きの延長線上に位置付けられていたことを示している。当該期の東南アジア経済外交と南北問題の関連については、高橋和宏「「南北問題」と東南アジア経済外交」波多野編『池田・佐藤政権期の日本外交』一〇一～一〇八頁。

26——経済局「「アジア平和計画の構想について」に関する経済局のコメントについて」一九六五年四月二〇日、および、国連局経済課「アジア平和計画構想に対するコメント」一九六五年四月二〇日、ともに「開発閣僚会議開催経緯」第一巻。
27——北米課「アジア平和計画に関する経協局案について」一九六五年四月二〇日、同右所収。
28——ジョンソン提案とテネシー川流域開発公社（TVA）との関連性については、Gardner, *Pay Any Price*, Ch.9.
29——在米国武内大使より椎名外務大臣宛電報第一〇五九号、一九六五年四月二一日、「開発閣僚会議開催経緯」第一巻。
30——在米国武内大使より椎名外務大臣宛電報第一〇七三号、一九六五年四月二三日、同右所収。
31——Letter from Cortazzi (British Embassy of Tokyo) to Bolland (Foreign Office), April 15, 1965, in Foreign Office Files for Post-War Japan (microfilm), Marlborough, Wiltshire: Adam Matthew Publications, 1997-2001 (hereafter FO), FJ1022/15, FO371/181073.
32——Telegram 3440 from Tokyo to DOS, April 24, 1965, DNSA, JU00469.
33——佐藤政権の初期経済・財政政策と東南アジア経済協力との関係については、高橋「「南北問題」と東南アジア経済外交」一〇八～一一三頁。
34——Telegram 3440 from Tokyo to DOS.
35——椎名外務大臣より在米国武内大使宛電報第六八六号、一九六五年四月二四日、また、アメリカ局北米課（有馬事務官）「佐藤総理、ロッジ特使会談録」一九六五年四月二四日、ともに「ヴィエトナムに関する日米連絡」二〇一五－一〇四二。佐藤とロッジの会談については、曺『アジア地域主義とアメリカ』一三五～一三六頁も参照。
36——アメリカ局北米課「佐藤総理、ロッジ特使会談録」。
37——同右。
38——北米課「佐藤総理、ライシャワー大使会談要旨」。
39——アメリカ局北米課「佐藤総理、ロッジ特使会談録」。
40——Airgram A-1581 from Tokyo to DOS, May 22, 1965, DNSA, JU00476.

41――この点については、曺『アジア地域主義とアメリカ』一三四頁も参照。
42――アメリカ局北米課「佐藤総理、ロッジ特使会談録」。
43――Telegram 3442 from Tokyo to DOS, April 24, 1965, DNSA, JU00471.
44――Telegram 3435 from Tokyo to DOS, April 24, 1965, E 5 SEARP, Box 680, Central Files 1964-1966, RG59, NA.
45――曺『アジア地域主義とアメリカ』一三五頁。保城『アジア地域主義外交の行方』二六三頁。
46――椎名外務大臣より在豪州太田大使他宛電報合第一一四一号、一九六五年五月七日、「開発閣僚会議開催経緯」第一巻。
47――以下、第一四回アジア・太平洋地域公館長会議に関する記述は、アジア局総務参事官室「第一四回アジア・太平洋地域公館長会議議事要録(未定稿)」一九六五年五月、外務省記録「在外公館長会議関係　アジア・太平洋地域公館長会議　第十四回会議関係」第三巻、M'.3.1.7.8-2-14、外交史料館、および、椎名外務大臣より在米国武内大使宛電報第八七七号、一九六五年五月二四日、「開発閣僚会議開催経緯」第一巻。
48――在マレーシア林代理大使より椎名外務大臣宛電報第二八五号、一九六五年五月一七日、同右所収。
49――在タイ粕谷大使より椎名外務大臣宛電報第四二六号、一九六五年五月一二日、および、同第四二八号、一九六五年五月一二日、ともに同右所収。もっともタイの開発計画立案および対外援助受け入れ政策にあたる国家経済開発庁の事務総長が、ジョンソン提案はベトナム戦争の終結が前提となっているところがネックであるとバンコクの日本大使館員に述べたように、メコン川流域国にもジョンソン提案への不信は存在した。在タイ粕谷大使より椎名外務大臣宛電報第四九三号、一九六五年六月四日、同右所収。
50――経済協力局政策課「ジョンソン提案に対するわが国の態度(とくに将来のアジア開発機構)」一九六五年六月二三日、同右所収。
51――経済協力局「「東南アジア開発会議」について(案)」一九六五年七月一〇日、同右所収。
52――椎名外務大臣より在米国武内大使宛電報第七六九号、一九六五年五月七日、「ヴィエトナムに関する日米連絡」二〇一五-一〇四二。また、アジア局総務参事官室「第一四回アジア・太平洋地域公館長会議議事要録(未定稿)」。佐藤はこの日の日記に、「午後ライシャワー大使来訪。ベトナム問題なり。米もやゝ弱っているのか」と記している。佐藤榮作(伊藤隆監修)『佐藤榮作日記』第二巻、朝日新聞社、一九九八年(以下、巻数を除き『佐藤日記』と

略記。）二七一頁、一九六五年五月六日の項。

53——Telegram 3438 from Tokyo to DOS, April 26, 1965, DNSA, JU00472.

54——Telegram 4232 from Tokyo to DOS, June 15, 1995,『集成Ⅸ（五）』二三〇〜二三一頁。

55——Memo from Rostow to Rusk, July 3, 1965, DNSA, JU00486.

56——Ibid.

57——Telegram 127 from Tokyo to DOS, July 9, 1965, DNSA, JU00490. 実際に東南アジア援助については各省庁の反対も強かった。この点については、保城『アジア地域主義外交の行方』二七四〜二七五頁。

58——アメリカ局米北課（有馬事務官）「総理・ブラック前世銀総裁会談要旨」一九六五年七月五日、外務省記録「アジア開発銀行関係　設立関係」第四巻、B'.6.3.0.41-1（マイクロフィルム番号 B'-0148）外交史料館。

59——大蔵省「福田大蔵大臣とブラック米大統領顧問との会談要旨」一九六五年七月五日、同右所収。

60——椎名外務大臣より在米国武内大使宛電報、第一二八八号、一九六五年七月六日、「ヴィエトナムに関する日米連絡」二〇一五-一〇四二。

61——Telegram 127 from Tokyo to DOS.

62——Memo from Rusk to Johnson, July 10, 1965, DNSA, JU00489.

63——Telegram 169 from DOS to Tokyo, July 16, 1965, DNSA, JU00497.

64——Memorandum of Conversation, Johnson and Fukuda, July 14, 1965, Box 250, NSFJ, LBJL.

65——Letter from Johnson to Sato, July 25, 1965,「ヴィエトナムに関する日米連絡」二〇一五-一〇四二。

66——Telegram 298 from Tokyo to DOS, July 27, 1965, DNSA, JU00501. および、椎名外務大臣より在米国武内大使宛電報第一四六二号、一九六五年七月二七日、「ヴィエトナムに関する日米連絡」二〇一五-一〇四二。

67——Telegram 127 from Tokyo to DOS.

68——Telegram 483 from Tokyo to DOS, August 10 1965, Box 250, NSFJ, LBJL.

69——第四九回衆議院本会議、一九六五年七月三〇日、国会会議録検索システム。

70——第四九回衆議院本会議、一九六五年八月二日、国会会議録検索システム。

71——『佐藤日記』第二巻、三〇〇頁、一九六五年七月三〇日の項。

72——菅「ベトナム戦争と日米安保体制」八五頁。

73——椎名外務大臣より在米国武内大使宛電報第一五一五号、一九六五年八月二日、「ヴィエトナムに関する日米連絡」二〇一五－一〇四二。

74——Memo from Reischauer to Rusk, July 14, 1965,『集成IX（六）』二三二～二三八頁。

75——Ibid. および、アメリカ局北米課「総理、ライシャワー大使会談録」一九六五年八月三一日、「ヴィエトナムに関する日米連絡」二〇一五－一〇四二。また、ライシャワー『ライシャワー大使日録』二四六～二四七頁、一九六五年九月五日の項。なお、この会談でライシャワーは七月二五日の大統領親書に基づき対ベトナム援助の増加を要請した。この際に佐藤がベトナム援助に適当と思うものを通報するよう発言したとして、九月一五日にはエマソン公使から下田武三事務次官に対して病院、医療チーム、医療機器などを含む援助希望リストが提示された。下田事務次官「ヴェトナム援助に関する米側文書の受領について」一九六五年九月一五日、同右所収。

76——Telegram 818 from Tokyo to DOS, September 4, 1965,『集成IX（六）』四二～四四頁。

77——『佐藤日記』第二巻、二五三～二五七頁、一九六五年九月一日、九月一七日、一〇月三日の項。

78——Telegram 956 from Tokyo to DOS, September 15, 1965, DNSA, JU00518.

79——（大蔵省）「大臣・ウッヅ会談」一九六五年九月二六日、大蔵省財政史室編『昭和財政史 昭和二七－四八年 第一八巻 資料（六） 国際金融・対外関係事項』東洋経済新報社、一九九八年（以下、『昭和財政史（一八）』と略記。）三九五～三九七頁。

80——Memo from Bundy to Rusk, September 3, 1965,『集成IX（六）』二二五頁。

81——外務省「「東南アジア開発閣僚会議」要綱（案）」一九六五年九月一七日、「開発閣僚会議開催経緯」第二巻。

82——経済協力局「東南アジア開発閣僚会議に関する今後の事務の進め方について」一九六五年九月二四日、同右所収。

83——経済協力局国際協力課「「東南アジア開発閣僚会議」の今後のすすめ方についての牛場外務審議官を中心とする会議（九月二四日）」一九六五年九月二四日、同右所収。

84——椎名外務大臣より在ビルマ小田部大使他宛電報合第一八五二号、一九六五年七月三日、「開発閣僚会議開催経緯」第一巻。

85——この点につき、高橋「「南北問題」と東南アジア経済外交」一一七～一一九頁。

86――九・三〇事件など当該期のインドネシアと日本との関係については、宮城大蔵『戦後アジア秩序の模索と日本』創文社、二〇〇四年、第五章、第六章。
87――経済協力局国際協力課「「東南アジア開発閣僚会議」に関する幹部打合せ会議議事概要(一〇月七日)」一九六五年一〇月八日、「開発閣僚会議開催経緯」第二巻。
88――椎名外務大臣より在ビルマ小田部大使他宛電報合第三一九二号、一九六五年一〇月一六日、「開発閣僚会議開催経緯」第三巻。
89――経済協力局国際協力課「「東南アジア開発閣僚会議」についての各省会議」一九六五年一〇月二九日、「開発閣僚会議開催経緯」第二巻。
90――同右。
91――大蔵省国際金融局投資第一課「東南アジア開発閣僚会議準備小委員会対処方針(案)」一九六六年三月三〇日、『昭和財政史(一八)』四七七~四八二頁。
92――大蔵省財政史室編『昭和財政史　昭和二七－四八年　第四巻　予算(二)』東洋経済新報社、一九九六年、一〇〇頁。
93――Letter from Summerscale (British Embassy of Tokyo) to Pickles (Foreign Office), 10 February, 1966, FO, FJ2231/1, FO 371/187141.
94――椎名外務大臣より在ビルマ小田部大使他宛電報合第三一九二号。
95――一九六五年八月にマレーシアから分離・独立したシンガポールも当初、日本政府からの開発閣僚会議への招請を拒んでいたが、六六年三月中旬に会議出席へと態度を変化させた。
96――経済協力局国際協力課「「東南アジア開発閣僚会議」に関する幹部打合せ会議議事概要(一〇月七日)」。
97――Airgram CA- 07126 from DOS to Tokyo, Enclosure No. 1, January 13, 1966, DNSA, JU00544.
98――Memorandum of Conversation, Shiina and Rusk, December 1, 1965, DNSA, JU00435.
99――この点に関しては、菅「ベトナム戦争と日米安保体制」八六~八七頁。
100――椎名外務大臣より在米国武内大使宛電報第二四七四号、一九六五年一二月二九日、外交記録「日米関係/ヴィエトナムに関する日米連絡」二〇一五－一〇四一、外交史料館(以下、「「ヴィエトナムに関する日米連絡」二〇一五一一〇四一」と略記。）。

101 ――『佐藤日記』第二巻、三五六頁、一九六五年一二月二九日の項。

102 ――椎名外務大臣より在米国武内大使宛電報第二四七九号、一九六五年一二月三一日、「ヴィエトナムに関する日米連絡」二〇一五―一〇四一。

103 ――椎名外務大臣より在米国武内大使・在ヴィエトナム高橋大使宛電報合第三九八八号、一九六五年一二月三一日、同右所収。

104 ――アジア局長（後宮虎郎）「米国の和平攻勢に関する橋本官房長官、横山正幸氏及びアジア局長との会談要録」一九六六年一月四日、同右所収。

105 ――椎名外務大臣より在米国武内大使宛電報第二〇号、一九六六年一月七日、同右所収。

106 ――椎名外務大臣より在米国武内大使宛電報案、一九六六年一月七日、および "Proposal to the Soviet Union on the problem of Vietnam (Draft)," 同右所収。

107 ――後宮虎郎アジア局長「ヴィエトナム和平に関するライシャワー米大使のアジア局長に対する内話」一九六六年一月七日、および、同「ヴィエトナム和平に関する在京米大使館ザへーレン参事官のアジア局長に対する内話」一九六六年一月五日、いずれも同右所収。

108 ――椎名外務大臣より在米国中川臨時代理大使宛電報第六七号、一九六六年一月一三日、および、在米国中川臨時代理大使より椎名外務大臣宛電報第一四一号、一九六六年一月一四日、同右所収。

109 ――在ソ連中川大使より福田外務大臣臨時代理宛電報第一二九号、一九六六年一月二一日、同右所収。

110 ――在米国中川臨時代理大使より福田外務大臣臨時代理宛電報第二二九号、昭和四一年一月二一日、同右所収。

111 ――福田外務大臣臨時代理より在西独内田大使宛電報第三一号、一九六六年一月二四日、同右所収。

112 ――椎名外務大臣より在米国武内大使宛電報第一七四号、一九六六年一月三〇日、同右所収。

113 ――椎名外務大臣より在米国武内大使宛電報第一八一号、一九六六年二月一日、同右所収。

114 ――福田外務大臣臨時代理より在米国武内大使宛電報第一二九号、一九六六年一月二一日、同右所収。

115 ――椎名外務大臣より在米国武内大使他宛電報合第四二四号、一九六六年二月一四日、および、椎名外務大臣より在米国武内大使宛電報第二三八号、一九六六年二月一四日、ともに同右所収。

116――椎名外務大臣より在米国武内大使宛電報第二九五号、一九六六年二月二三日、同右所収。
117――第五一回衆議院本会議、一九六六年一月二八日、国会会議録検索システム。
118――Telegram 2829 from Tokyo to DOS, February 14, 1966,『集成Ⅹ(四)』三〇九～三一四頁。
119――ライシャワー『ライシャワー大使日録』二六九頁、一九六六年二月二〇日の項。
120――経済協力局国際協力課「東南アジア開発閣僚会議の要約」一九六六年四月一三日、外務省記録「東南アジア開発閣僚会議関係　第一回会議関係」第一巻、B'.6.1.0.63-1(CD番号B'-0211)、外交史料館。
121――経済協力局「東南アジア開発閣僚会議の評価」一九六六年四月一三日、同右所収。
122――「東南アジア開発閣僚会議共同コミュニケ」一九六六年月七日、外務省編『わが外交の近況(第一一号)』一九六七年一二月(http://www.mofa.go.jp/mofaj/gaiko/bluebook/1967/s42shiryou.htm#f)。
123――経済協力局「東南アジア開発閣僚会議の評価」。
124――在米国武内大使より椎名外務大臣宛電報第九八六号、一九六六年四月一三日、外務省記録「東南アジア開発閣僚会議関係　第一回会議関係　各国の反響、新聞論調」第一巻、B'.6.1.0.63-1-3(CD番号B'-0211)、外交史料館。また、保城『アジア地域主義外交の行方』二九四～三〇一頁。
125――ライシャワー『ライシャワー大使日録』二七四～二七五頁、一九六六年四月九日の項。
126――Telegram 3506 from Tokyo to DOS, April 8, 1966, Box 251, NSFJ, LBJL.
127――Note from Thomason to Rostow, April 11, 1966, ibid.
128――"The U.S. Japan Over-all Relationship," May 27, 1966, DNSA, JU00572.
129――外務省北米局・経済局「第五回日米貿易経済合同委員会　議事概要　昭和四一年七月五日－七日」外務省記録「日米貿易経済合同委員会　第五回委員会　本会議　議事概要」E'.2.3.1.17-5-3-1、外交史料館。また、経済局総務参事官室「経済局特別情報(第四七九号)別冊　第五回日米貿易経済合同委員会における諸問題」一九六六年七月二八日、「経済局特別情報」第三〇巻(マイクロフィルム番号E'-0037)も参照。
130――牛場信彦・原康『日本経済外交の系譜』朝日イブニングニュース社、一九七九年、二六六～二六八頁。
131――Memo from Read to Rostow, July 11, 1966, Box 251, NSFJ, LBJL.
132――在米国中川臨時代理大使より椎名外務大臣宛電報第二〇一二号、一九六六年七月二二日、外務省記録「ヴィエト

ナム紛争　米国の政策及びその反響」第三巻、A'.7.1.0.15-3、外交史料館。

133——玉置敦彦「ジャパン・ハンズ」『思想』第一〇一七号、二〇〇九年、一一〇〜一一三頁。

134——菅『冷戦と「アメリカの世紀」』一七八〜一八九頁。

第四章 日米「軍事オフセット」交渉の展開 一九六二〜一九六七年

はじめに

利子平衡税などケネディ・ジョンソン両政権による一連の対策によって改善の傾向を見せていた米国の国際収支は、一九六〇年代半ばを境に悪化に転じた。米国内での好況を背景としたインフレにより貿易収支の黒字幅が縮小する一方、多国籍企業の海外進出などにともなう資本収支の赤字が続き、さらにベトナム関連経費のためのドル支払も増加したからである(表序-2参照)。一九六五年の北爆開始以降、一九七五年(サイゴン陥落)までに米国が費やしたベトナム戦争経費は、戦闘作戦に要したコストのみで総額で一一一〇億ドルにのぼり、ピークであった一九六八年にはGDP比二・三%を占めていた[1]。

ジョンソン政権は、この巨額のベトナム関連経費がドル流出に直結しないよう、国防予算による防衛装備品の買い付けを海外調達から国内調達に転換することでドル節約に取り組むとともに、米国の防衛装備品・軍事サービスの輸出を増大させた。また、USAIDの対外援助における財貨・サービスの調達のほとんど(一九六五年には九二・一%、一九六八年には九八・四%)を国内調達(いわゆる「ヒモ付き」援助)に切り替えていた[2]。

表4-1　対外軍事支出のアジア地域国別支出額（1960～1970年）

（単位：100万米ドル）

年	支出総額(A)	日本(B)	南ベトナム	沖縄	韓国	台湾	フィリピン	タイ	B/A(%)
1960	3,087	412	78	94	25	47	5	7	13.3%
1961	2,998	392	93	112	23	49	8	12	13.1%
1962	3,105	382	96	103	22	51	30	37	12.3%
1963	2,961	368	97	90	20	46	27	52	12.4%
1964	2,880	321	115	91	21	58	34	64	11.1%
1965	2,952	346	123	97	21	81	70	188	11.7%
1966	3,764	484	150	160	60	147	183	408	12.9%
1967	4,378	538	188	237	70	167	286	564	12.3%
1968	4,535	580	201	302	76	171	318	556	12.8%
1969	4,856	651	229	364	80	189	264	576	13.4%
1970	4,851	670	249	323	83	174	226	527	13.8%

出典：井村喜代子『現代日本経済論』有斐閣、1993年、238頁、「表4-4」を参考に、Bureau of Economic Analysis, Department of Commerse, Table 1. U.S. International Transactions および Table 12. U.S. International Transactions, by Area, Japan に基づき作成。

しかし、こうした取り組みにも関わらず、ベトナム戦争に従事する米軍の拡大にともない、現地でしか調達できない財やサービスが急増したため、南ベトナムおよびベトナム周辺のアジア向け軍事支出は一九六五年以降大幅に増大した[3]。

こうした状況のなか、ジョンソン政権は同盟国との軍事オフセット交渉を本格化させる。軍事オフセットとは、国際収支項目のうち軍事収支の改善を同盟国への米国製装備品の売却といった間接的な方法で図ろうとするもので、ケネディ政権が一九六一年に西ドイツとの間で最初の軍事オフセット（相殺）協定を締結したのを皮切りに、他のNATO同盟国にも西ドイツと同様の協力枠組みを要請していた。一九六五年の北爆開始後、ジョンソン政権はベトナム特需を享受する日本からドルを回収し、対日軍事収支の不均衡の是正を図るべく、軍事オフセットを日本に対しても本格的に要求していくのである

表4-2 米国の対日「特需」(1960〜1969年)

(単位:100万米ドル)

年	日本への「特需」			(参考) 対日貿易収支
	米軍預金振込 (狭義の特需)	円セール	広義の特需	
1960	173	216	389	225
1961	187	183	371	709
1962	165	201	366	176
1963	141	204	345	319
1964	111	211	322	202
1965	95	228	323	-387
1966	160	309	469	-629
1967	132	374	506	-369
1968	169	417	586	-1,129
1969	172	466	638	-1,388

出典:通産省『通商白書〈各論〉昭和46年度版』通商産業調査会、1972年、874〜875頁、「第3表 特需収入高および契約高」より作成。日本への直接的な「特需」は米軍による米国外でのドルによる物資・サービスの調達に限定されるが(狭義の特需)、これに「円セール」(外国系銀行における軍隊に対する円貨売却)を加えたものを「広義の特需」と呼ぶ。

る。

実際、米国のベトナム戦争遂行中の軍事支出の拡大は、米国と同盟関係にある諸国や沖縄において顕著であったが、その間アジア地域においてほぼ一貫して最大の受け手となっていたのが日本であった。表4-1が示すように、対日軍事経費は一九六〇年代前半にはわずかながらも削減が進んでいた。これは主としてMAPによる無償軍事援助の打ち切りや在日米空軍撤退によるものであったが、こうした削減努力にも関わらず、一九六五〜六六年のベトナム戦争の拡大を境に対日軍事支出は逆に増大した。

対日軍事経費は日本側からみると特需ということになるが、これをまとめたのが表4-2である[4]。ここに示されるように、狭義の特需・広義の特需いずれにおいても、ベトナム戦争が本格化した一九六五年以降に拡大している。しかも、一九六五年には日本の対米貿易収支が戦後初めて黒字化した。この貿易バランスの転換はこれ以後、日米貿易関係の基調となっていく。つまり、米国からみると、ベトナム戦争が本格化するのにあわせて、日本との間では特需による軍事収支の赤字拡大と貿易収支の逆調が同時に発生し、国際収支構造が大きく変化していたのである。

以上を前提として、本章ではケネディ・ジョンソン政権期の軍事オフセット問題、とりわけ米国製装備品の輸出拡大をめぐる日米交渉を中心に分析する。この作業は、米国の冷戦戦略のなかで、日本にどの程度の防衛規模を求めるかという軍事・安全保障上のテーマと、日本の経済力をいかに冷戦遂行のために取り込むかという経済上の課題という二つのイシュー領域を横断する問いの均衡解を探るものとなる。

1　ベトナム特需と対日軍事オフセット

ギルパトリック訪日再考――「池田の約束」

国際収支政策を重要視していた米国政府は、ベトナム戦争による軍事収支赤字の拡大が顕在化する以前から、日本に対して他の西欧同盟国（とくに西ドイツ）と同様の軍事オフセットを要求していた。米軍駐留にともなう米国の軍事支出を米国製装備品の売却拡大で相殺することを基本とする軍事オフセットは、ケネディ・ジョンソン両政権において同盟国からドル防衛協力を得る主要な手段とみなされており、一九六一年には西ドイツとの間で最初の相殺協定が締結された[5]。これを準拠枠組みとして、ケネディ政権は日本との間にも同様のオフセット合意を目指していた。

一九六二年一〇月、ボール国務次官、ギルパトリック国防副長官、ディロン財務長官の三者は、在日米軍基地削減に関するケネディ大統領からの指示(同年九月)を受け、「自由世界の防衛負担の適切な分担」を日本に負わせるとの論理から、在日米軍の駐留経費を相殺するため日本に米国製装備品の購入を増加させることで合意した。三省合意には、一九六二会計年度の対日軍事支出(三億八三〇〇万ドル)を基準として、その分を政府間セールでの装備品輸出拡大(六三会計年度に一億ドル、六四会計年度に二億ドル、六五会計年度に三億ドル)によって相殺していくという、具体的な数値目標まで盛り込まれていた。こうした政策方針に基づき、ケネディ政権は、六二年一一月の志賀健次郎防衛庁長官の訪米や、同年一二月の第二回日米貿易経済合同委員会の場で日本に対して防衛費増額を求めていた[6]。

第二回日米貿易経済合同委員会初日(一二月三日)の全体会合においてディロンは、米国が最重視しているのは国際収支である旨を前置きしたうえで、防衛目的の支障とならない範囲内で軍事収支削減に努めていること、西ドイツとは年間七億ドル、イタリアとは年間一億ドルの米国装備品の購入協定を結び、米軍の軍事支出を相殺しつつ、両国には安価に近代兵器を入手させるという相互利益になる形で問題解決を図っていると説明した[7]。

同日夕刻には、米国側からラスク国務長官、ディロン、ギルパトリック、ライシャワー大使ら、日本側から大平外相、田中蔵相らが参加して、軍事オフセット問題を議論するための会合が開かれた。席上ラスクは共産圏の脅威、特に核能力を求める中国に対する警戒感を強調しつつ、こうした脅威に対応するための日本側の措置として、現行の第二次防衛力整備計画(以下、「二次防」とする。)以上の防衛努力(防衛予算)増大、米国による軍事援助の軽減、在日米軍駐留経費への配慮の三点を指摘した。ラスクの言葉を継いでディロンは、西ドイツやイタリアと結んだ軍事オフセット協定に言及しながら、日本が防衛力を拡大した場合に米国からより廉価に提供できる装備品として航空機、電子機器、対空ミサイルといった分野があると指摘した。畳み掛けるようにギルパトリックも、日本にとっての通常兵器の重要性や米国と共同で装備品を計画・開発するようなロジスティックス面での協力枠組みの有効性について、西ドイツやイタリアでの実績と合わせて説明した[8]。双方の合意により、この会談は合同委員会とは切り離されたものとされ、共同声明でも会談内容について触れることはなかったが、これを契機として軍事オフセット問題をめぐる日米交渉が本格化した。なお、この会合でディロンは、西ドイツなどとの軍事オフセット交渉には財務省は参画しなかったことを付言して、軍事オフセット問題は国防省が軍事・安全保障上の観点から責任を持って所掌していることを示唆した。

第二回日米貿易経済合同委員会の議論を引き継いで、日本政府首脳に対して軍事オフセットを直接要請する機会として設定されたのが、一九六三年二月のギルパトリックの訪日であった。ギルパトリック訪日については、防衛予算の拡大を強く求めるワシントンと日本国内の反軍主義的感情をふまえた慎重な対応を求めるカントリー・チーム(在京大使館と在日米軍司令部)との間に温度差があったこと、日本政府首脳への直接交渉にも関わらず米国製装備品の売却によって在日米軍駐留経費をオフセットすることは困難であるとの認識がギルパトリックからケネディへ伝えられたこと、訪日を契機として防衛問題検討会(DSG)という安全保障問題に関する日米事務レベル協議体が設置されたものの、六三年四月から六四年五月まで計六回開催されたDSGでは防衛費増額の合意に達しなかったことが先行研究で指摘されている[9]。

これらの指摘を踏まえたうえで、ドル防衛協力という観点からギルパトリック訪日の意味を再考してみたい。

まず注目したいのが、日本からのドル防衛協力を獲得するにあたって、軍事オフセットを最優先することへの反対意見がケネディ政権内で表面化していったことである。六三年二月、ライシャワーから報告を受けたラスクは政治的に難しい軍事収支面で日本へのドル流出削減を図るよりも、成長を続ける日本市場への輸出拡大によって貿易収支面での黒字拡大を目指すべきとの意見をギルパトリックに伝えた[10]。当時、日米間の貿易収支は米国の黒字であり、日本の市場開放が進めば、その黒字幅をさらに大きくすることができると考えられたのである。さらに、このころ国務省は軍事オフセット要求と併行して、GATTの関税一括引き下げ交渉(ケネディ・ラウンド)への参加を日本に強く求めていた。貿易自由化後の輸入制限策として、関税政策の積極的活用に転じ、関税委員会を通じて主要製品の関税引き上げを進めていた池田政権にとって、この世界的な関税一括引き下げは貿易自由化との二重苦として受け止められており、政府内でも交渉参加に慎重な意見が強かった[11]。国務省は、交渉参加に躊躇する池田政権を説得してケネディ・ラウンドに引き込み、対日輸出拡大というアプローチで日本からドル防衛協力を獲得すべきと考えていたのである。財務長官のディロンはラスクが示した貿易収支重視の考え方に反発したが[12]、ラスクは大幅な防衛力整備に慎重な日本国内の状況など様々な制約を受ける軍事面よりも民間貿易部門の方がずっと交渉の余地が大きいとの立場を崩さなかった[13]。

一九六三年四月二日の第一回DSGにおいて、米国は日本に極東の安全保障上の脅威をまず認識させることを目的として交渉に臨み、続く五月一四日の第二回DSGでは、二次防の見直しによる米国製装備品の購入拡大を要求したが、日本側(防衛庁)は政治的指導力の欠如を口実に消極的な回答に終始した[14]。これを受けて、ライシャワーは防衛装備品の売却や在日米軍削減という対日軍事オフセットの政治的なリスクと経済的な利得のアンバランスさを指摘したうえで、軍事分野以外での包括的な国際収支協力要求項目をまとめてワシントンに送付した。その内容は、①農産品の輸出拡大(四八〇〇万ドル)、②工業製品の輸出拡大(四六〇〇万ドル)、③日本人による米国旅行拡大(二〇〇〇万ドル)、④ガリオア資金早期返還(四九〇〇万ドル)や米財務省証券の購入といった金融的措置、⑤特定プロジェクト（米国連邦航空局フライトサービス、原爆被害者委員会）などの負担引き継ぎ（二〇〇〜四〇〇万ドル）など、貿易収支（①、②）や貿易外収支（③、⑤）、資本収支（④）という軍事収支以外の国際収支項目を幅広く対象とするものだった。ライシャワーは、日本防衛の対価として貿易自由化を求めることの原則上の問題点や継続的な効果への疑問、さらにそれを公に求めれば米軍基地撤退を逆に突き付けられてしまいかねないことから、上記の包括的提案はドル防衛問題の本質をよく知っている池田と大平だけに秘密裏に提案すべきであるとした。そして、まず大平に自由世界防衛への貢献として国際収支面で米国に協力するよう要請することを意見具申したのである[15]。これを受けた国務省は、軍事オフセット交渉の継続を前提とし、かつ米財務省証券保有を除いたうえで、池田と大平に米国側が防衛力増強の要請を抑えたという印象を与えないことを条件にライシャワーがタイミングをみて大平に接触することを許可した[16]。このようにDSGでの議論が行き詰まりをみせていくなかで、国務省や在京大使館では軍事収支面以外での国際収支協力を求める動きがあらわれていた。とくに、ライシャワーをトップとする在京大使館に、池田・大平との間でドル防衛協力に関する秘密裏の合意を図ろうとする動きがあったことは注目に値する。

ライシャワーによる大平への接触は、第二章で検討した一九六三年七月の利子平衡税公表の激震に池田政権が見舞われているなかで実現した。内閣改造後の七月一九日、外相に留任した大平とライシャワーとの会談が持たれた。話題が国際収支問題と日本の防衛予算におよぶと、大平は、米国にとってドル節約と日本の防衛努力（防衛予算）増強のどちらが重要なのかと直截に訊ねた。ライシャワーが二つは異なる範疇の問題だが八〇から九〇％は重複すると回答すると、大平は、重複する部分を最大化できるよう日米が努力すべきで、DSGはそのための良いメカニズムであるとの考えを伝えた[17]。大平は米国のドル防衛問題が国際金融問題であると同時に軍事支出削減のための防衛装備品の購入増加や在日米軍削減といった安全保障問題でもあると正確に認識していたのである。さらに大平は、この問題は米国からの外圧ではなく日本政府自らがハンドルするとの決意をライシャワーに対して繰り返し表明した[18]。また、八月二日に開催された第三回ＤＳＧでも、竹内春海アメリカ局長が米国の対日防衛力増強要求の真意が、米国製装備品の売却による国際収支改善にあるのではないかとただしている[19]。

この動揺と不信のなかで、利子平衡税について対日免除を要請するために大平訪米があわただしく決定した。島重信外務事務次官は会談したエマソンに、経済企画庁長官の宮澤に代わって大平が訪米することとなったことで、派遣の目的は広がったと明らかにし、大平が防衛費増額をふくめた防衛問題を最重要議題として認識している旨を伝えた[20]。大平訪米は、前年から懸案となっていた軍事オフセットと新たに浮上した利子平衡税問題の両方を検討するための機会としての意味を帯びていったのである。

八月六日、訪米した大平はケネディらとの一連の会談を終えた後、ドル防衛に関する大統領教書の防衛政策に与える影響をめぐって秘密裏にギルパトリックと会談した。大統領教書が米国の国防予算におよぼす影響をストレートに訊ねる大平に対し、ギルパトリックは中国の脅威を指摘して極東の基地能力を削減する意図はないとしながらも、軍事技術開発をふまえれば将来的には全体の能力を損じない範囲で再調整する可能性があると明かした。日本についても、世界規模の海外軍事支出の見直しの一環として、輸送機や戦術航空機の配備転換や、基地の共同使用を具体的に挙げ、ライシャワーと軍の代表が日本側との間で秘密裏に具体的な検討を続けることを提案した。ギルパトリックからの日米ハイレベル交渉要求は、停滞していたＤＳＧの議論を再活性化することを企図したものだった。一方、大平は在韓米軍撤退の可能性や次年度予算編成に向けた米国との交渉、米軍予算節減の日本に対する影響などを質問している[21]。

このようにドル防衛に関する大統領教書は軍事オフセットへの関心を一時的に高めたものの、結局DSGでの議論は抑制的なものとなった。だがその後、ベトナム戦争にともなう国際収支の逼迫が顕在化していくなかで、ギルパトリック訪日は日本の対米協力公約として再び注目されていくことになる。池田政権との交渉後、帰国したギルパトリックはケネディに対して、「日米両国は、相互調達やバーター取引によって二国間の軍事支出を均衡させるなどの措置を通じて、日米防衛パートナーシップにおける国際収支上の影響を最小化すべく努力することが望ましい」という明確な合意が池田勇人首相との間に成立したと報告していた[22]。つまり、米国政府内では、池田政権が軍事オフセットについての合意には至らないものの、一般的な文脈で軍事収支面での協力を約束したとの認識が共有されていくのである。

「約束」不履行への不満

しかし、DSGでの議論が象徴するように、その後の池田政権は米国との約束を果たす姿勢をみせず、目標数値と実態とのかい離があまりにも大きくなっていた。むしろ池田政権は日米安保体制における非対称な相互性から生じる経済的実益を強調するという政策枠組みを選択したのである[23]。一九六四年一月に開催された第三回日米貿易経済合同委員会参加のために来日したラスクは、大平との朝食を共にしながらの個別会談において、ギルパトリック訪日に言及しながら軍事オフセット問題を池田との会談で取り上げることを告げた。このときラスクは、米軍の海外駐留は国際収支の動向という経済要因ではなく、あくまでも軍事的考慮によって決定していると念を押している[24]。

同日の池田との会談でラスクは、GNP比一%の防衛負担では少なすぎるとして、再び日本の防衛力増強(防衛費の増額)に期待を示した。しかし、池田はギルパトリック訪日の際に自分の考え方は伝えた旨を前置きしつつ、「日本の繁栄はある程度軍備を持っていないことからきている」、「軍がないことは考えようによって良いと思う」、「アメリカは主として防衛を行い、日本は経済協力に専念したらよい」などと自論を説いて、防衛予算の大幅増加に言質を与えなかった[25]。米国は軍事オフセット問題を自らの弱みにつながる国際収支改善という経済的な理由ではなく、東アジアでの共産主義勢力への対抗という軍事上の論理で説得しようとしたのであるが[26]、池田を納得させて防衛費増額に踏み切らせるには至らなかったのである。

一九六二年一二月の三省合意では装備品輸出の拡大によって一九六五会計年度までに、また、ギルパトリック訪日後に大統領の決裁を得た改訂目標値では、装備品売却増大と対日軍事支出の抑制によって一九六六会計年度までに、それぞれ三億ドルの軍事収支改善を目論んでいた。しかし、米財務省の計算によれば、MAPによる無償軍事援助の打ち切りや一部の在日米軍（航空部隊）の引き上げ[27]によって対日軍事支出の削減は進んでいたものの、装備品輸出はいっこうに伸びていなかった（表4-3）。二次防の予算枠を盾に防衛費増額を拒む日本側の態度がその主要因であったが、米国側も日本にどの程度の防衛力を期待するのか、どの装備品を購入させるのかといった点で政府内の意見は一致していなかった[28]。それゆえ、米国としても日本に強い姿勢をとりにくい状況が続いていたのであるが、その転換を求める契機となったのが第四回日米貿易経済合同委員会であった。

一九六五年七月に予定されたワシントンでの第四回合同委員会を前に、「池田の約束」の不履行に不満を抱いていた米財務省は、装備品の輸出拡大要求を再発動した。ファウラー財務長官は六五年六月に開催された国際収支に関する閣僚委員会の席上、第四回合同委員会において国務省と財務省とがそれぞれ装備品輸出問題を取り上げるべきだと提案した。そのための場として財務省は当初、第二回日米貿易経済合同委員会と同様に日米両国の外交・財務担当大臣会合を想定したが、国務省は日本に期待する防衛力の規模について政

表4-3 ケネディ政権内での対日軍事オフセット目標値

（単位：100万米ドル）

		国務省・国防総省・財務省合意（1962年12月）の目標値	ギルパトリック訪日後に再設定し、ケネディの決裁を得た目標値※	実際の数値（国防総省による）	1965年7月時点での想定値（国防総省による）
1963会計年度					
	対日軍事支出	383		383	
	政府間取引による日本への装備品輸出	100		20	
	対日軍事収支赤字	283		363	
1964会計年度					
	対日軍事支出	383	333	328	
	政府間取引による日本への装備品輸出	200	50	15	
	対日軍事収支赤字	183	283	313	
1965会計年度					
	対日軍事支出	383	283		305
	政府間取引による日本への装備品輸出	300	100		16
	対日軍事収支赤字	83	183		289
1966会計年度					
	対日軍事支出		233		295
	政府間取引による日本への装備品輸出		150		28
	対日軍事収支赤字		83		267

※装備品輸出額を抑制的に見積もりなおすとともに、対日軍事支出を1964会計年度から毎年5,000万ドルずつ削減することを目標値とする。

出典：注22に掲載された統計より作成。

府内で合意に達していないとして、個別会合で別々に追及することを希望した[29]。これをうけて財務省は、第四回合同委員会でのファウラーと福田蔵相との個別会合において、「池田の約束」の履行を前面に押し出して米国製装備品の輸出拡大を強く求めていくラインで準備を進めた[30]。

こうして迎えた福田・ファウラー会談であるが、在米大使館から外務本省に送られた電報によれば、ファウラーから福田に対して、軍事オフセットについて「二、三か月中に国務省または国防省から話があるはずである」との説明があったとだけ記されている[31]。委員会終了後に発表された日米共同コミュニケでは、日本から米国への国際収支協力について「米国の国際収支均衡回復の努力を可能な範囲内で支持したい」という抽象的な考えだけが示された[32]。しかし、会談に向けた準備からみても、会談に同席した財務省のボルカーが「日本がいかにして、さまざまな方法で、日本での防衛支出を「埋め合わせる」かの話に終始した」と回顧していることからも[33]、さらに、後述するように、この場でのファウラーの発言が先のギルパトリック訪日から、一九六七年から一九六八年にかけての数値目標を含めた対日軍事オフセット要請へと連なる会談として位置付けられていることからも、実際の会談内容は、防衛装備品の売却に関してより踏み込んだ議論があったと推測できる[34]。

他方で、第四回合同委員会でもっとも大きな議題となったのは第三章で取り上げた東南アジア開発であり、軍事オフセットは会議全体としてみれば、それほどクローズアップされなかった。また、第四回合同委員会後、財務省内でも日本への装備品売却は想定どおり実施できる見込みはなく、石油製品の輸出増加などを代替策として検討するなど、対日軍事オフセットに悲観的な空気が広がっていた[35]。しかし、「池田の約束」に対する米国政府、とりわけ財務省の不満は根深かかった。この不信感を背景として、国際収支の悪化が直近の課題になる一九六六年春以降、米国はベトナム特需を理由として再び対日要請を強めていくのである。

2 対日軍事オフセット要求——大蔵・財務秘密交渉と第三次防衛力整備計画

ベトナム特需への危機感と日米財務当局間交渉

一九六五年の北爆開始後に急拡大した国防予算の増大は、ドル防衛政策に取り組んできたジョンソン政権にとって大きな懸念材料だった。アイゼンハワー政権末期に四〇億ドル近い赤字を計上した米国の国際収支は、ケネディ・ジョンソン両政権による一連のドル防衛政策により、一九六四年には二七億九八〇〇万ドル、一九六五年には一三億一〇〇〇万ドルへと着実に赤字を減らしていた。一九六五年末には、一九六六年の国際収支赤字を二億五〇〇〇万ドル程度にまで抑制するとの目標を公にするなどジョンソン政権は強気の姿勢を公言していた[36]。

だが、この予測は翌六六年早々に大きな軌道修正を余儀なくされる。一九六六年三月二五日に開催された国際収支問題に関する閣僚委員会では、財務長官のファウラーがベトナム関連経費の増大と貿易黒字の伸び悩みによって、前年一一月時点の国際収支見通しを大幅に変更せざるをえないとし、五億ドルから一〇億ドルの追加抑制策が必要である報告している[37]。ファウラーは、マクナマラ国防長官と軍事支出問題を検討するなど、国際収支改善のための検討に乗り出していく[38]。

ベトナムでの軍事オペレーションによって国際収支均衡の実現の見通しが厳しくなるなか、ジョンソン政権がもっとも懸念したのは、各国が米国の国際収支対策に疑念を抱き、ドルに対する信認が揺らぐことだった。それゆえ、米国政府内では財務省を中心として、ベトナム戦争遂行における負担分担の観点から、主要なドル保有国との間でベトナム戦争中にはドルを金に兌換することを控える旨を確認する非公式な取極を探ろうとする政策志向が芽生えていた[39]。

一九六六年四月一九日、ハンフリー副大統領やファウラー、コナー商務長官らが出席して、国際収支問題を検討するための会議が開催された[40]。会議では同年中に最低一五億ドルのドル節約を図ることを目的として、①政府支出の削減、②対外債権や各国中央銀行の外貨準備運用、③海外旅行支出の節減、④民間資本による海外直接投資の抑制、⑤貿易収支の改善策、といった点が議題とされた[41]。さらにベトナム戦争に起因する国際収支悪化を受けて、ジョンソン政権ではベトナム特需の恩恵を受けている各国政府に対して国際収支協力を要請するための方策を検討し始めた。その結果、関係する在外公館の意見や政府内での検討をふまえて、国務省と財務省の合同チームが各国に赴き、戦時債権の前倒し回収、軍事オフセット、米国中期債の購入、米国市中銀行からの短期借り入れの削減の可能性を探ることとなった[42]。このように、ジョンソン政権内では国際収支均衡達成とベトナム戦争遂行という二つの政策課題への対処策として、同盟国からのドル防衛協力取り付けが本格化したのである。その主要なターゲットの一つに位置付けられたのが日本であった。

五月一〇日、ベトナム特需享受国からのドル回収のため、日本、韓国、台湾、フィリピンに向けて旅立ったトルード財務次官補は[43]、五月一六日に大蔵省財務参事官の柏木雄介、国際金融局の村井七郎らと会談した。席上、トルードはベトナムへのコミットメントによって国際収支改善への見通しが急激に悪化し、一九六六年には国際収支への直接影響が一〇億ドルにもおよぶことを指摘しつつ、ガリオアなど対米長期債務の繰り上げ返済や日本の民間銀行による米国市中銀行からの短期借り入れの削減、日本の外貨準備の米国の非流動資産へ投資（米財務省証券の購入など）を例示して協力を要請した。これに対して大蔵省は基本的に協力する姿勢を示し、日本の外貨準備をどの程度、非流動的なドル資産に回せばよいのか、粉飾的な手法以上の措置を期待しているのかといった核心的な質問をぶつけるなど、初回の会合から技術的な点にまでわたる詳細な議論が重ねられた。その結果、民間銀行への影響や日本の外貨準備の流動性を踏まえて、日本政府が保有する米ドル資産の長期化を日本側が提案し、トルードもこれに賛意を示した[44]。

柏木らとの会合後、トルードは佐藤一郎大蔵事務次官とも会合した。佐藤は最大限協力する旨をトルードに約束し、さらに七月に予定される第五回日米貿易経済合同委員会の前にこの問題を解決したいとの意向を示した。大蔵省としては、おそらくは前年の第四回合同委員会でのファウラーと福田の議論を念頭に、このような技術的問題を大臣間の直接折衝に持ち込むことなく事前に事務レベルで処理しておきたかったものと考えられる。これに対してトルードは、それは自身の訪日の結果次第で、かつファウラーの気持ちで決まるのだと明かし、日米両国がこれまでと同様に協力してこの国際収支問題に取り組んでいくことへの期待を表明した[45]。トルードは自らが直接関わった前年の利子平衡税交渉（第二章）の延長線上にこの交渉を位置付けて、今度は日本が米国の国際収支政策に協力することを求めたのである。トルードはその後日銀の宇佐美洵総裁らとも会談したが[46]、具体的な措置については柏木ら大蔵省国際金融局との交渉で決められていった。

五月二三日、再び大蔵省で鈴木秀雄国際金融局長や柏木らとトルードとの会談が持たれた。鈴木は対米協力策として、米国市中銀行への短期預金の長期化と一九六六年下半期に日本の外貨準備が増加した場合には、その分を米国債購入ないし米国市場で起債している日本国債の買い戻しに充てるという二つの方法を示した。その際、鈴木は日本政府に対して外貨準備を金で保有するよう欧州各国や国会などから圧力を受けていることを度々指摘して米国の協力要求を牽制しつつ、外貨準備を用いた対米国際収支協力として米国債を購入すべきとの考えも明かした[47]。翌二四日、鈴木は日本側回答として、外貨準備の短期預金を長期化

（九〇〇〇万ドル）し、さらに外貨準備の増減に関わらず全体として二億ドルという数字を米国への国際収支協力として提示した。しかし米国側はこれに納得せず、即興的に、①現在の外貨準備のうち二億ドルを長期資本に転換する、②長期資本の貸付残高を一億ドル削減する、③外貨準備が一億ドル以上増加した場合には米国長期債の購入ないし債務の繰り上げ返済に充てる、という代案を提示した。鈴木と柏木は佐藤次官と協議するため、いったん席を離れた[48]。

ほどなくして佐藤が自らトルードとの会談の席に姿を現した。佐藤は、利子平衡税の一億ドル免除など米財務省によるこれまでの援助に日本政府としての謝意を表明したうえで、米国側対案に応じて、①一九六六年末までに現在の外貨準備から二億ドルを長期化する、②一九六六年内の長期資本の借り入れを一億ドル削減する、③米国市中銀行からの短期資本の借り入れ増加を制限するよう努める、④外貨準備が将来大幅に増加した場合には、米国長期債の購入ないし対米債務の繰り上げ返済に充てる（二億ドル増加した場合には五〇〇〇万ドル）ことを、日本側として最大限の措置として回答した。トルードはこれを多とし、日本側の理解と協力精神に重ねて謝意を表明した。さらに、佐藤の要請に応じて、日本の国際収支が悪化した場合には米国が協力することも約束した[49]。

こうして、ベトナム特需をめぐって、日本が米国に対して最低三億ドル（外貨準備の長期化二億ドル、長期資本の借り入れ削減一億ドル）の国際収支協力を行うとの合意が成立した。米国政府内では、さらに日本の国際収支が全く予期せぬ逆調にならない場合には最低二億ドルの追加が可能と推算し、その旨がジョンソン大統領に報告された[50]。実際、日本政府、日銀、東京銀行の米系主要五行に対する定期預金で四一年六月から一二月までに満期となる一億九五〇〇万ドルが一三ヵ月以上の長期に切り替えられた[51]。

その後、一九六六年一一月には、財務省のノウルトン財務次官補が柏木に先に長期化した預金の更新に加えて三億ドルの追加協力を要請した[52]。これを受けて大蔵省は、六七年一月の日米金融協議を経て、二億五〇〇〇万ドル分の外貨準備を長期化することを約束し、さらにインパクトローン一億ドル削減の見通しを伝えた[53]。

これら大蔵省が実施したドル資産長期化による対米国際収支協力は、米国政府内では「トルード・アレンジメント」とも呼ばれ、日米財務当局間で重要視される枠組みとなっていた。それを可能としたのは、利子平衡税問題を契機として成立したドル防衛をめぐる日米財務当局間の協力関係であった。大蔵省からすると、専管事項である外貨準備の運用によって、他省庁や国会への報告義務を負うことなくフレキシブルに対応できる点でトルード・アレンジメントは有用であった。他方、財務省からみても、国際収支統計上の粉飾的な措置に過ぎないとはいえ、数億ドル単位の巨額の対米協力を政治外交上の摩擦をともなうことなく迅速に確保できるという点でメリットがあった。ただし、この国際収支問題をめぐる日米協力の枠組みは、当初から厳秘扱いとされた[54]。この外貨準備をめぐる秘匿性がのちの「柏木・ジューリック了解覚書」へと繋がっていく(第五章)。

第三次防衛力整備計画をめぐる日米交渉の実像

ベトナム特需国からのドル回収という、グローバルな同盟政策の一環として実施されたトルード・アレンジメントに次いで、対日軍事オフセットを強く求める財務省が注目したのが「第三次防衛力整備計画」(以下、「三次防」)であった。

三次防の特徴は、自主防衛論との関連から叫ばれていた防衛装備品の国産化論を強く反映している点にある。三次防策定にあたって、大蔵省は経済性の観点から国産化に反対の立場をとったが、防衛庁や防衛産業を主管する通産省の支持によって、最終的には防衛装備国産化の方針が盛り込まれていた[55]。最終的に一次防（一九五八〜一九六〇年）で六二・四％、二次防（一九六二〜一九六六年）で八一・六％だった装備品などの国内調達の割合は、三次防では九一・六％（一兆四〇〇二億円のうち一兆二八二九億円）まで増加することになる[56]。

この装備品国産化の議論は、三次防での米国製装備品の受注増加を目論んでいた米財務省の方針と正面から対立するものだった[57]。米国からすると国産化比率の上昇は、そのままドル収入の減少を意味したからである。それゆえに、ジョンソン政権が日本にもドル防衛協力を求めていることを知悉していた大蔵省、そして佐藤首相は、三次防に対する米国の反応を注視していた。

一方、このころ米国政府内では、東南アジア開発閣僚会議の成功といった日本の対外政策の変化を受けて、「日米関係全般」と題した対日政策文書をまとめていた。前章で紹介したように、日米両国が共通利益を確認しつつ、アジアでの効果的な役割分担を掲げているこの文書では、日本に協力を求めるべき項目の一つとして国際収支問題が掲げられている[58]。また、この文書と同時に作成された「日本防衛軍（"Japanese Defense Forces"）」という文書では今後五年間の日本の防衛力に期待する任務・規模・組織などを検討していた[59]。これらの文書は、日米安保条約の在り方について検討したもう一つの文書と合わせて、一九六六年六月に開催されたボール国務次官を長とする関係省庁横断のＳＩＧ会合において承認され、ジョンソン政権の統一見解となった。

しかし、この二つの文書は、日本に期待する防衛力に関して、あいまいで矛盾しかねない内容を含んでいた。一方において、日本の軍事大国化への懸念を背景に[60]、日本の世論の現状に鑑みれば現時点で日本に全面的な防衛力増強を求めることは生産的ではなく、また米国政府としてそれを強要する手段もないとし、日本が国内政治要因に応じたペースで防衛力を増強するのを促し続けることを指摘していた。他方で、日本に協力を求めるべき項目の一つとされた国際収支問題については、軍事オフセットや装備品共同生産の拡大によって、米国政府内の承認の範囲内で日本への装備品輸出の最大化を図るとの政策方針も示されている[61]。しかも、六六年六月のSIGに参加した財務省からのコメントにより、対日軍事収支の不均衡を是正するため、日本に米国製装備品購入による軍事オフセットを要求する方法を検討することが同文書に追記された[62]。このように、これら二つの文書には、現状では日本には防衛力増強を無理強いしないとする方針と、日本への装備品輸出を拡大するという方針の両方が含まれていた。この不整合は、その後の対日交渉において国務省と財務省の足並みの乱れとなって露見する。

上記文書がSIGで承認されて程なく開催された第五回日米貿易経済合同委員会(一九六六年六月)では、ファウラーに変わって出席したバー財務次官が福田蔵相に対し、トルード・アレンジメントの履行時期や追加協力額について言質を要求するとともに[63]、全体会合では日米貿易収支の逆転などを理由に日本での軍事支出の見直しに言及するなど、きわめて強硬かつ直接的な言い方で軍事支出の相殺を要求した。米財務省は、トルード・アレンジメントに加えて、日米両国の関係省庁の目前で軍事オフセットの実現を要求したのである。日米安保体制の在り方にまで踏み込んだバーの発言には国務省ですら困惑の色を隠せなかった[64]。

財務省は、国務省やライシャワーが日本に防衛力増強圧力を加えることに否定的なことを承知したうえで、SIG文書の曖昧さを突いて、大型装備品の大量購入を盛り込んだ三次防での受注増額を追及すべきと考えていた。在日米軍事顧問団(MAAG‐J)の試算では政府間取引と民間取引を含めて、六六会計年度に四八〇〇万ドル、六七会計年度に三五〇〇万ドル、六八会計年度に九六〇〇万ドルと見積もられていた対日装備品輸出額について、国防総省スタッフは、六六会計年度に一億二三〇〇万ドル、六七会計年度に一億九七〇〇万ドル、六八会計年度には二億八〇〇〇万ドルにまで拡大が可能とみていた[65]。

対日軍事オフセット要求をめぐってジョンソン政権内で積極論と消極論とが交錯するなか、日本国内では、一九六六年一一月一日に開催された国防会議議員懇談会において、上林山栄吉防衛庁長官が装備品国産化をぜひ推進したいとの意向を示した。その際、上林山はその直前に訪米した際のマクナマラとの会談では三次防についての質問はなく、むしろアジア諸国への経済協力に期待するといった話であったと報告した。この説明に対して、佐藤は三次防が話題になったかと念を押し、福田蔵相もMAPでの無償軍事援助への見返りとして米国製装備品の購入を求められなかったかと質したが、上林山はこれらを否定した。陪席していた三輪良雄防衛次官も自衛隊に配備される地対空誘導弾・ナイキのバーターの申し入れがあった旨を補足した程度だった[66]。同月二九日に開催された国防会議においても、上林山は三次防について国防総省からは具体的な意見はなく、太平洋国家として日本に経済や防衛を含めた一般的な努力を望んでいたと説明した。このとき、佐藤は「米国のことを心配したが、上林山が言っても何も言わなかったらしい」と述べ[67]、米国から特段の要請がなかったことへの安堵をもらしている。

上林山とマクナマラの会談記録が確認できないので実際の会談内容はわからないが、この会談に向けて作成された史料からは、相反する米国側の意見がみてとれる。マクナマラに提出された会談準備資料には、上林山の訪米が着任直後の儀礼的なものであること、国防会議の承認を得ていないため三次防について最終的な発言はできないだろうが、自衛隊の通常兵器による近代化は米国の核能力を補完するうえでも必要であり、そのためにも三次防の承認が必要であると印象付けること、そして、極東の安全保障のために日本が提供する財政的貢献として、三次防と経済援助の目標値はGNP比でみても適当な額であることが補足されている[68]。つまり、国防総省の事務レベルで作成された会談準備資料には、三次防への一般的な賛意が示されているだけで、軍事オフセットに関する記述はない。他方、財務省のなかには、上林山とファウラーの直接会談を設定して、米国製装備品の売却増加によって軍事収支赤字を削減するという米国政府の目的を伝達すべきとの意見もあった[69]。だが訪米中に日本国内で問題化した、いわゆる「上林山お国入り事件」によって訪米期間が短縮されたこともあり、財務省の狙いは実現しなかった。その結果、日本側は上林山からの報告によって、三次防について米国から特段の要請がなかったものと理解し、三次防大綱を決定した。しかし、上林山の国防会議での報告は、米国政府内の情勢を正確に反映したものでもなかった。対日軍事オフセットについての統一方針が国務省・国防総省・財務省の間で確認されると、沖縄返還交渉とも連動して、三次防での米国製装備品調達が日米間の焦点として浮上することになる。

対日軍事オフセットをめぐる米政府内の意見集約

前述したとおり、米国政府内では対日軍事オフセットの進め方をめぐり国務省と財務省との齟齬が表面化し、効果的な対日交渉を展開できずにいた。しかし、事態は放置されていたわけではなかった。一九六六年九月、国務副次官であったジョンソンがライシャワーの後任として日本に赴任する直前、対日軍事オフセット問題を議論するためにジョンソンとファウラー、マクナマラとの三者会談が設定された[70]。席上、ファウラーがベトナム戦争による軍事支出の悪化が国際収支に与える影響を説明したのに対し、ジョンソンはこれに賛同しつつ、ワシントンの関係省庁がこの問題に注目するよう、情勢を再検討するために適当な時期に東京に参集してはどうかと提案した[71]。関係省庁間での意見集約は、この東京会合まで先延ばしされたのである。上林山訪米の際に米国側の意見が一致していない一因もここにあった。

一九六七年一月、財務省では対日軍事収支が急激に悪化しているとの在京大使館からの報告[72]に接したファウラーが、この問題について国防次官と連絡をとって報告するよう部下に指示したが[73]、その回答は東京会合の結果待ちというものだった。この時の説明によれば、東京会合の目的は、日本との交渉に備えて総合的な計画を米国側だけで議論するもので、具体的には、米軍と自衛隊の任務見直し（在日米軍削減による軍事支出削減、日本の防衛費増額を含む）、米国製装備品の輸出拡大の方法検討、新たな安全保障条約の方式の検討に向けた交渉との関連付け（もし適当ならば沖縄や核の問題をも含む）といった広範で日米安保体制のあり方にまで踏み込んだ議題が想定されていた[74]。しかし、在京大使館のローカル・チームから、日本に大幅な防衛費増額を要求するのは望ましくないどころか、日本の核武装化にもつながりかねない有害なものであるとの強硬な反対が示されるなど[75]、財務省の意図には懸念の声も根強かった。

こうして対日軍事オフセットに関する意見集約を図るべく、六七年五月八日から一二日まで、国務・国防・財務省の担当高官が来日し、ジョンソンや在京大使館員、在日米軍事顧問団らと日米同盟の軍事経済問題について協議した。彼らはまた、米国側のみでの議論という当初の予定を変更して、日本政府関係者や財界人からも意見を聴取した。その結果を踏まえ、財務省から派遣されたオルブライトと国防省から参加したカスが連名で作成したのが、「日本との軍事経済問題とその目的および今後の方策に関する提案」（以下、「財務・国防共同提案」とする。）と題する対日交渉方針案である[76]。財務・国防共同提案は、ジョンソン大使らの事前の査読を経たのち、両省のトップであるファウラーとマクナマラの決裁を得られれば、国務省のラスクに送付され、そこから今後の日本との交渉に活用すべくジョンソン大使に転送される段取りとなっていた。ただし、ジョンソンは査読の時点で、時期と進め方についてさらに検討したく、また、具体的な成果を得るためにはあまり急ぐべきでないと強調していた[77]。

財務・国防共同提案は、日本との軍事経済問題の解決の見通しが「暗い（"dismal"）」との現状認識に基づき、問題改善のためにはジョンソン大使が中心となって、外務省との「共同防衛」の考え方をまとめる作業と、米国からの装備品調達に関する大蔵省・外務省との議論とを並行して進め、両方について口頭あるいはエイド・メモワールで合意内容を確認するというシナリオを想定していた[78]。

ここで想定された共同防衛とは、日本が防衛力と防衛支出を本土での限られた任務に限定できているのは、米国による包括的な抑止力の維持とアジア地域での中ソ封じ込めによっていることを日米両国が確認したうえで、次の三点を日本政府内外に広く知らしめることとされた。すなわち、①対潜・航空防衛作戦における日米間の装備品の互換性、②米国が毎年何十億ドルも費やして抑止力を提供し、アジアの前線で敵対勢力と戦っていることによって日本の産業・経済の繁栄が可能になっていること、③日本が他国と比べ防衛力・防衛支出を低く抑えることができるのは主として米国との安全保障関係のおかげであること、である[79]。

他方、米国製装備品の調達に関する日米了解案は、三次防で示された国産化方針を強く牽制する内容を含んでいた。国産化は原則として海外調達よりも格安である場合に限ること、価格や技術力あるいは軍事的互換性の観点から望ましい場合、日本は常に米国から装備品を購入することなどである。さらに同案では、日本が防衛予算を増加させて米国を財政面から貢献するのではなく、米国による軍事支出削減か、対米装備品調達増加かのいずれの方法で、一九六七〜一九七一会計年度の日米間の軍事収支を均衡することを提案していた[80]。

つまり、東京会合の結果を踏まえて財務省と国防総省が見出した対日軍事オフセット要求提案は、日本が防衛力(防衛予算)を低く抑えていられるのは、米国が世界規模で、そして対日関係において安全保障を提供しているためであることを日本側に理解させたうえで、日本が現行防衛力整備計画の予算の枠内で米国装備品の購入を拡大するか米国が対日軍事支出を削減することで、日米間の軍事支出の均衡を図ろうというものであった。財務・国防両省は、日本の防衛力増強に対する警戒的な見方と対日軍事収支の均衡という政策目標を何とか両立しようとしたのである。

財務省主導のこの野心的な対日交渉方針案は、しかしながら、成案には至らなかった。最初に決裁を得ることとなっていたファウラーとマクナマラのうち、ファウラーの決裁は得られたものの、マクナマラは同年五月下旬に開催される日米安保高級事務レベル協議（SSC）の結果を待つとして決裁を先延ばしした。その間、在京大使館から財務・国防共同提案に示された手順を疑問視する電報が国務省に接到したこともあり、マクナマラの決裁の前に国務省への説明が必要になった[81]。その結果、財務省・国防総省・国務省の三省間で検討が重ねられ、同年七月七日に三省合同メモとしてまとめられた[82]。これにジョンソン大使からの意見を反映させて八月下旬にようやく「金融および軍事支出に関する対日関係」（以下、「三省合同文書」とする。）と題する文書が完成した[83]。

三省合同文書はまず、米国の国際収支の不均衡是正のためにはEECだけではなく日本の協力が必要であること、日米間の国際収支問題は、日本に東アジア地域の安全保障・経済成長・経済協力の面で責任分担を増加させ、米国との相互補完的な役割を担わせるという対日政策目標の枠内で実施することなどを確認している。依然として外貨準備不足に悩む日本の国際収支については、経済成長率を漸減すれば国際収支をプラスにすることができ、そうなれば米国に対する国際収支協力が可能であるとも分析していた。また、米国との間でより緊密で協力的な安全保障関係を受け入れさせることや、米国の軍事計画や軍事政策との相互補完的な役割に向けた防衛政策をとることも提案している。軍事オフセットに関しては、三次防での対米調達を費用対効果に応じて、当初予定の五年間で四億ドル（装備品三億ドル、代替部品一億ドル）から一〇億ドル（陸上自衛隊関係一億四九六〇万ドル、海上自衛隊関係三億一一〇〇万ドル、航空自衛隊関係五億七七二〇万ドル、合計一〇億二七九〇万ドル）まで拡大すべきと提案していた[84]。

つまり、三省合同文書によって定まった対日軍事オフセット要求方針は、日本の対外的な役割への前向きな評価と期待をベースとしつつ、日本の防衛努力(防衛予算)そのものの拡大を求めるのではなく、三次防の枠内での対米調達比率の拡大を求めるものだった。つまり、SIG文書「日米関係全般」で示された日本に防衛努力拡大の要求圧力を加えることはせずに相互補完的な日米関係をさらに発展させるとの方針と、財務・国防共同提案が目指した装備品の輸出拡大という政策目的を組み合わせたものだった。米国政府内の統一見解となったこの対日交渉方針に基づき、米国はこれ以降、財務省が主導して対日軍事オフセット交渉に臨んでいくことになる。

対日軍事オフセットと沖縄返還のリンケージ

三省合同文書がまとまった直後の八月三〇日、沖縄および小笠原の返還について議論するため、米国政府内でNSCが開催された。冒頭、ジョンソン大統領は会議の主題として、①沖縄および小笠原問題の解決に向けた日本側の希望、②日本からの国際収支への協力(とくに軍事収支面)に関する米国側の希望、③日本のアジア向けの経済援助増大の必要性の三点を指摘し、九月の第六回日米貿易経済合同委員会時の三木武夫外相訪米と一一月の佐藤訪米に向け、これら問題を緊急に検討する必要があると強調した。これに引き続き、ラスクとジョンソン大使とが沖縄返還問題について発言した。ジョンソン大使は、佐藤が沖縄返還について「前向きな感触」を欲しているとし、その中間的ステップとして琉球行政主席の民選などを提案した。すると、ジョンソン大統領は「それで我々は何を得るのだ」と沖縄・小笠原返還の代償として日本に何を求めるのかを質した。大使は日本が極東の安全保障に政治的な面から責任を果たしうると述べたが、大統領は日本が米国の国際収支問題にもっと経済面で協力できないかとストレートに追及した。曖昧に口を濁すジョンソン大使に大統領は日本から獲得したいもののリストを作成するよう指示した。このやり取りをみていたファウラーは、国際収支問題は沖縄返還問題と切り離すべきと前置きしたうえで、国際収支協力について、①軍事収支を含む国際収支問題全般を扱う合同の委員会を日本との間に設置する、②日米合同で軍事支出を計画する、という二点を指摘し、後者については、三次防でイヤマークされている装備品(二八〜二九億ドル)には競争入札と共同生産の要素が含まれるべきであり、提案されている米国側のシェアでは収支不均衡の一部を穴埋めするに過ぎないと財務省の立場を説明した。大統領は改めて、「我々は日本が欲するものについてはよく考えているが、私が知りたいのは米国が何を欲するかだ」と発言して、会合を締めくくった[85]。この時点で、ジョンソン大統領のなかでは、沖縄返還問題は国際収支協力を取り付けるための交換条件として明確に意識され始めていたのである。

このNSCでの大統領の指示を受け、国務省、財務省はそれぞれに対日要望事項に関する大統領宛てのメモを作成し、ホワイトハウスに送付した。財務省の提案は、①財務省と大蔵省が主導して国際収支委員会を設置すること、②軍事財政計画では日米間の相補的な政策を最重要視し、特に三次防で装備品調達に充てられている二八〜二九億ドルについて、対米調達を全体の三分の一まで増加させる十分な可能性があると確認すること、③日本の米国製装備品の調達と日本での米国の軍事支出のギャップを埋めるため、米中期債の購入拡大、余剰農産物協定(PL四八〇)やガリオア資金などの債務繰り上げ返済、日本国債の買戻しなどの措置を講じること、④その他の国際収支協力やアジアでの経済的な責任分担について共同で検討することの四点からなるものだった。とりわけ重視された日米間の軍事財政計画については、日本が国内調達を価格ベースで決めること、コスト・技術・軍事的互換性の面からみて望ましい場合には米国から購入することなどの原則が付されていた[86]。

一方、国務省は、日本はライバルではなく、政治・経済面で地域的な責任を分担するパートナーであるとの原則論をベースとして、日本が地域におけるリーダーシップを発揮し、財政負担、経済援助および対米国際収支の不均衡是正への貢献を増大させるべきとした。具体的には中東での国連平和維持活動（PKO）、経済援助拡大を含めた南ベトナムへの支援、核拡散防止条約（NPT）への参加、アジア開発銀行特別基金を含め東アジア援助額を米国と対等にすること、そして、日米間の国際収支不均衡の是正を掲げた[87]。

こうして、ジョンソン政権内では、六七年九月にワシントンで開催される第六回合同委員会および同年一一月の佐藤訪米に向け、日本から具体的な国際収支協力を取り付けるべきとの意見が一挙に広まった。特にジョンソン大統領と財務省は国際収支協力を重視していたが、両者の違いは沖縄返還問題を交渉材料とするか否かにあった。財務省は大統領への進言に引き続き、三つの選択肢からなる具体的な国際収支協力案を策定した[88]。これは自由世界防衛のためコストは相殺されるべきとの原則のもと、一九六五年のベトナム戦争本格化以降、米国の日本および沖縄での軍事支出（二億六五〇〇万ドル）により年間約一〇億ドルにおよぶ特需を日本が得ていることを指摘し、その対応策として次の三つのフォーミュラ案を提起するものだった。

軍事支出に集中するフォーミュラAは、先に大統領に提出したメモに基づく協力策を示しており、特に三次防関連で年間二億ドル（五年間で合計一〇億ドル）の対米調達を強調していた。これに対して厳密な量的アプローチとされたフォーミュラBは、三次防には言及せずに、米国からの軍事的な財・サービスの調達と米国市中銀行や米国資本市場からの借り入れ削減、日本からの対米直接投資の増加、貿易収支の調整を並列して特需相殺案として掲げるもので、その最低目標額を年間五億ドルとし、その方法と手段を検討するための合同委員会を立ち上げるとしている。フォーミュラCはフォーミュラBと同じ前提で、日本の対米国際収支黒字を三億ドルに制限する（ただし、そのための具体策は設けない）というものだった。これらのフォーミュラ案を含めた国際収支協力について、デミング財務次官に回付されたメモには、少なくとも最初はフォーミュラBがより成功が見込めるアプローチであるとのコメントが付されていた[89]。

その直後、財務省は第六回日米貿易経済合同委員会に向けた財務長官のプレゼンテーション・ペーパーという形で国際収支協力に関する対日交渉方針を定めたが、そこでは全大臣が出席する全体会合で全般的な要請をしつつ、財務長官と大蔵大臣のカウンターパート会合で具体的な検討を行うという二段構えの論法を想定していた[90]。財務省はこの対日要求提案を、一九六七年九月一三日から一五日まで開催された第六回合同委員会において日本に提示した。米国は、長らく検討されてきた日米間での軍事オフセット合意を明示的な数値目標として日本側に要求したのである。

初日に開催された関係閣僚がすべて参加する全体会合の場で、ファウラーは米国の国際収支は年間約二〇億ドルも不足するなど悪化の一途をたどっており、ドルの信認と国際金融体制維持のためにも国際収支を均衡させることが急務であると主張した。さらに、国際収支が悪化した原因として米国が自由主義世界に提供している軍事支出をあげて、日本も年間五億ドル以上その恩恵にあずかっていると日米間の軍事収支の不均衡を改めて強調した。そして、西側各国が財政的な責任を分担するか、あるいは近隣窮乏化政策をとるかしなければ、米国は自由主義世界への安全保障枠組みを提供し続けるために必要な国際金融体制を維持できなくなると危機感を煽りながら、日本も米国に対して協力的な立場をとるよう要請した。このように安全保障と国際金融は不可分であり、経済面でも同盟国の協力が必要であることを強く論じたうえで、ファウラーは、その具体策を検討するために、財務省と大蔵省とが主導する国際収支特別委員会を設置することを提案し、翌日のカウンターパート会合で詳細を詰めることを要求した[91]。

翌一四日のカウンターパート会合では[92]、まず水田三喜男蔵相が第三次中東戦争でのスエズ海峡閉鎖にともなう運航料引き上げや経済援助増額という貿易外収支や移転収支の悪化により、日本の国際収支は一九六七年には赤字に陥るとの見通しを伝え、その改善のために対日輸入規制撤廃や米国資本市場での日本国債発行、米輸出入銀行からの対日貸し出し容認など四項目からなる協力策を要望した。自らの意図とは反対に日本への協力を求められたファウラーは、その発言を逆手にとって、そうした問題こそ前日に提案した国際収支特別委員会で検討すべきであり、両国の問題を視野に入れて、日米の金融関係を規則化することが必要であると返答した。

そして、ここでファウラーは事前に準備していたステートメント（以下、「ファウラー提案」とする。）を水田に手交した[93]。その内容は、米国のアジアでの軍事支出は日本の国際収支にとって一九六七年には一〇億ドル以上の直接的・間接的な「棚ぼた的利得（windfall gain）」をもたらしているといった具体的な数字を挙げながら、両国間の国際収支協力について具体的なパッケージに合意するための国際収支委員会を一一月の日米首脳会談に備え早急に立ち上げるとするもので、具体的な数値目標として、日本の一九六八年度の対米国際収支協力を一九六七年度より五億ドル増加させることとしていた。五億ドル目標を達成するための主な方策は、経常収支のうち、軍事収支については三次防における米国からの装備品の調達増加および日本における米軍軍事支出の削減、貿易収支面では米国産品に対する差別的な規制の撤廃、資本収支では米国中期債（期間は四〜五年）の購入、米国からの短期借り入れ金の削減、日本企業による対米直接投資および証券投資（ただし米国外から資金を調達）の検討と網羅的なドル防衛協力を求めるものだった。前述の財務省の検討案と比較してみると、フォーミュラBをベースとして、さらに三次防での米国からの調達増額にも言及するなど、日本への要望事項を最大限詰め込んだものになっている。軍事収支についての具体的な数値目標は示されなかったものの、三次防における米国からの装備品購入増加および在日米軍経費の削減が明記されていた。さらに、三次防において装備品購入の指針を作成する場合、コスト・技術・軍事的互換性の観点から望ましい場合には常に米国製品を選択することを要請し、しかも、この指針に基づけば三次防での装備品調達の大部分は米国からとなり、それはコストと軍事の両面で日本に有利であろうとまで明記していた。

水田はこの委員会構想について、ベトナム戦争後の長期計画など長期的な政治軍事問題を幅広く検討するものならば良いとしつつも、中期債の購入や装備品調達については難色を示した。水田は、日本の外貨準備には限りがあることに加えて、国際収支問題と外貨準備の運用は大蔵省の専管事項であり、すでに実施している対米国際収支協力も国会や他省庁にも知らせずに実施しているのだが、もし他省庁にまで拡大した委員会で具体的な問題を議論するようになれば、こうした協力策も明るみに出てしまうと懸念を打ち明けた。つまり、水田は財務当局間ルートであるトルード・アレンジメントを活用するよう暗に促したのである。

しかし、ファウラーは、国際収支問題はすでに財務当局間だけで取り扱える問題ではなく、両政府が正面から取り組むべき時期が来ていると反論し、さらに西ドイツの例を挙げながら、大蔵省と財務省が秘密裏に調整しているだけでは両国の議会や国民が日米安保体制を維持していくことは困難になるだろうと述べ、対米国際収支協力を公に行うことが日米間の安全保障を支える上でも重要であるとの自説を開陳した。ファウラーは外貨準備の運用は外しても良いと妥協しながらも、国際収支協力政策は経常収支面まで含めたパッケージで行うことが必要であり、そのためには両国の関係省庁の関与が不可欠であること、国際収支協力問題はこれまで以上に重視すべきであり、日米同盟を維持・発展させ、同盟に金融という新たな次元を加えるという課題を解決しなければならないと強調した。このように、日米安保体制にドル防衛協力の機能をビルトインすることは日米関係の強化につながるのみならず、米国の議会や米国民に対して日本からの協力をアピールできるというのがファウラーの考えであった。ジョンソン政権はドル防衛をめぐる枠組みと内容の両面で日米安保体制に新たな機能を追加するという日米金融同盟構想を提起したのである。

これに対して、短期的な具体的問題は財務当局間で行うべきとする水田は、かかる委員会については即答できないと回答を留保し、ファウラーも了解した。だが同時にファウラーは自分の提案が政府全体を代表している旨を強調して、本提案の政治的意義を改めて印象付けた。水田は会談の最後に委員会の名称を「長期経済協力委員会(Long-Term Economic Cooperation Committee)」とするよう提案したが、ファウラーは即座に拒否し、名称の決定は先送りされた。

以上、対日軍事オフセット要求の集大成として示されたファウラー提案の内容を詳しくみてきたが、その特徴は大きく次の三点に集約できる。第一に米国が明確な数値目標を要求している点である。米国は一〇億ドルというベトナム特需の数字を掲げて、安全保障の論理と経済の論理を一体化させながら、日本に一九六八年度に前年度比で五億ドルの協力実施を要請した。第二の特徴は資本収支面での協力において、これまでの米銀預金の長期化のような国際収支表上の粉飾的な手法にとどまらず、中期債の購入という、より実効性のある協力策を強く要求した点である。第三に、これまで別ルートで検討・実施されてきた、三次防を中心とした軍事収支面での議論とトルード・アレンジメントで実施されてきた資本収支面での協力とが、一つのパッケージにまとめられたことである。その結果、領域横断的なドル防衛協力の枠組みのなかで、より多額の協力を追求する中期債購入が日米交渉の中心的な課題となっていく反面、三次防での装備品調達問題は徐々に後景に退くことになる。

一方、外務省ルートの交渉では、国際収支問題がやや外縁的に取り上げられていた。三木とジョンソン大統領との会談ではアジア開発銀行特別基金への出資問題をめぐり、日本からの出資を二億ドルにするよう迫るジョンソンに対して、三木は大蔵省が特に国際収支の観点から対外援助の支出全般に強く反対していると述べ、色よい返事を与えなかった[94]。また、ラスクとの外相会談では、三木が三次防による自衛力の質的改善について説明したのに対し、ラスクは日本の自衛力増強は米国内で良い印象を与えるだろうと述べ、三次防への期待を滲ませた。三木・ラスク会談の基調は、国務省の従来の対日評価をベースとして、日米の相互補完的な役割を確認するものだった[95]。

外務省にとって、あるいは三木にとって、この訪米での最大の関心は沖縄返還問題であり、これが国際収支問題と結びついているという点についてはまだ十分な注意が払われていなかった。ジョンソン政権内でも沖縄と国際収支を関連付けてテーブルに乗せるかは未確定であった。一九六七年九月の第六回合同委員会の段階では、両問題を切り離すべきとする財務省が主導して国際収支問題についての検討を進めていたが、その帰結はまだみえていなかった。いずれにしても、ボールは日本側に渡されたのである。

以上みてきたように、ベトナム戦争激化にともなう米国の国際収支政策の見直しを契機として、日本に対するドル防衛協力の要請が強まった。ケネディ政権からジョンソン政権初期の対日軍事オフセット交渉では、極東の安全保障上の脅威を根拠として日本に防衛努力の増強(防衛費の増額)を要求し、そのなかで装備品の輸出拡大を企図したが、日本から十分な協力を確保することはできなかった。池田を筆頭に日本側は米国側の真意が経済的なものであることを見透かしていたのである。こうした停滞感のなか、「池田の約束」の不履行に不満を抱いた財務省は、ベトナム戦争関連の経費増加による国際収支難に直面したことを契機に、自らが主導する形で日本との軍事オフセット交渉論理の再構築を図った。その結果、それまで分裂状態だった米国政府の交渉方針は、日本に対して大幅な防衛予算の増額を求めるのではなく、現行計画である三次防の枠内で米国製装備品の購入比率を高めさせるとの方針で意思統一された。この対日交渉方針に基づき財務省は第六回日米貿易経済合同委員会において、ベトナム戦争の遂行や安全保障提供という経済と軍事とを連接した負担分担の論理によって、日本に軍事収支協力と資本収支協力をパッケージにした数値目標を要請したのである。その交渉は日米財務当局間により水面下で進められるが、さらにそこには当初から懸念されていたとおり沖縄返還問題が連動していくことになる。

註

1——Stephen Daggett, "Costs of Major U.S. Wars," CRS Report for Congress, June 29, 2010, https://fas.org/sgp/crs/natsec/RS22926.pdf このなかには米国内市場での武器調達など、米国からのドル流出に影響しない金額も含まれる。

2——井村喜代子『現代日本経済論』有斐閣、一九九三年、二三七〜二三八頁。

3——同右。具体的には、米軍基地や道路・空港・港湾・輸送通信施設・宿舎などの軍事関連施設の建設・拡充や、米軍帰休兵のサービス需要、航空機・艦船・車両などの補修、補給燃料といった現地でしか調達できないものの需要や、基地関係労働者および建設・補修・運搬などに従事する労働者への賃金支払いなどを含む。

4——狭義の特需の額は、米国の国際収支統計では経常収支内の軍事支出から、日本側の国際収支統計の「貿易外収支」の公的取引・軍関係から確認することができる。また、日本では通産省が毎年の特需額を公表しており、一九七〇年までは各年度の『通商白書〈各論〉』にも特需の内訳が記載されている。しかし、ベトナム戦争に起因するベトナム特需と、それとは直接関係なく展開されている米軍による物資調達などとを切り離すことが困難であるため、この狭義の特需のなかからベトナム特需を選り分けて、その実数を算出することはできない。同様に円セール(主として米軍人・軍属およびその家族の個人消費用として、米軍が降り出したドル建ての小切手と引き換えに米軍指定銀行(ナショナル・シティ・バンク、バンク・オブ・アメリカ、チェース・ナショナル・バンク)が円を売却すること)によるドル流出(広義の特需)もベトナム関連とそうでないものとを分けることは難しい。さらに、米国による南ベトナムおよびその周辺国・同盟国への援助が日本の輸出拡大に結び付いたとして、その輸出増加分を「間接特需」と呼ぶこともあるが、これも通常の輸出と区分して実数を把握することはできない。「特需」に関しては、浅井良夫「一九五〇年代の特需について（一）」『成城大學經濟研究』第一五八号、二二八〜二三三頁。および、「ベトナム特需とアジア経済」『日本銀行調査月報』第二一巻第四号、一九七〇年四月。また、ベトナム戦争期の日本のベトナム周辺地域への輸出の位置付けについては、井本『現代日本経済論』二三五〜二四三頁を参照。
なお、ベトナム特需分を算出できない理由について、当時の外務省内では、①米軍の調達全体の使用地域別内訳を米軍（在日米陸軍調達本部）がほとんど公表していないこと、②特需は日米行政協定に基づく外国為替管理令などの臨時特例に関する政令の特例のため、一般の輸出のように税関での確認、輸出承認報告義務などはなく、関税統計などの輸出統計を利用できないこと、③通常の輸出の扱いを受けながら外国で特需品に加工されるなど間接的な特需があることを挙げている。経済協力局政策課（大関事務官）「ヴェトナム特需について」一九六六年三月二四日、外務省記録「ヴィエトナム紛争　日本の立場及び態度　軍需物資の修理、調達（含、ＬＳＴ）」A'.7.1.0.TOKU21、外交史料館。

5——古城「日米安保体制とドル防衛政策」一〇〇〜一〇四頁。

6——吉田真吾『日米同盟の制度化』名古屋大学出版会、二〇一二年、八二〜八三頁。

7——外務省経済局「第二回日米貿易経済合同委員会　議事概要　昭和三七年一二月三日‐五日」外務省記録「日米貿易経済合同委員会関係　第二回委員会　本会議　議事概要」E'.2.3.1.17-2-3-1、外交史料館。

8——Memorandum of Conversation, Rusk and Ohira, December 3, 1962, *FRUS*, 1961-1963, Volume XXII, Northeast Asia, doc. 362. また、五百旗頭真・佐々木卓也「日米協調の果実　一九六〇年代」五百旗頭真編『日米関係史』有斐閣、二〇〇八年、二一七頁。

9——吉田『日米同盟の制度化』八四〜八七頁、および、中島『戦後日本の防衛政策』一九〇〜一九五頁。

10——Letter from Rusk to Gilpatric, February 25, 1963, Box 124A, NSF, JFKL.

11——高橋「池田政権期の貿易自由化とナショナリズム」五三〜五六頁。

12——Letter from Dillon to Rusk, March 8, 1963, Box 124A, NSF, JFKL.

13——Letter from Rusk to Dillon, March 22, 1963, ibid.

14——中島『戦後日本の防衛政策』一九一〜一九二頁。

15——Telegram 2735 from Tokyo to DOS, May 16, 1963, Box 3438, CF 1963, RG59, NA.

16——Telegram 2518 from DOS to Tokyo, June 19, 1963, ibid.

17——Telegram 231 from Tokyo to DOS, July 20, 1963, Box 3958, CF 1963, RG59, NA.

18——Telegram 230 from Tokyo to DOS, July 20, 1963, Box 3438, CF 1963, RG59, NA.

19——佐久間「ドル防衛問題と日米同盟」第四章。

20——Telegram 355 from Tokyo to DOS, July 31, 1963, Box 3956, CF 1963, NA. なお、大平訪米に向けてアメリカ局が作成したマクナマラ国防長官との会談用資料には、ＭＡＰの打ち切りに関して、急激な減少は困ること、経費分担について確約のあるものは実施されたいこと、二次防の早期改定は難しいこと、ＤＳＧを通じて具体的検討を進めたいことが記されている。アメリカ局「マクナマラ国防長官との会談項目」一九六三年七月三一日、「利子平衡税関係」第四巻。

21——Memorandum of Conversation, Gilpatric and Ohira, August 6, 1963, Box 124A, NSF, JFKL.

22——Memo from Sullivan to Fowler, July 10, 1965, Box 65-66, Papers of Henry Fowler (hereafter cited as PF), LBJL.

23——中島『戦後日本の防衛政策』一九五～一九九頁。

24——アメリカ局「大平大臣、ラスク長官カウンターパート・ブレックファースト会談要旨」一九六四年一月二八日、外務省記録「日米貿易経済合同委員会　第三回委員会　個別会談」E'.2.3.1.17-3-4、外交史料館。

25——アメリカ局北米課「池田総理、ラスク長官会談要旨」一九六四年一月二八日、同右所収。

26——中島『戦後日本の防衛政策』一九〇頁。

27——日本側は、在日航空部隊の撤退によって「防空上の空白」が生じるとの不安を抱いたが、最終的に米国は対日防衛公約を保証することで、日本側の不安を取り除きつつ在日米軍削減を実施した。佐久間「ドル防衛問題と日米同盟」第四章。

28——Memo from Rusk to Fowler, July 10, 1965, Box 65-66, PF, LBJL.

29——Ibid. これに先立ちファウラーは、ラスクに対して対日装備品輸出要求を再発動するよう訴える書簡も送っている。Letter from Fowler to Rusk, undated, Box 65-66, PF, LBJL. 同文書には日付が記されていないが、六月二四日付で発簡されたものと思われる。

30——Memo from Albright to Fowler, July 12, 1965, Box 65-66, PF, LBJL.

31——在米国武内大使より椎名外務大臣宛電報第一九二四号、一九六五年七月一二日、外務省記録「日米貿易経済合同委員会関係　第四回委員会　個別会談」E'.2.3.1.17-4-4、外交史料館。なお、管見の限りでは、米国側公開史料のなかにも、この福田・ファウラー会談記録は見当たらない。

32——「第四回日米貿易経済合同委員会共同コミュニケ」一九六五年七月一四日、外務省編『わが外交の近況（第一〇号）』一九六六年八月（http://www.mofa.go.jp/mofaj/gaiko/bluebook/1966/s41-shirou-003.htm#c）。

33——ボルカー・行天『富の興亡』五七頁。

34——福田とファウラーの会談に日本側から出席したのは通訳を含めて大蔵省関係者のみであった。大蔵省は情報流出の懸念から、外務省に対して大まかな会談内容しか伝えなかったと考えられる。

35——Memo from Sullivan to Fowler, August 4, 1965, U.S. Declassified Documents Online (hereafter cited as DDO), CK2349611607.

36——「また悪化した米国際収支」『世界週報』四七巻二四号、一九六六年六月、五八～五九頁。

37——Minutes of Meeting of the Cabinet Committee on Balance of Payments, March 25, 1966, *FRUS*, 1964-1968, Vol. VIII, doc. 88.

38——Memo from Fowler to Johnson, May 10, 1966, *ibid.*, doc. 94

39——Ibid.

40——Memo from Fowler to Johnson, April 23, 1966, *ibid.*, doc. 90.

41——Memo from the Executive Committee of the Cabinet Committee on Balance of Payments to the Committee, undated, *ibid.*, doc. 89.

42——White House, "Johnson Administrative History of the Dept. of State, Vol. I: Strengthening the International Monetary System," Box 3, Papers of Lyndon Baines Johnson President, 1963-69, Administrative History, Department of States, Volume I, Chapter 7-9, LBJL.

43——Memo from Fowler to Johnson, May 10, 1966.

44——Memorandum of Conversation, Kashiwagi and Trued, May 16, 1966, Box 65-66, PE, LBJL. なお、米国が提案したガリオア債務の繰り上げ返済は、国会承認など手続きが複雑であることなどを理由として日本側が拒否した。その後、ガリオア債務は一九七三年にやはり国際収支上の理由から繰り上げ返済された。

45——Memorandum of Conversation, Sato and Trued, May 16, 1966, Box 65-66, PHF, LBJL.

46——Memorandum of Conversation, Usami and Trued, May 23, 1966, ibid.

47——Memorandum of Conversation, Suzuki and Trued, May 23, 1966, ibid.

48——Memorandum of Conversation, Suzuki and Trued, May 24, 1966, ibid.

49——Memorandum of Conversation, Sato and Trued, May 24, 1966, ibid.

50——Memo from Fowler to Johnson, June 7, 1966, *FRUS*, 1964-1968, Vol. VIII, doc. 98.

51——(大蔵省)「日米国際収支協力について」一九六七年、『昭和財政史 一八』一七八～一七九頁。

52——同右。

53——浅井良夫「高度成長期における為替管理と海外短資市場(三)」『成城大學經濟研究』第一七一号、三五～三六頁。

54——Memo from Trued to Fowler, May 25, 1966, Box 65-66, PF, LBJL.

55——佐道明広『戦後日本の防衛と政治』吉川弘文館、二〇〇三年、一八二～一八七頁。

56——「(資料一八)装備品等調達額の調達方法別推移」防衛庁編『昭和五八年度版防衛白書』(http://www.clearing.mod.go.jp/hakusho_data/1983/w1983_9118.html)。

57——中島『戦後日本の防衛政策』二四一～二四二頁。

58——"The U.S.-Japan Over-all Relationship," May 27, 1966, DNSA, JU00574.

59——"Japanese Defense Forces," May 27, 1966, DNSA, JU00574.

60——中島『戦後日本の防衛政策』二五九～二六二頁。

61——「日本の防衛力」で日本の防衛力に期待する点として具体的に示されたのは、哨戒能力の向上や対潜能力・防空能力の改善、港湾防衛・掃海能力の向上などで、そのためにも日本の防衛努力の全体的なレベルの範囲内で米国製装備品と防衛技術の日本への売り込みを最大化すべきとの目標を掲げている。

62——財務省からのコメントは、Memo from Sullivan to Barr, June 6, 1966, DNSA, JU00576. 修正後のテキストは、Position Paper, JCT/SP-18, "Fifth Meeting of the Joint United States-Japan Committee on Trade and Economic Affairs, Kyoto, July 5-7, 1966, Supplementary, Defense Expenditures and Procurement," July 3, 1966, DNSA, JT00037.

63——Memo from Barr to Fowler, July 12, 1966, DDO, CK3100615580.

64——Ibid. バーの発言の日本側記録は、外務省北米局・経済局「第五回日米貿易経済合同委員会　議事概要　昭和四一年七月五日－七日」。

65——Memo from Sullivan to Fowler, August 3, 1966, Box 51, PF, LBJL.

66——「国防会議議員懇談会　発言主要事項」一九六六年一一月一日、渡邉昭夫監修、佐道明広・平良好利・君島雄一郎編『堂場文書（DVD版）』丸善学術情報ソリューション事業部企画開発センター、二〇一三年、文書番号一九九九。

67——「国防会議議員懇談会　国防会議議事記録」一九六六年一一月二九日、同右所収、文書番号二〇〇二。

68——Memo from Hoopes to McNamara, October 18, 1966, DNSA, JA00005.

69——Memo from Sullivan for Fowler, October 3, 1966, Box 39, PF, LBJL.

70——Memo from Alright to Fowler, August 17, 1966, ibid.

71——Memo from Albright to Fowler, May 3, 1967, Box 48, PF, LBJL.

72——Telegram 5516 from Tokyo to DOS, January 20, 1967, Box 50, PF, LBJL.

73——Memo from Hunt to Knowlton and Albright, January 20, 1967, ibid.

74——Memo from Albright to Fowler, January 23, 1967, DDO, CK3100651413.

75——Memo from Osborn to Rusk, March 27, 1967, DDO, CK3100686214.

76——Memo from Albright to Fowler, May 19, 1967, Box 48, PF, LBJL.

77——Ibid.

78——Memo from Albright and Kuss to Fowler and McNamara, May 18, 1967, Box 48, PF, LBJL.

79——Ibid.

80——Ibid.

81——Memo from Albright to Fowler, June 6, 1967, Box 48, PF, LBJL.

82——Joint State/Treasury/Defense Memorandum, July 7, 1967, ibid.

83——Letter from Fowler to Rusk, August 24, 1967, Box 50, PF, LBJL.

84——Joint State/Treasury/Defense Memorandum, "U.S. Financial and Military Expenditures Relationships with Japan,"

August 22, 1967, DNSA, JU00702.

85——Memorandum for Record, August 30, 1967, *FRUS*, 1964-1968, Volume XXIX, Part2, Japan, doc. 93.

86——Memo from Fowler to Johnson, August 31, 1967, ibid., doc. 95.

87——Memo from Rusk to Johnson, September 1967, ibid., doc. 96.

88——Background Paper from Department of Treasury, September 6, 1967, DNSA, JU00717.

89——Memo from Widman to Deming, September 6, 1967, DNSA, JU00718.

90——なお、国務省も三木外相との会談に備えてラスク宛のメモを作成したが、国際収支問題については財務省への援護射撃の態勢をとっていた。すなわち、米国の日本に対する希望はアジアの安全保障と経済発展に財政面での責任を拡大することであるとしたうえで、米国の国際収支ポジションを手助けすることの重要性をとくに強調した。そして、国際収支についてはファウラーが具体的な議論を行うが、この問題が米国政府全体にとっての関心事であることを三木に認識させることは重要だろうとして、アジア開発銀行特別基金と南ベトナムへの経済援助について強調すべきと提案されていた。Memo from Bundy to Rusk, September 12, 1967, DNSA, JU00738.

91——Presentation Paper, JCT/A-11, "Sixth Meeting of the Joint United States-Japan Committee on Trade and Economic Affairs, Washington, September 13-15, 1967, Presentation, Secretary Fowler's Presentation for Discussion of Agenda Item 1.," September 11, 1967, DNSA, JU00735.

92——以下、水田とファウラーの会談内容については、Memorandum of Conversation, Mizuta and Fowler, September 14, 1967, DNSA, JU00752. 日本側記録は、在米国下田大使より三木外務大臣宛電報第二五六四号、一九六七年九月一五日、外務省記録「日米貿易経済合同委員会関係　第六回委員会　個別会談」E'.2.3.1.17-6-6、外交史料館（以下、「第六回個別会談」と略記。）。

93——"Statement by Secretary Fowler for Meeting with Minister Mizuta, September 14, 1967," DNSA, JU00752.

94——Memorandum of Conversation, Miki and President Johnson, September 13, 1967, DNSA, JU00742.

95——Memorandum of Conversation, Miki and Rusk, Part II of V, September 14, 1967, DNSA, JU00750.

第五章　沖縄返還とドル防衛の連関　一九六七〜一九六九年

はじめに

一九六五年八月、戦後首相として初めて沖縄を訪問し、沖縄の人々を前に、「沖縄の祖国復帰が実現しない限り、わが国にとって「戦後」が終わっていない」と語った佐藤栄作にとって、「ここ両三年内に双方に満足しうる返還の時期につき合意すべき」との文言を含むコミュニケを得た一九六七年一一月のジョンソン大統領との首脳会談は大きな外交成果と認識されていた。佐藤はその日の日記に、米国による沖縄統治と日本の潜在主権を認めたサンフランシスコ平和条約の立役者である吉田茂とダレスを想いながら、「その二人今やなし。天国で何を語りおるか。今日の地上の共同コムミニケを何と見るか。誠に感無量」と、その感慨をひそかに書き記した[1]。しかし、同日の会談は感慨と充実感に浸るだけの順当なものだったわけではなかった。同日の日記の後半部分には、「コムミニケが出来た後だから話はすぐにもすむかと予想していた処、大統領は経済協力について話をほりさげ、なかなかゆづらない。遂一時間と三十分余となる。大団円までには迂余のあるものだ」とも記されている[2]。

前章でみたとおり、このころ米国はベトナム戦争関連の軍事支出増大による国際収支の悪化に直面していた。国際通貨としてのドルの信認は低下し、多額の金流出を招いていた。ブレトンウッズ体制の屋台骨を何とか支える米国と、西側第二位の経済大国になろうとする日本との首脳会談において、こうしたグローバルな国際経済問題が主要な議題となるのは、ある意味で当然であった。後述するように、事前の事務レベル折衝で調整のつかなかった国際収支問題をめぐって、両首脳は激しい直接交渉を繰り広げることになったのである。

この一九六七年の佐藤・ジョンソン会談をめぐっては、従来から沖縄返還に関する「両三年内」のコミュニケとドル防衛協力との取り引きが指摘されてきた[3]。この二つの問題の連関の内実はどのようなものだったのか。当時、日米間では外務省＝国務省ルートでの沖縄返還と大蔵省＝財務省ルートでの国際収支問題とが、同時並行的に検討されていたが、両者はどのように連動していたのか。両者間の意思疎通はどうだったのか。また、第三の交渉ルートである若泉敬・京都産業大学教授とロストウ大統領特別補佐官の役割はどのようなものだったのか。さらに、沖縄返還を確定した一九六九年九月の佐藤・ニクソン会談までの間、米国政府内では日本による「安保ただ乗り」批判が高まっていくが、こうした対日批判は、沖縄返還とドル防衛政策をめぐる日米間交渉にどのように影響していったのか。

本章は、一九六七年の佐藤・ジョンソン会談から一九六九年の佐藤・ニクソン会談までの沖縄返還交渉をドル防衛協力問題との関連性から捉えなおす。具体的には、一九六七年一一月の日米首脳会談、首脳会談の結果を踏まえて開催された一九六八年一月の日米貿易経済合同委員会小委員会や関連協議、一九六八年から一九六九年までの日米経済関係と一九六九年一一月の佐藤・ニクソン会談という三つのフェイズを一連のものとして取り上げ、沖縄返還とドル防衛協力という二つの連関する外交課題をめぐって、日米間で一応の妥結に至るまでのプロセスを明らかにする。

1 佐藤・ジョンソン会談

佐藤・ジョンソン会談に向けた日米財務当局の予備交渉

一九六七年九月の第六回日米貿易経済合同委員会終了後、日米間では佐藤訪米に向けたコミュニケ案の作成と、日米国際収支委員会の第一ステップとしての日米金融協議（ニューヨーク会合）への対応との二つ作業が同時並行で進められることになった。ここではまず、日米財務当局者によるニューヨーク会合についてみてみたい。

ファウラー提案について、大蔵省は他省庁と情報を共有することなく単独で米国との交渉を開始した。九月二五日、村井七郎財務参事官は米財務省ペティ副次官補と会談し、一〇日ほど前に突き付けられたファウラー提案の背景を質した。村井は、①ファウラー提案と佐藤訪米との関係、②在日米軍の削減と国際収支問題の関係、③合意の公開の可否、④他国（イタリアおよび英国）との同様の協議の有無の四点を質問した。これに対してペティは、この問題は一九六三年のギルパトリックによるアプローチと一九六五年の福田・ファウラー会談の延長線上にあり、財務省が佐藤訪米を知る前から検討してきたものであると前置きしたうえで、これは日米両国にとって広範にわたる基本的な問題であり、両国全体がドル防衛協力の原則とコンセプトを認識すべきだと回答した[4]。

その直後の同月二六日、ファウラーと水田はＩＭＦ総会が開催されているリオデジャネイロで再度会談した。議題の中心は必然的にファウラー提案となった。水田は日米貿易経済合同委員会が開催されたワシントンからニューヨークを経由して直接ブラジルに赴いていたが、この問題を佐藤と相談するために帰国を早めるのだと告げつつ、個人的な感想として、日米間に新しい委員会を立ち上げると政治問題化してしまうが、日米貿易経済合同委員会の下部組織とするならそうした問題は生じないだろうとの方向性を示した。さらに水田は防衛当局の代表を含めることはとりわけ困難であろうから、そのためにも外務大臣と相談したいと明らかにした。これに対してファウラーは日米貿易経済合同委員会の下部委員会とする案に賛意を示し、そうした会合を一年間に何回か開催していけば、この下部組織自体が日米間の「金融同盟」を促進することになろうと述べた[5]。金融同盟という言葉に示されるように、ファウラーは国際収支協力を幅広く検討する舞台を設定することが日米関係全体を強靭化することにつながり、さらに米議会や米国民に対して日本からの協力をアピールできるものと考えていた。この方針はファウラーや財務省限りの提案ではなく、ジョンソン政権としての構想であった。この点において、米国政府内は一枚岩だった。

これに対して、日本政府内では大蔵省がこの問題を抱え込み、ファウラー提案の内容を他省庁に共有していなかった。九月二八日、バンディ国務次官補と会談した下田武三駐米大使は、佐藤訪米前に国際収支問題についての道筋を付けることが重要とのバンディの指摘に対し、かかる話題は大蔵省にとって「雷雨("thunderstorm")」であろうと述べているが[6]、この発言からは下田が日米財務当局間での議論をフォローできていない様子がうかがえる。実際、外務省は日米首脳会談直前までファウラー提案の内容を知らされておらず、国際収支協力に関する対米協議も大蔵省にほぼ一任していた。

こうした経緯に示されるように、この時期の日本によるドル防衛協力において特徴的なのは、大蔵省がそのかじ取りを一手に担っていた点にある。その理由として以下の三点を指摘できよう。まず、大蔵省が資本収支面でのドル防衛協力の財源となる外貨準備の運用を所掌していたことが挙げられる。第四章で論じたように、大蔵省はトルード・アレンジメントの下、一九六六年と六七年にも外貨準備の運用によって対米国際収支協力を実施していた[7]。第二に、装備品調達に関しても、予算というグリップを握っているのは大蔵省であった。この予算査定という権限は、単なる会計的な観点からみた要否の判断という以上の政策判断能力を大蔵省に付与していた。三次防での予算編成をめぐっても、大蔵省は陸・海・空各幕からの事務的な積み上げ型の予算案に対して、防衛政策の観点や装備品の費用対効果といった点から修正を求めていたのである[8]。さらに、大蔵省はＯＥＣＤ経済政策委員会第三作業部会やＧ10、ＩＭＦなどの場を通じて、各国財務当局者との繋がりを深めており、国際通貨問題に関する情報と交渉ルートを独占していた。つまり、大蔵省はドル防衛協力をめぐる財源（外貨準備）と権限、そして対外的な交渉ルートを握っていたのである。

もっとも、その大蔵省は一九六七年夏以降、極めて難しい状況に直面していた。ドル防衛協力の原資となる外貨準備の見通しが悪化していたためである（表序−1参照）。米国政府が日本に要求するドル防衛協力を検討していたのと同じ時期、国際金融局では、外貨準備が六七年八月末には大台である二〇億ドルを割り込み、当面は一九億ドル台で推移、翌一九六八年一〜三月には一九億ドルをかなり下回る局面もありうると予想していた[9]。また、対米国際収支協力問題は、外貨準備の運用など国際金融の技術的な問題として処理している間は大蔵省の専管事項でありえた。だが、米国が期待していたように安全保障体制の財政持続性についての負担分担といった視点が加わると、問題の性質は日米関係のあり方の見直しにもつながるものへと変質し、他省庁の介在が不可避であった。米国によるドル防衛協力の内容と枠組みの見直し要求は、その双方の点において、大蔵省に難問を突き付けていた。ドル防衛協力の領域横断性に応じた新たな協力策が喫緊の課題となっていたのである。

他方、ドル防衛協力が大蔵省によってハンドリングされたのは、米国のベトナム政策に歩調をあわせ過ぎることを警戒する佐藤の意向でもあった。佐藤政権は当時、米国のベトナム戦争協力という直接的な印象を薄めるため、南ベトナムへの援助についても人道的な無償援助に制限し、アジア開発銀行のような多国間枠組みを通じた開発協力を志向していた[10]。東南アジア開発閣僚会議の開催を前に米国のベトナム政策に前向きな姿勢を示した佐藤だったが、それでも事実上ベトナム戦争関連の軍事支出を補填するための国際収支協力と受けとられかねない新たなフレームワークを構築することは容易に応じえない課題だったのである。

リオデジャネイロでのIMF総会から帰国した水田はさっそくワシントンおよびリオでの二度にわたるファウラーとの討議について、佐藤に報告した。水田はこの問題は単に国際収支だけではなく装備品調達など防衛問題も含むので日米貿易経済合同委員会の下部機関のような形で扱ってはどうかと献策したが、佐藤は「余り大袈裟且複雑になるのは望ましからず」として、まずは大蔵省・財務省ルートで国際収支の問題として扱うよう指示した[11]。こうした佐藤の反応は対米国際収支協力を専管事項として処置したい大蔵省にとって渡りに舟であった。佐藤との会談後、水田は大蔵省が対米交渉を進めることにつき三木外相から了解を取り付け、協議の結果のみを外務省に連絡することとなった[12]。

大蔵省・財務省ルートで扱うべきとする佐藤の回答は、関係省庁を巻き込んだ日米金融同盟を目指した米国側にとって不満の残るものだったが[13]、結局その提案を受け入れて、一〇月二五日に日米財務当局間協議がニューヨークで開催された。この場で日本側は、水田はもちろん佐藤自身も対米国際収支協力を真剣に考慮していること、本件の取り扱いは政治的に極めて慎重を要するとして機密保持への注意喚起などを前置きし、国際収支協力に関する具体的な議論は両国財務当局間に限るべきとの佐藤の考えを伝えるとともに、ファウラー提案に対して次のように回答した。装備品調達については、一九六八年度の防衛庁予算要求には米国からの直接・間接の調達七〇〇〇万ドルが含まれており（前年度比九〇〇万ドル増）、三次防に関しては地対空誘導弾（ナイキとホーク）の導入（五年間で一・二億ドル）が米国からの調達の大部分を占めること、日本での米軍軍事支出の削減には異論ないが、追加の財政支援は行えないこと、また、外貨準備の米長期資産への投資については大蔵省・財務省間でさらに協議することなどを回答した。ただし、五億ドルという額は多すぎるので、首脳会談で具体的な目標に合意することは不可能であると念を押した。そのうえで、日本側代表の村井財務参事官は、米国が検討事項として挙げた点は装備品調達を含めてほとんどが大蔵省の所掌範囲にあることを強調し、大蔵省と財務省との間で一括して国際収支協力を協議・検討し、関係省庁が参画する日米貿易経済合同委員会の下部委員会では財務当局間の議論をカバーするにとどめるという二重構造の協力枠組みを提案した。大蔵省は佐藤の意向を背景に、対米国際収支問題を従来どおり日米財務当局間で処理することを希望していたのである。米国側は財務当局間での協議を継続するという点で大蔵省提案の二重構造の枠組みには一応同意したが、目標額（五億ドル）の実現可能性やその内訳（米国側はそのうち半額を中期債購入でまかなうことを希望）をめぐって、日米間の意見の齟齬は依然として大きかった[14]。

日米首脳会談コミュニケ作成をめぐる交渉経路の複線化

一〇月一一日、外相の三木はジョンソン大使に日米首脳会談コミュニケの日本側ドラフトを手交した[15]。このドラフトで外務省は、従来から米国が主張していたブルースカイ・ポジション（極東の安全保障が改善すれば沖縄返還が実現する）という状況的な返還条件からの前進を目指したが[16]、国際収支に関しては両首脳が日米両国の国際収支問題について議論し、互いに密接に協議を続けることに合意したと簡単に触れられているだけであった。これはドラフトを作成した外務省が国際収支協力問題についての情報を大蔵省から得ていないことの証左でもあった。沖縄・小笠原返還問題とならんで（あるいはそれと連動させて）ドル防衛協力を重視していたジョンソン政権にとって、この点は期待はずれであった。国務省は、ドル防衛協力に関する最終的な文言は佐藤訪米時まで態度保留を希望する一方、アジアでの過重な防衛責任が国際収支不均衡の原因となっていることに理解を得ること、国際収支小委員会の設置をコミュニケに書き入れることの二点を期待した[17]。一〇月二八日、三木はジョンソン大使に会談を求め、ドラフト案に対するワシントンの反応や日本の硫黄島防衛などを協議した。その際、会談に同席した東郷文彦北米局長はニューヨークでの日米金融協議に言及し、コミュニケには具体的なことを示したいと述べつつも、自らの意見を示すことなく、大蔵大臣と調整する必要があるのでできるだけ早く米国側の見解を伝えてほしいと要請した[18]。

こうしたなかで、米国はコミュニケのドラフト作業を開始した。ジョンソン大統領に対してコミュニケ作業開始を求める最初の決裁は、一〇月二八日の三木・ジョンソン会談の報告電が届く前に上げられていた[19]。この段階では、佐藤訪米時における米国側の目標として、「佐藤の東南アジア訪問を踏まえた日本の地域的役割の確認」と「沖縄・小笠原問題」に置かれていたが、その後に接到したジョンソン大使の報告電を踏まえて、特に硫黄島の取り扱いについて柔軟な態度をとることとなった。その際、三木が東南アジアへの経済援助増加と対米国際収支協力について確認したことが書き添えられており、これらの問題が沖縄・小笠原返還問題と結び付けられていたことがうかがえる[20]。一一月三日、米国政府内ではジョンソン大統領に対してコミュニケ作成の再決裁が求められていたが、差し替えられた案では佐藤訪米時における米国側の目的が「ベトナム政策への支持」と「対米国際収支協力の獲得」に変化しており[21]、国際収支協力問題はトップ・プライオリティに格上げされた。

一方このころ、佐藤訪米をめぐって正規の外務省・国務省ルート、国際収支協力問題をめぐる大蔵省・財務省ルートにもう一つの情報経路が成立することになる。佐藤の密命を受けた若泉敬・京都産業大学教授とロストウ大統領特別補佐官によるバックチャネルである。

一〇月二七日、若泉は旧知のロストウをホワイトハウスに訪ね、沖縄・小笠原返還問題について話し合いたいと切り出した。若泉が一通りの説明を終えたのち、話題は「お土産」へと移った。米国側記録によれば、若泉は沖縄・小笠原の施政権早期返還に関する佐藤の腹案を伝えたのちに、「日本の伝統では、来客はお土産を持参するし、手ぶらでは帰宅しないのだ」と切り出し、さらに佐藤からジョンソン大統領へのお土産は何が良いだろうかと率直に尋ねている。これに対してロストウは、ベトナム政策への支持公表とならんで、南ベトナム、インドネシア、インド、パキスタンへの援助、そしてアジア開発銀行へのソフトローン拡大の二点を求めた。さらに、これらと併せてベトナム戦争による米国経済の苦境を伝え、日本からの国際金融および援助面での協力がいかに重要かを訴えた[22]。一方、若泉の回顧録では、ロストウが沖縄をめぐる具体的争点について語ったのちに、「ジョンソン大統領としては、佐藤首相の出方次第で、できるだけ首相の要望に応えようとしており、まったく〝手ぶら〟で帰国させるつもりはない。ただ、大統領の方にも要望があり、首相がそれに応えてくれることを期待する」と述べ、①ベトナム問題、②南ベトナムを含む東南アジアへの経済援助増大、③安全保障上の日本の決意と努力の表明の三点を指摘したと記されている[23]。両者の間には、お土産問題をどちらから切り出したか、お土産に国際収支協力への示唆が含まれていたのか、そして日本の安全保障上の決意表明がロストウからの要望事項だったかといった点において相違がある。帰国した若泉は一一月五日に福田赳夫自民党幹事長、次いで佐藤と二人きりで会談し、ロストウとの話し合いの内容を伝えるとともに沖縄返還について意見具申を行い、佐藤から特使としての信任を得ることとなった[24]。

一方、大蔵省から外務省に対して、ファウラー提案の内容が伝えられたのは、東京でのコミュニケをめぐる日米協議が山場を迎えようとしていた一一月六日以降のことだったようである。一一月六日付の文書で大蔵省は、ファウラー提案の内容とそれに対する大蔵省の基本的姿勢および当面の課題を外務省に伝えた[25]。それによれば、大蔵省としては従来の政治的・経済的な日米関係からして、ある程度米国側の要請に応じざるを得ないが、外貨準備や国際収支の推移、さらに米国の対日輸入制限に鑑みると、「その範囲は極めて限られたものにならざるを得ない」としていた。さらに、ニューヨークでの日米金融協議の合意事項に基づいて、本問題を取り扱う機関は日米貿易経済合同委員会の下部機関として外務省を幹事とし関係省からなる小委員会を設けるとの決定事項を伝える一方、米国から提示された目標額とコミュニケ文案については大蔵省と財務省との間で協議中であるとして、その文案だけが伝えられていた。大蔵省は情報の管理を徹底しており、ギリギリの段階まで外務省に事態の経緯を伝達せず、単独で米国側と交渉を進めていた。日米首脳会談を直前に控えても、日本側では交渉ルートが複線化し、しかもその間の情報共有がスムーズではないストーブパイプスの状況になっていたのである。

米国政府内での対日交渉方針の決定

一方、米国は関係省が情報共有しながら、国務省が素案を作成し、関係省がそれを確認するという手順を踏んで、佐藤訪米に向けた準備資料作成を進めていた。国際収支問題については「米日金融アレンジメント（“US-Japan Financial Arrangement”）」と題する準備資料が作成されている。この時点で米国側は、日本は提示されている五億ドルは多すぎるとしているものの首脳会談の議論を踏まえて結論を出そうとしていること、中期債の購入（ただし、米提案の二・五億ドルよりも少額）および日米貿易経済合同委員会の小委員会を一九六八年一月に開催することに合意していると認識していた[26]。

さらに会談での発言要領も一一月九日までには国務省起案、関係省了承という手続きを経て確定していた。そこでは、佐藤が切り出してくると予想される沖縄・小笠原返還問題や東南アジア経済協力への対応が提案されていたのに対し、ジョンソン大統領から取り上げるべき問題としては国際収支問題だけが提示されている。特定額に合意することに消極的な可能性のある佐藤に対し、国際金融体制の維持が有する安全保障上の意義を訴えることで、財政責任の分担についての期待を大統領から表明するという負担分担のロジックで説得するとされた。そのうえで、国際収支協力のための小委員会設置の合意を歓迎すること、具体的な貢献策として、一九六八年に一九六七年比で五億ドルを目標とする対米国際収支協力を行うこと、そのうち約半分を中期債購入とすると確約することなどを提言していた[27]。

この発言要領は一一月一〇日にラスクからジョンソン大統領に提出されたが、その際にラスクは、今回の会議は日本が「メジャーリーグ・パワー」かつアジアにおける米国の完全なパートナーとなる新時代への準備を急がせる重要な機会であり、日本が自分の国益に沿ってより迅速に行動するよう拍車をかけることこそが米国の中心的な目標であると伝えていた[28]。ジョンソン政権内ではこの時点でもなお、SIG文書「日米関係全般」で描かれたような相互補完的な日米協力の枠組みが想起されていたのである。

だが、国際収支問題についての米国の交渉方針は、発言要領が大統領に提出されたのと同日に開かれた日米財務当局間協議によって修正を余儀なくされた。一一月一〇日、大蔵省から村井財務参事官や大蔵省から出向の中嶋晴雄駐米公使ら、米国側から財務省のノウルトンが出席して開催された協議において、大蔵省は目標額を設定することには同意したものの、その額については、米国提案の五億ドルに対して三億ドル、しかも中期債の購入は含まないと回答したのである。これに対して米国は五億ドルに固執して譲らず、中期債購入を執拗に要望するとともに、装備品調達(前金払い増加を含む)ないし原材料の備蓄輸入を重ねて主張した[29]。つまり、財務省の「五億ドル（うち半分は中期債）」という提案に対して、大蔵省の回答は「三億ドル（中期債は購入せず）」という大きな差があらわになったのである。

これを受けて、一一日付でファウラーはジョンソン大統領に対してラスクが前日に提出していた発言要領の修正を求めるメモを送付し、①佐藤が現時点で（金額を）確約できないことは認めるものの、財務当局間で技術的な議論ができるよう問題をオープンにしておくこと、②極東における米国の安全保障体制を保つために、長期的な財政持続性を確保するという考え方を強調すること、③日本の国際収支協力と米国の沖縄・小笠原返還問題への対応についてのいかなるリンケージも受け入れないことの三点について確認を求めた。ファウラーは特に③について、佐藤が対米国際収支協力の金額は沖縄・小笠原返還問題への米国の回答次第であると大統領に提起するのではないかと危惧し、米国政府として、二つの問題をリンクさせないと明確にすべきだと強調していた[30]。ファウラーは日本との交渉が難航するなかで、当初から懸念されていたドル防衛協力と沖縄返還問題とのリンケージという交渉手法が用いられることへの危機感を強めていたのであるが、それはけっして杞憂ではなかった。ただし、ファウラーの予想とは異なり、その震源は米国側にあった。

コミュニケ作成最終局面とお土産問題

米国政府内では、若泉とお土産について会話を交わしたロストウが国務省に対し、日本に期待すべき事項のチェック・リストを送付するよう依頼した。同リストは発言要領が固まる前日の一一月八日にロストウの下へと届けられたが、その内容はベトナム政策や軍事的措置（ナイキ・ホークの導入や三次防制定など）、対アジア援助、国際収支協力など、過去数年間の日本の協力措置を列記するとともに、援助・軍事・国際収支などについて日本に要求する事項を列挙していた。このうち、国際収支協力については、日米貿易経済合同委員会の小委員会の設置、一九六八年度に一九六七年比で四〜五億ドルの協力を実施すること、二億ドルの米中期債の購入というほぼ従来の交渉ラインを提示していた[31]。また、沖縄・小笠原返還問題で「一歩前進」という佐藤の期待に応えれば、佐藤は国際収支協力および東南アジア援助に協力的になるだろうとのジョンソン大使の見通しもロストウを通じてジョンソン大統領に伝えられていた[32]。こうした感触を裏付けるように思われたのが、若泉から伝えられたお土産の内容であった。

一一月一一日午前一一時、若泉は佐藤の信任状を携えてホワイトハウスのロストウの執務室を再訪した。若泉はまず、先のロストウとの会談後、佐藤と数時間にわたって話し合ったことを明らかにし、佐藤に対してジョンソン大統領がアジアのために負っている膨大な責務について根本的な理解を示すとともに、日本が①ベトナム政策への支持表明、②国際収支問題への前向きな協力、③アジア援助増大の三点について行動すべきと訴えたことを打ち明けた。若泉の感触では、佐藤は若泉の説明の内容を心に秘めて大統領の会談に臨むだろうとみられた[33]。若泉は引き続き主たる関心である沖縄返還問題へと議論を進め、「両三年内（within a few years）」を記したコミュニケ案を提示することになるが、いずれにしても上記の三点が前回の会談で取り上げられたお土産の示唆だったことは疑いない[34]。

この若泉の提案は、沖縄返還交渉をきっかけとして日本に対して負担分担を求めようとするジョンソン大統領らの意向に合致した。若泉を通して佐藤のお土産の可能性を察知したロストウは、その日の午後、さっそくジョンソン大統領に、「もし大統領が沖縄問題で佐藤に歩み寄れば、佐藤が国際収支と援助について真剣かつ前向きな態度を示す用意があるのは明らかです。佐藤への政治的な手助けにしっかりと高値を付けてやりましょう」とするメモを送付した[35]。ロストウは沖縄返還について両三年内という時間的要素をコミュニケに書き入れることで佐藤の国内政治上の立場をサポートし、その見返りとして国際収支協力とアジア援助で具体的な日本の貢献を確保しようとしたのである。つまり、それは沖縄と国際収支との交換であった。

このメモがジョンソンに送られたのは、ファウラーが沖縄と国際収支のリンケージを否定するメモを送付したのと同日だった。かくして沖縄返還問題を国際収支での協力を取り付ける交渉材料にするかどうかの判断は、ジョンソン大統領に委ねられていく。くしくも、このころに発生したポンド危機は、日本からの協力の緊要性を高めることになり、ジョンソンの判断に影響を与えていくのである。

若泉はロストウとの会談の翌日（一一月一二日）、ロストウ宅での夕食に招待された際に日本側論点をまとめたメモを秘かに手交したが、そこにも沖縄返還の時限性を示すことの代わりに、佐藤が国内での政治的な代償にも関わらず、ジョンソン大統領を助けるためにあらゆる手段をとる決意がある旨が記されていた[36]。この時点においても、若泉は佐藤が対米国際収支協力に前向きだと判断していた[37]。

しかしながら、お土産を期待された佐藤は、実際には若泉がいうような米国へのドル防衛協力を決断したわけではなかった。佐藤のなかでは米国の国際収支よりも、自国の国際収支の状況に対する憂慮の方が大きかった。このころ大蔵省では、一九六七年末に向けて外貨準備が二〇億ドルを下回り、一九六八年一～三月期には一八・四億ドル程度にまで減少、さらに四～六月ないし七～九月に国際収支危機が切迫するだろうと予想していた。そのため、大蔵省内ではＩＭＦへのスタンバイ申請も検討されていた[38]。このように国際収支の急激な悪化が予見されるなか、政府・日銀は国際収支対策の具体的措置として公定歩合の一厘引き上げ（六七年九月）と財政支出の繰延べ（三一二億円）を決定していた[39]。

この国際収支の苦境を前にして、佐藤は米国が求める五億ドルという国際収支協力に満額回答を与えず、前述の一一月一〇日の日米財務当局間協議を通じて「三億ドル（中期債を含まず）」と伝えていたのである。一方、若泉は一一月一三日ブレア・ハウスでの佐藤との密会で、佐藤が「国際収支とアジア開発銀行の件については若干不満がある」ことを知った[40]。つまり、若泉のお土産発言は勇み足だったわけだが、そのことは結果的に「両三年内」を含むコミュニケに向け米国政府を動かす一因となり、他方で国際収支協力をめぐって両首脳が認識ギャップを抱いたまま直接交渉に臨むという緊迫した事態を生起させることになったのである。

佐藤・ジョンソン会談(一九六七年一一月一四、一五日)

周知のとおり、日本側からみて、佐藤・ジョンソン会談のポイントは沖縄返還に関する時間的要素を日米首脳間の合意事項とできるか否かであった[41]。若泉の提示した案は、「両三年内」つまり一九七〇年までに返還時期を定め、実際の返還はさらに先(若泉は一九七五年でもそれ以降でも良いとロストウに述べた)とする二段階方式だった[42]。米国側はこの若泉案を、米国が原則として返還問題に好意的な合意を与えたことを示す外交ルートでの日本側要求の語句よりも「緩いもの」と認識していた[43]。そのため、若泉案を受けたラスクは同案がこの問題に慎重な軍部にとっても受け入れ可能なものと考え、その受諾をジョンソン大統領に具申した[44]。ラスクはまた、ジョンソン大統領に対する別の情勢報告メモで、自国の国際収支の赤字にも関わらず、佐藤が対米国際収支協力を一九六八年に五億ドル増額することを考慮する合理的な見通しがあると伝えていた[45]。ラスクも、若泉のお土産示唆を踏まえて、佐藤が大蔵省を通じて示した三億ドルというラインを超えて政治決断を下すとみていたのである。

かくして日米両首脳はそれぞれの思惑を抱えながら会談に臨んだ。おりしもポンド危機という国際金融体制の危機に直面したジョンソンは、大蔵省=財務省ルートでの交渉の行き詰まりと佐藤の政治決断の可能性という二つの錯綜する情報のなかで、沖縄返還とドル防衛協力との交換を念頭に置いていた。他方、佐藤にとっては「両三年内」のコミュニケ案を米国側が受け入れるかどうかがポイントであり、国際収支協力について財務当局間協議で示した三億ドル以上のお土産は持ち合わせていなかった。事前準備で解消されなかった（あるいは多元外交の故に生じた）この齟齬は、会談開始直後に表面化する。

一一月一四日の第一回会議[46]で、ジョンソンはポンド危機から話を切り出した。佐藤はドルとポンドの防衛が自由世界のために必要であると言明し、話題を対米国際収支協力問題へと転じて、五億ドルは困難だが三億ドルの協力を考えていると応じた。そのうえで佐藤は対アジア援助や東南アジア、東アジア情勢について言及し、最後に沖縄・小笠原返還問題を取り上げ、国内世論対策として今後二～三年のうちに返還のタイミングに合意できないかと尋ねた。ジョンソンは、具体的なタイミングや時期を設定するのは米国にとって問題だが、日本が経済やその他の観点からこの地域の防衛に責任を引き受けると確約するなら取り組むことができると回答した。つまり、沖縄返還に関して両三年内という時間的な目途を得たいとする佐藤に対して、ジョンソンは経済面での日本の負担分担拡大をバーターとする考えを伝えたのである。

その後、この問題は佐藤とマクナマラ国防長官[47]やラスク国務長官[48]との会談で検討されることとなった。ドル防衛協力が自由主義陣営の防衛という政治的意義を有することを強調するマクナマラに対し、佐藤は原則的には同意しつつも、三億ドル・中期債不購入という以上の言質を与えることはなかった。すでに沖縄返還時期の決定について「両三年内」という譲歩を提示していた米国側にとって、これは想定外であった。とりわけ沖縄とドル防衛協力の交換を念頭に置いてきたジョンソン大統領にとって、沖縄というカードを切ったのにも関わらず国際収支での協力を確保できないのは認めがたい事態であった。

一一月一五日夕方、二度目の直接会談に臨んだ両首脳は、冒頭から対アジア援助と国際収支協力をめぐり激しいやり取りを繰り広げた[49]。ジョンソンは、ベトナム戦争にともなう負担の大きさを繰り返し主張し、軍事援助のできない日本は対アジア援助と国際収支協力という経済面での協力を行うべきと要請したが、佐藤は財政事情などを理由に従前の態度を変えなかった。両首脳間に流れる重い雰囲気を変えるため、日本側通訳（島内直史）が佐藤にもっと積極的な約束をしてはどうかと耳打ちしても、佐藤は大統領には真摯な態度でありたいとして、これを受け入れなかった。

佐藤の態度に業を煮やしたジョンソンは、会談前に確定していた沖縄・小笠原返還に関するコミュニケ第七項を大声で読み上げて、同コミュニケは佐藤に対する政治的援助であると明言し、米国のベトナム戦争にかかる支出に鑑みれば、日本の協力は絶対必要であるとして、コミュニケの代償として五億ドルの国際収支協力をあからさまに要求した。この要請に対する佐藤とジョンソン大統領のやり取りは、日米双方の記録によって様相がかなり違っている。米国側記録によれば、佐藤の煮え切らない回答に対し、ジョンソンは「検討ではなく、実行せよ」と強圧的な態度で迫ったが、佐藤は「履行できない約束はしたくない」とあくまで譲らなかった[50]。佐藤は日本の外貨準備は二〇億ドル弱であるが、そのうち流動性のあるものは五億ドル程度であること、それをすべて対米国際収支協力に回すと流動性がなくなってしまうので、三億ドルが限度であることなどの事情を繰り返し説明した。

一方で、佐藤はジョンソンの懸念を踏まえ、日本として最善を尽くすこと、ポンド危機によっても円の切り下げは行わないことを約束した。佐藤のこうした説明に、ジョンソンの態度は次第に軟化した。ジョンソンは、自分は佐藤に危険のある行動を求めているのではないとし、その場でファウラーに電話をかけて、日本が流動性を失うことなく、五億ドルの協力要請に応じる方策はないかと下問した。ファウラーは、いろいろな解決策が考えられ、日米財務当局間でできるだけ早く協議すると回答したが、ここが日米両首脳の落とし所となった。国際収支協力問題をめぐる日米交渉は、両首脳間での激しい直接交渉でも決着しなかったのである。

日米首脳会談後の共同コミュニケには、国際収支協力について、事前の調整どおり、早い機会に日米貿易経済合同委員会の小委員会を設置し、同小委員会において「両国の短期的および長期的国際収支の問題を含め、両国にとって重要な経済および金融問題を協議する」旨が記された[51]。議論はこの小委員会と、これに先立って開催される日米財務当局間協議へと持ち越されたのである。

以上のように、佐藤・ジョンソン会談の構図は、負担分担のロジックで沖縄（・小笠原）とドル防衛協力の交換を狙ったジョンソンに対して、佐藤がそれに抵抗して満額回答を与えることなく、結論を事務レベル協議へと先送りしたのが実像であった。日本側（あるいは佐藤）の観点から結果だけをみると、ドル防衛協力について事前に事務レベル交渉で示していた金額以上のコミットメントを与えることなく、沖縄返還については希望した文言のコミュニケを獲得したということになる。だが、その実態は若泉がもたらした情報が佐藤の政治決断という甘い期待を米国側に抱かせ、その期待値と実際の佐藤の回答のギャップのために首脳同士が直接激しい議論を戦わせるという危ういプロセスだった。つまり、佐藤・ジョンソン会談は、ドル防衛協力をめぐる日米間のギャップを何とか彌縫《びほう》したに過ぎなかった。結局、日米両首脳は三億ドルから五億ドルの協力を財務当局間で検討させるということで矛を収め、議論はふたたび事務レベル協議に委ねられたのである。

2 日米貿易経済合同委員会小委員会（ホノルル会議）

小委員会設置に向けた財務当局間協議

日米首脳会談の翌日、さっそく村井とノウルトンによる財務当局間協議が開催された。この協議について、大蔵省は、日米貿易経済合同委員会小委員会を一月後半に開催することとならんで、①対米国際収支協力の金額（三～五億ドル）については、財務当局間および小委員会で引き続き検討すること、②中期債の購入については今後検討すること（日本側は国際収支改善後を希望）、③米国側は三次防での米国製装備品の調達増加、原材料備蓄輸入、自動車に対する日本の輸入規制（物品税）を取り上げることを希望すること、④一九六八年一月に満期となる日本の米銀に対する預金（七〇〇〇万ドル）を一年以上（一三ヵ月）の定期預金に切り替えること、の四点を合意事項として佐藤に報告した[52]。一方、米国側はこの会議での合意事項として、上記のほかに、①日本が米銀に預け入れている四億五〇〇〇万ドルの預金を満期後も長期に切り替えること、②対米国際収支協力として米国への直接投資増加および米国からの借り入れ削減も含むものとして認識していた[53]。

その後、ホノルルでの日米貿易経済合同委員会小委員会および日米財務当局間での予備会談（以下、前者を小委員会、後者を予備会談、二つの総称をホノルル会議とする。）に向けた議題設定などの協議が日米間で進められていく[54]。ノウルトンは村井に宛てて手紙を送り、一九六八年一月二九、三〇日に財務・大蔵当局間で国際収支問題に関する予備会談を行い、二月一、二日に関係省庁を含めた小委員会を開催すること、事前協議のため一月上旬に財務省から担当官を派遣することなどを提案した[55]。日本側はこの提案に対し、国会日程との関係からそれぞれ一月二三、二四日と一月二五、二六日の開催を代替案として提示し、これが最終日程となった。また、財務省は財務当局間で議論すべき問題が小委員会の議題に含まれないようにしていることを伝え、大蔵省の不安払拭に努めた[56]。一方、大蔵省は一二月の段階で、一九六八年における二億八四〇〇万ドルのドル防衛協力（装備品調達の増加（九〇〇万ドル）、対米直接投資の増加（二五〇〇万ドル）、政府保有の短期資産の中期預金への切り替え（一億ドル）、米国からの借り入れ削減および欧州市場への借り換え（一億五〇〇〇万ドル））を米国側に提示していた[57]。

こうして日米財務当局間でホノルル会議に向けた準備が進められるなか、問題を複雑にしたのは佐藤の国会での発言であった。日本国内では佐藤訪米直後から、首脳会談においてジョンソンから中期債購入や装備品購入など五億ドルの国際収支協力を求められ、佐藤がそれを了解したのではないかとの憶測が流れていた。六七年七月に西ドイツが中期債を購入する協定を結んでいたことから、同様の要請が佐藤にもなされたのではないかと考えられたのである。国会で野党・社会党から、そうした追及を繰り返し受けた佐藤は当初、ジョンソンとの間で中期債という具体的な話はなかったと答弁していた[58]。実際、佐藤とジョンソンとの会談では中期債の購入という具体論には踏み込んでいなかったが、会議までの議論からすれば、米国からの要求に中期債購入が含まれていることは明らかであり[59]、その意味で佐藤の答弁は間違いではないが不誠実なものであった。

だが、さらに事態を混乱させたのは、一二月一一日の衆議院予算委員会での答弁であった。中期債購入は流動性確保の観点から拒否することに確認を求める日本社会党の成田知巳に対し、佐藤は外貨準備が二〇億ドル以内であることを踏まえ、流動性をなくすことで円の価値を弱めることは絶対にしないと答弁し、間接的に中期債購入を拒否することを表明した[60]。同日、木村俊夫官房長官は、佐藤の答弁は今後絶対に中期債買い入れを行わないと言い切ったわけではなく、今後国際収支に余裕ができればドル防衛への協力も考えなければいけないと大蔵省の意向に沿って軌道修正したが[61]、翌日の国会では逆にその矛盾点を追及された。この質問に対し、佐藤は「未来永劫とは申しませんが、ただいまの状況では買わないと、はっきり申し上げます」と明確に中期債購入を否定した[62]。佐藤・ジョンソン会談の結果を踏まえ、日米財務当局間では中期債購入も継続協議することとしており、そのことは佐藤にも報告されていた[63]。佐藤の答弁はそうした日米間の合意を覆すものであり、ホノルル会議にむけた日米間の交渉を大きく拘束することとなった。

さらに米国製装備品の売却拡大に関しても、米国側の期待は萎んでいった。日米首脳会談直後、財務省のエフテランドは防衛庁防衛局防衛課の西廣整輝に宛てて手紙を送り、防衛庁予算を直接的・間接的に米国の国際収支に協力させる措置の可能性を打診した。財務省は大蔵省との協議においてこの点を明かしつつ、西廣や陸海の幹部自衛官をワシントンに赴かせるよう調整を依頼している[64]。米国は防衛庁・自衛隊と国防総省との専門的な議論を踏まえ、調達前倒しを含めた装備品の輸出拡大の可能性を探ろうとしていたのである[65]。だがその後、実際に日米防衛当局間の検討は行われたものの、そうしたルートからのインプットが大蔵省の交渉力に大きな影響をもたらすことはなかった。

こうしたなか、ジョンソン政権は一九六八年早々、グローバルなドル防衛政策を実行に移した。一九六八年一月一日、ジョンソン大統領は国際収支に関する声明を発表し、対外直接投資規制や国境税調整、海外渡航制限など一連のドル防衛措置を表明した。日本には発表当日に佐藤宛の大統領秘密書簡がジョンソン大使から手交されたほか[66]、その直後にはロストウ国務次官が来日し、佐藤らに米国の措置について詳しく説明し、理解を求めた。佐藤は国境税調整について懸念を示しつつも、ジョンソンの決断を称賛した。一方、ロストウは西ドイツなどとの軍事オフセット合意を前例に、米国の軍事的コミットメントの負担を中立化するための金融協力が望ましいことや、対アジア援助(特にインドネシアとアジア開発銀行)における日米政策協調を主張した。ただし、中期債購入など具体的な日本のドル防衛協力は取り上げられず、ホノルルでの議論に持ち越された[67]。

ジョンソン政権内では、ホノルル会議に向けた対処方針の策定過程で、中期債の購入要請など様々な案が検討されていた。日本による装備品購入や特別軍事勘定への事前支払いなど軍事収支面での協力を強調する意見も根強かったが、その理由としては単に商業的な考慮だけではなく、日米間の装備品の互換性や戦略物資の確保、技術の優位性、さらには米国の抑止力への財政的貢献が挙げられていた[68]。しかし、佐藤がマスコミに対して米国からの装備品購入拡大を否定し、大蔵省も装備品調達予算を増額しないと明言していたことから、ジョンソン政権内では装備品売却による軍事オフセット実現の期待値を低下させていた[69]。

一方の大蔵省も、一二月に米国に伝えた提案の見直しを進めた。ホノルル会議の直前には、合計三億五〇〇〇万ドルの協力案をまとめ、水田蔵相から関係閣僚に説明した。その内容は、米国の要望する中期債購入を除外し、三次防における米国製装備品調達の増額も一〇〇〇万ドルに抑えられていた。また、米国の国際収支に間接的にしか貢献しない対米債務削減(一・七億ドル)を大幅に見込むなど米国側の期待に応える内容にはなっていなかった[70]。

日本の交渉ラインを厳しいものにしていたのは、ポンド危機による国際金融情勢の加速度的な混乱とそれにともなう国際収支悪化の見通しが影響していた。佐藤・ジョンソン会談の直後の一九六七年一一月、英国はかねてより懸念されていたポンドの切下げ(一四・三%)と公定歩合の引き上げ(八%)が実施したが、大蔵省はこうした一連のポンド危機を深刻に捉えていた。ポンドおよびそれに追随して切り下げられた通貨に対して円が割高になり、輸出が不利になることや、世界的な金利高による景気後退が危惧されたからである。実際、ポンドに追随した通貨切下げは一九六七年末までに一五ヵ国におよんだほか、公定歩合についても米国がさっそく、連動して引き上げ(四%↓五%)を発表していた[71]。六八年一月時点の外貨準備の見通しでは、同年六月に一六億八〇〇〇万ドル、九月末に一五億八〇〇〇万ドルにまで落ち込むと予想されていた[72]。そのため、大蔵省では六八年一月の時点で、翌月にＩＭＦからの借り入れを実施すべく最終的な準備を進めていた[73]。こうした国際収支および外貨準備についての悲観的な見方が、大蔵省の対米国際収支協力の選択肢を狭めていたのである。

予備会談(一月二三、二四日)

ホノルル会議は、一月二三、二四日に国際収支に関する財務当局間の予備会談と、外務省・国務省を中心に援助問題に関する予備会談が並行して行われ、二五、二六日に関係省庁が一堂に会して日米貿易経済合同委員会小委員会が開催された。このうち、援助に関する予備会談では、両国の経済援助の展望や途上国の累積債務問題、アジア開発銀行の特別基金問題、インドネシア問題などについて議論が交わされた。基本的には互いの立場を表明し、自由に意見交換するというスタイルであったため、ほとんどの議題で具体的なコミットメントを行うことはなかった。唯一、インドネシアへの援助については拠出額をめぐり意見が対立したが、それ以上具体的な検討は行われなかった[74]。

他方、財務当局間の予備会談は、前年九月のファウラー提案以来、日米間で大きな争点となってきた国際収支協力に決着をつけようとするものだけに、厳しい交渉が繰り広げられた。交渉は当初予定の二三、二四日ではまとまらず、小委員会開催日の二五日朝にも追加の会合を行うなど、切迫したやり取りが展開された。

争点となったのは、①中期債の購入の是非、②米国製装備品の調達、③資本取引面での協力(ユーロダラーの活用、対米直接投資の増大)、④米銀に対する預金の長期化措置であった[75]。中期債の購入については、前述の佐藤の国会発言のため、日本側は最初から購入不可と結論付けていた。一方で米国側、とりわけ交渉責任者であるノウルトンは依然として、日本による中期債購入を強く希望していた。会議初日の夜には日本側代表の村井を訪れ、中期債の購入を直接懇望した[76]。これに対し、村井は東京の大蔵本省とも連絡を取ったうえで、二日目の予備会議で中期債購入を改めて否定したものの、日本の外貨準備が「十分に増加（"substantially increase"）」した場合には中期債購入を検討することを政府の立場で約束した。財務省が想定してきた日本による中期債購入という目論みは、結局、将来的な可能性として言及されるにとどまり、構想を主導してきたノウルトンにとって大きな挫折となった。他方で村井は、中期債でのほぼゼロ回答の代替として、三次防で六八年一〇〇〇万ドルとなっていた米国からの装備品購入を、予算の範囲内で追加購入ないし繰り上げ契約という形で増加することを約束した。この装備品調達と民間企業による対米直接投資（当初予定額は四〇〇〇万ドル）の増加勧奨を合わせて、一億ドルの対米協力を行うこと約束した。また、日本側はユーロ市場への転換およびインパクトローン減少分の合計一億七〇〇〇万ドル分をパッケージに加えていた。しかし、米国側はこれらの措置を評価しつつも、日本による直接的な国際収支協力ではないことなどから別枠とされた。そのため、日本側の準備したパッケージでは三億ドルという交渉前から確約していた数値にも届かなくなった。そこで、預金の長期化を当初想定の一億三〇〇〇万ドルから二億一〇〇〇万ドルへと大幅に拡大して、何とか三億ドルを超え、さらにその他の措置で四〇〇〇万ドルを追加することとした。

村井によれば、この三億数千万ドルという数字は交渉決裂という印象を避けるためのもので、米国側にはこの数字をコミットメントではなく努力目標として伝えていた。結局、日米財務当局間の予備会談の結果は、対米協力措置の具体的な内容やその実施時期など曖昧な部分を多く抱えたまま三億ドル以上という最低限のラインをクリアしたにすぎず、米国からみて、必ずしも満足できる結果ではなかった[77]。一方、大蔵省は国会対策の観点から、米国に対し、とくに金額と預金の長期化措置について機密扱いを求めた。大蔵省にとって対米国際収支協力問題のマヌーヴァビリティは、国際収支の先行きの不透明化という経済的な状況に加えて、国内政治面からも大きく制約されていたのである。

日米貿易経済合同委員会小委員会（一月二五、二六日）

予備会談に引き続き、二五、二六日の両日は関係省庁が加わって小委員会が開催された[78]。ここで大きな争点となったのが、経常収支面での対米国際収支協力であった。交渉に参加した外務省の森治樹外務審議官の認識では、それまで国際収支問題は大蔵省が中心となり、他省庁にあまり相談していなかったため、大蔵省が予算を握っている装備品調達以外の貿易面での事前調整はほとんど進んでいなかった。だが、財務当局間の予備会談の結果に完全には満足していなかった米国は、資本収支面での協力に加えて、経常収支面での協力を強く求めてきたのである。そのため、通産省を中心として最終段階で急きょ作業が進められた[79]。

会議初日、米国側は一月の大統領国際収支教書で示されたラインでの説明を行い、安全保障と途上国援助のコミットメントを維持していくためにはドルの地位安定が必要で、二国間では資本収支に加えて経常収支の均衡を保つことが重要であると指摘した。その上で、残存輸入制限の一部を自由化すべきであるとして、米国側が手交した関心品目リスト（二五品目）を参考に自由化のタイムスケジュールを作成するよう要請する一方、自由化が実現しない場合にはGATTに提訴することも示唆した。米国はまた、小麦および戦略物資（錫、コバルト、工業用ダイヤモンド、水銀、モリブデン、タングステン、パナジウム）の備蓄輸入（ストックパイル）の拡大と、自動車輸入の自由化を特に強く要望した。だが、通産省から参加していた宮沢鉄蔵通商局長や自動車物品税を所管する大蔵省の村井は、これらの要請に厳しい態度を崩さなかった。米国側代表のソロモン国務次官補は、こうした日本側の態度に、「数量制限、物品税、ストックパイルどれをとっても満足できるものは一つもない。これは大いにガッカリするもので、どうワシントンに報告するか困ったもの」と嘆じざるをえなかった[80]。会議終了後、米国の希望により関係者限定の日米小グループ会合が開かれた。ここで米国はこれら経常収支面で四〇〇〇万ドル程度の対米協力を遅くとも一ヵ月以内に知らせるよう要請した。ソロモンによれば、こうした措置は米国内の保護主義を抑え、日本の対米協力を議会に高く売りつけるために必要なのであった[81]。

翌二六日午前のセッションで、日本は輸入備蓄購入および輸入制限撤廃の切り離しを強調したが、押し問答の末、経常収支面に関して、主として備蓄輸入(小麦、金属)と輸入数量制限の撤廃、輸入割当の増大について、一ヵ月以内に回答することとなった。その際、実際の積み上げ額はごく少額となり、米国側の関心項目が自由化される見込みはほとんどないことを付言するなど、日本の態度は後ろ向きなものに終始した[82]。こうした反応の背景には、無理強いする米国側への反発のみならず、事前に十分な情報提供と根回しを怠った大蔵省への不信感があったと考えられる。一方、小委員会では日本も米国の貿易政策について懸念を表明した。とりわけ、年初の国際収支教書で示された国境税調整問題について、村井は極めて失望したことを率直に伝えた。これに対して米国は、経常収支面での規制措置として、国境税調整のほかに、数量規制、輸入課徴金、あるいはこれらの混在した方法のいずれが日本にとっても最も害が少ないかと尋ねたが、日本側代表の森審議官は即座にどれも等しく害となると回答して、交渉への誘い水には乗らなかった。

会議後、通産省や外務省は経常収支面からのドル防衛という建前の下、米国から提示された二五品目リストへの回答作業に取り組んでいく。池田政権末期以降、停滞していた貿易自由化を再稼働させたのは、やはり米国からの圧力であった。

ホノルル合意の「実施」

ホノルル会議では、資本取引面での協力(三億一〇〇〇万ドル～三億五〇〇〇万ドル)が曖昧さを残す含意だったのに対して、小委員会で取り上げられた貿易自由化など経常取引面(米国は四〇〇〇万ドルを希望)については、一ヵ月という期限を区切って日本側に回答が求められた。その実施プロセスはどのような展開をみせたのであろうか。

まず、ホノルルで一ヵ月というタイムリミットを設定された経常収支面での協力に関しては、それをやや過ぎた三月一日に対米回答が行われた。その内容は、日本として国際収支の著しい困難に直面しているにも関わらず、米国の国際収支改善に寄与するため経常収支面でも最大限協力するとの考えに基づき、一九六八年中に講じる措置として、ライム、化粧品類、カラーフィルムなど九品目の自由化(このうち、米国の要望二五品目に合致するのは三品目)、米国側関心品目に含まれるウィスキー(バーボン・ウィスキー)の一〇万ドル特別枠設定を極秘裏に伝達した。その結果、米国に対する国際収支協力として、輸入割当品目の輸入拡大が合計三六九〇万ドル、小麦の経常ベースでの買い付け増加が三〇〇万ドル、コバルトなどの輸入備蓄の検討などを回答した。一方で、米国政府が国境税調整など貿易制限的な措置を導入する場合には、日本として対米協力措置を再検討せざるをえないと牽制も忘れなかった[83]。輸入割当と政府買い付けの増加を合計すると三九九〇万ドル(ウィスキーの特別枠を加えれば四〇〇〇万ドル)となり、ホノルルで示された課題に対する正確な回答となっていた。米国は日本政府の対応を歓迎するとともに、日本が懸念する米国内の保護貿易主義には断固反対すること、三月中に自動車関係項目についての回答も期待することなどを伝えた[84]。

一方、資本取引協力に関するパッケージのうち、「その他」とされた四〇〇〇万ドルについての日米間の認識のギャップはほどなく明らかとなった。米国は三億五〇〇〇万ドルを確定的なパッケージと理解しており、ジョンソン大統領にもファウラーからそのように報告されていた[85]。これに対して大蔵省は四〇〇〇万ドルを「さらに検討」すべきものと考えていた。日米間では、三億五〇〇〇万ドルを明確な目標額とみるか、幅のある数字とみるかで大きな懸隔があったのである[86]。これを懸念した財務省は、ホノルル会議で日本側から示された利子平衡税免税継続などの要望事項を了解するとともに、三億五〇〇〇万ドルのパッケージを含めた国際収支問題について日米財務当局間での協議を継続するよう要請するファウラーから水田に宛てた書簡を二月一七日付で送付した[87]。

こうした資本収支面での日米間の認識ギャップを埋めることになったのは、日本の国際収支状況の急激な好転と外貨準備の急拡大であった。それまでの大蔵省の想定に反し、外貨準備は一九六八年四月に一八億九四〇〇万ドルで底を打ち、六月には二〇億ドルを回復、同年九月末には二三億六〇〇〇万ドル、同年末には二八億九一〇〇万ドルと累進的に増加していた。こうした好調な国際収支を背景に、佐藤政権のドル防衛協力方針も徐々に緩和し、二月には預金長期化措置を六八年中に実施することとし、また七月には装備品購入と対米直接投資増加(合計一億ドル)の割り振りを装備品二〇〇〇万ドル、直接投資八〇〇〇万ドルと当初予定よりもそれぞれ倍増するよう努力すること、「その他」として内容が固まっていなかった四〇〇〇万ドルも国際収支の状況が許せば対米直接投資で充当することなどを米国に通報した[88]。

さらに同年一一月には、米輸出入銀行証券(約一億ドル)の購入に踏み切った。当時、資金難にあった米輸出入銀行の債権購入は、実質的には日本企業に対する輸銀借款の事前返済の性格を有するものであり、対日借款を含め長期貸付を円滑にするものともみなされていた。また、米輸銀債は中期債に比べて流動性が高いことも購入理由の一つに挙げられた[89]。この日本による米輸銀債購入の情報に接した財務省のペティ副次官補は、ファウラーに対して次のようなメッセージを送った。

これは、彼らが公表するオフセットの唯一の部分です。彼らはこの協力を軍事オフセットに特段言及せずに、ドルの地位に貢献するためであると説明するでしょう。〔90〕

このように、六八年春以降に潤沢化した外貨準備は貴重な外交資源として、ドル防衛協力に充てられていった。ジョンソン政権下、財務省が中心となって追求してきた対日軍事オフセット合意、さらには日米安保体制に金融という次元を加えるべく、関係省庁を広く巻き込んだ日米金融同盟の実現を目指したファウラー提案は、最終的には、軍事的側面を強く打ち出すことはせず、外貨準備の運用を中心とした日米財務当局間ルートでの国際収支協力という限定した問題として収斂していくのである。

3 沖縄返還交渉最終局面での国際収支問題

日米経済関係の転換とニクソン政権の発足

前述のとおり、大蔵省では一九六八年の大幅な国際収支悪化を予測し、そのことが米国との交渉ラインを厳しいものとしていた。ところが、そうした悲観的な想定に反し、日本の国際収支は一九六八年四月を転換点として急激な拡大基調となった。それまで経済外交の展開を制約してきた国際収支の天井の軛《くびき》から、戦後日本外交は初めて解き放たれたのである。この国際収支の改善をもたらしたのは、対米貿易黒字の拡大であった。日米間の貿易収支は一九六五年に日本の黒字に転じ、一九六八年には米国内でのインフレも原因となって一一億ドル以上の黒字を計上するほどになっていた（表序‐3参照）。日本の対米輸出は貿易自由化措置による米国からの輸入拡大を大きく上回る勢いで増大し、貿易収支のギャップを急拡大させた。

この貿易不均衡を背景として、このころから米国では対日不信が高まり、繊維や鉄鋼などの貿易摩擦が多発するようになっていく[91]。こうした事態にジョンソン大使は一九六七年の日米首脳会談以降、日米間には経済貿易問題や基地問題などをめぐって摩擦が増加しているとの憂慮を深めていた[92]。一九六八年六月一三日、ジョンソン大使は大統領と面会し、長期的な観点から日米関係への懸念を訴えたが、ジョンソン大統領は両国関係を生き永らえさせるためには、日本が日米関係に抱いている一方的な見方を克服しなければならないと批難するなど、ジョンソン政権下においても対日不信は首脳レベルにまで広がっていた[93]。経済問題をめぐり、日米関係は「嵐の時期」[94]へと突入し、日本の安保「ただ乗り」批判を引き起こしていくのである。

こうしたなかで一九六九年一月に誕生したニクソン政権が、発足直後に「国家安全保障研究覚書（NSSM）五」で対日政策の再検討に乗り出し、同年五月に「国家安全保障決定覚書（NSDM）一三」として成案をみたことはよく知られている[95]。発足当初、ニクソン政権は在外米軍の駐留経費削減を除きジョンソン政権期の国際収支対策には批判的だったが[96]、貿易収支の逆転や貿易摩擦を背景として、負担分担の観点から日本に対して協力要求を強めていく。以下では、ドル防衛協力をめぐる財務省の議論に注目しながら、NSSM五からNSDM一三に至るプロセスを再検証してみたい。

六九年一月二一日に示されたNSSM五でキッシンジャー安全保障問題担当大統領補佐官は、検討のポイントとして、①沖縄返還、②在日米軍基地、③日米安保条約、④経済政策の四点を指示した[97]。これへのレスポンスは国務省・国防総省・財務省・中央情報局（CIA）・統合参謀本部（JCS）による東アジア省庁間グループによって六九年三月下旬にまとめられていくが、そこでは、沖縄返還をきっかけとして日本の指導者たちに「真のパートナーシップ」に向けてより大きな責任を担わせるべきとの考えが示されている。そのための具体的な政策パッケージとして、防衛負担増加など九項目が掲げられ、沖縄返還にともなう米国の国際収支への影響を相殺することが明記されている。また、日米経済関係として、貿易問題と国際収支問題が取り上げられており、国際収支問題については、一九六八年の国際収支赤字九億ドルのうち主要因は五・七億ドルにものぼる日本での軍事支出であると分析し、これを直接的に軍事収支で対処するのではなく、これまでと同様の財政取極で相殺するよう提起している[98]。

このようにNSSM五へのレスポンスは日本に負担分担を要求する一方、国際収支面での協力を含め、その内容は従来の政策の延長にあるものが多かった。だが、このことに強い不満を抱いたのが財務省であった。レスポンスが提出される直前、財務省は日本が財政面で相応の負担を分担しなければ米国内で貿易規制や反日感情が高まると警鐘を鳴らし、パートナーシップを続けていくためには負担分担問題を解決することが重要であると指摘して、レスポンスが日米関係の損益を適切に注目していないことを批判した。さらに財務省は、佐藤・ニクソン会談は事態を前進させる機会なので、沖縄返還という譲歩の「見返り（quid pro quos）」として、国際収支問題と貿易問題の解決を最優先すべきとの意見を関係省庁に提出した[99]。この財務省コメントは、レスポンスに添付されてNSCレビュー・グループに提出された[100]。

四月二三日、NSSM五はシニア・レビュー・グループ会合で検討されたが、その内容はまたしても財務省にとって納得のいくものではなかった。会談直後、財務省はコールマン次官補代行とジューリック特別補佐官との連名で、NSCレビュー・グループに対し、日本に黒字国としての責任を果たさせるべきとする強硬な文書を送付した。コールマンとジューリックは、米国内に鬱積しつつある「ただ乗り」批判に言及して、現在の延長線上に日米関係を継続していくことは米国にとって現実的に困難な選択肢であると断定し、日米関係のあるべき姿として国際収支面や安全保障面などでの負担と責任の移転を強調した[101]。財務省を中心として、米国政府内では負担分担の観点から日米関係を見直す契機として佐藤・ニクソン会談を捉え、沖縄返還交渉を日本からの協力を取り付ける好機とすべきとの意見が強まっていた。

この財務省の意見書が提出された直後の四月二八日、翌日のNSSM五へのレスポンスの改訂版がNSCスタッフから関係省庁へ送られた[102]。さらに翌二九日には、NSC会議で討議に付すために、NSCから関係省庁に対して「合意要約文書」が配布された。同文書は沖縄返還交渉時に日本に求めるコミットメントを軍事的要件との交換条件にはせず、NSCでは沖縄と安全保障問題に集中すべきとの方針を示す一方、貿易や国際収支などは「対日政策の不可分の要素であり、特に沖縄についての交渉ポジションを定めていくのと関連付けて検討すべき」とも指摘している[103]。こうして沖縄とドル防衛協力を直接関連させせようとする財務省の発想はNSCでの議論からは切り離されたものの、政策目標として継続して追求していくことになった。NSC後には関係省庁の担当者が参集して、経済・財政問題についての議論を開始している[104]。NSCから約一ヵ月後の五月二八日に決定となったNSDM一三は、想定どおり安全保障面や沖縄返還を主として扱うものとなったが、米国の国益の観点からアジア最大のパートナーである日本との関係を改善する方法を検討するとの文言を挿入することで経済問題の見直しも示唆した[105]。

このように、一九六八年春以降明らかとなった日本の国際収支の好転および日米経済関係の構造的な変化を受けて、米国内には「ただ乗り」する日本への不満が鬱積しつつあった。その対日感情を背景として、財務省を中心に負担分担という論理によって沖縄返還とドル防衛協力とを関連させながら、日本により大きな財政面での貢献を要求すべきとの意見が強まっていたのである。

沖縄返還交渉方針の策定と負担分担論

米国政府内で高まる対日「ただ乗り」批判は、ひるがえって日本側に米国が沖縄返還に経済問題を絡めてくるのではないかとの疑念を抱かせることとなった。

六九年三月、駐日大使から国務次官へと転じたジョンソンは、訪米した千葉一夫北米第一課長に対して、日本が沖縄返還後もただ乗りの継続を求めるのではないかとの米国側関係者(とくに両院軍事委員会)の猜疑心を伝えた[106]。また、経済・貿易問題での対日不満は沖縄返還交渉と関係するのかとの千葉からの問いかけに対しても、直接結び付けようとは思わないが交渉者の心理には影響しようと答えている[107]。

沖縄返還交渉を本格的に始動しようとする日本側は、こうした米国側の「ただ乗り」批判を織り込みながら対米交渉方針を固めていく。外務省は一九六九年六月の愛知揆一外相訪米時に携行するポジション・ペーパーの作成を進めたが、その内容はアジアでの日本の役割(経済協力の増加)を掲げるなど米国の負担分担論を意識したものとなっていた[108]。大蔵省も対日批判の高まりに憂慮を深めていたが、ここで注目されるのは、同省がニクソン新政権は米銀預け入れ資産の長期化といったそれまでの統計上の措置による「見せかけ」の国際収支協力だけではなく、貿易収支の均衡や防衛費など実質的な問題に関心があるとみなし、かつ、そうした動向を歓迎していたことである[109]。貿易不均衡の拡大とそれにともなう対日不満の高まりを受けて、大蔵省もドル防衛協力のあり方を見直す必要があるとの認識を深めていた。

一九六九年六月、愛知はポジション・ペーパーを携行して渡米する[110]。佐藤の意見を反映した「権威ある」文書[111]とされた同ペーパーをロジャーズ国務長官との会談で披歴した愛知は、一九七〇年代を「アジアへの貢献の一〇年」とすべく計画にあたっていると語って、対アジア援助に強い意欲を示した。これに対してロジャーズは、米国が対外コミットメント削減を欲する反面、日本はより多くの負担分担を模索しており、両国が広い原則では一致していると返答した[112]。つまり、対アジア援助を負担分担の政策課題の一つとみなす点で、日米外務当局間の意見は一致していたのである。ただし、それは必要条件の一部であっても十分条件ではなかった。六月五日のケネディ財務長官およびジョンソン国務次官との会談で愛知は沖縄返還にともなう経済財政問題について本格的な議論を行ったが、ジョンソンは返還によって米国の国際収支に欠損を生じないことは「絶対条件(sine quo non)」であり、一一月の佐藤訪米までに原則合意する必要があると主張した[113]。ケネディも、沖縄返還によって国際収支上および予算支出上で米国側に欠損があるようでは国内を説得するのは難しく、経済・財政面の取極に達しなければ返還時期の合意できないと強調している[114]。つまり、焦点は外務省がポジション・ペーパーで想定したような対アジア援助ではなく、米国の国際収支に絡む財政面の協力であることが明白となっていた。交渉を担当する東郷文彦アメリカ局長は、米国が財政面の重要性を強調する状況を「返還をいかに現実の問題として考えているかという証左」と観察し、佐藤訪米までに何らかの原則に合意したいとの米国側要望が達成できるほどに話し合いが進めば、それ以降の沖縄返還交渉はそれだけ容易になるだろうとみていた[115]。だが、東郷のこうした楽観的な見通しの反面で、交渉主体となる大蔵省は沖縄返還にともなって国際収支上でマイナスの影響を受けないことを絶対条件とし、佐藤訪米前に原則合意を求める米国との厳しい交渉に臨むこととなった。

先行研究が指摘するように、NSDM一三を受けて、米国政府内には沖縄返還に関する省庁横断の四つの作業部会が設置された。このうち、経済財政問題を担当することとなったのが、バーネット国務次官補代理が長を務める作業部会であった。返還そのものを左右する重要性を持つ経済財政問題を取り扱うこの作業部会は、明確なガイドラインを設定するなど、もっとも積極的な活動を展開した[116]。

この作業部会で焦点として浮上してきたのが、沖縄に流通するドルを円に切り替えることだった。この問題を最初に指摘したのは、同年一月に国務省に接到した在京大使館からの電報であり[117]、その後も東京からは、米国が強い交渉ポジションを有する返還時期の決定前に、通貨交換で日本が国際収支上で「棚ぼた的利得」を得ることはないとの原則了解を取り付けるべきとの意見が寄せられていた[118]。こうした意見具申をふまえて、沖縄返還における国際収支問題は円ドル通貨交換にともなう回収ドルの処理および米資産補償の問題へと収斂していった。愛知訪米後の七月三日、ニクソン政権はNSDM一三に従って、沖縄返還交渉の基本方針として「沖縄交渉についての基本戦略」(以下、「基本戦略」とする。)をまとめたが[119]、そこでは経済財政問題について、日本が沖縄返還にともなって棚ぼた的な利得を得ないとの了解を日米首脳会談のコミュニケないし単独での確約という形で確保するよう求めていた[120]。

基本戦略策定直後に開かれた第二回経済財政作業部会で、バーネットは、①米国側の経済面での要求を日本から軍事分野での譲歩を獲得するための交渉材料としないこと、②沖縄返還を日米間の経済問題を解決するための梃子としないことの二点をガイドラインとして追加するように提案した。つまり、負担分担の必要性は認めつつも、返還交渉とドル防衛協力を含む経済問題とは連動させないとの方針をバーネットは示したのだが、これに警戒感を強めたのがやはり財務省であった。負担分担の観点から沖縄返還への見返りを日本に要求するというNSDM一三策定時から訴えてきた戦略が揺らいでいたからである。

その背景にあったのは、日米二国間ベースでみた米国の国際収支の大幅赤字化という事態であった(表序-3参照)。ニクソン政権内では、貿易収支の急激かつ大幅な赤字拡大とベトナム関連軍事支出を中心とする貿易外収支の赤字継続によって、一九六八年の対日経常収支は前年から七・七億ドルも悪化して約一四億ドルの赤字となっており、一九六九年の赤字は一八億ドルにのぼるだろうと予想されていた。資本収支面では、日本の国際収支の好調を反映して著しい改善をみせていたが、一九六九年は雲行きが怪しく、日本との間の国際収支赤字は一九六八年よりも拡大すると想定された[121]。日本に黒字国としての責任を認識させ、具体的なコミットメントを取り付ける機会として沖縄返還をみていた財務省は、改めて局面の打開を模索する。

その一つが、沖縄返還に消極的なJCSと共闘するという方法であった。七月一〇日、ジューリックはJCS議長のホイーラーに文書を送付し、基本戦略は日本による「ただ乗り」を許すものであり、米国は強い交渉力を持っているのに見返りを求めていないことを訴え、金融面での考慮を追加するなど基本戦略の再検討を主張した[122]。日本に見返りを求めるべきとの財務省からの提案に、JCSは負担分担を論拠に全面的な賛同を示し、防衛面でのコミットメントや財政取極、貿易・投資の自由化など最大限の見返りを要求すべきと応じている[123]。

このJCS宛文書の送付後、東アジア省庁間グループは改めて財政面で譲歩することの代償として日本の意に反して軍事的権利を得るのは米国の安全保障上の利益からみても賢明ではないとし、経済財政問題を安全保障などの問題と関連付けないとする方針を定め、それに基づきジューリックは対日交渉上のポジション・ペーパーを起草した[124]。ジューリックは見返りというロジックをひとまず取り下げる一方、同ペーパーでもドル交換が米国の国際収支に悪影響を与えないことや米資産への適切な補償を求めた。

この点を十分に確保するため、財務省はケネディ財務長官名でロジャーズに文書を送り[125]、経済財政問題についての対日交渉権を掌握すべく画策した。七月二五日に発出された文書で、財務省は国務省に対し、軍事面に関する交渉は日本との戦略的な共通の理解が必要であるが、経済面の交渉は「ハード・バーゲニング」を行わなければならないとして、沖縄返還にともなう軍事面の交渉と経済財政面での交渉を分離するように要請した。国務省は、財務省の要望が基本戦略の枠内にあるとして、これを容認することとし[126]、八月六日付で経済財政問題の交渉分離に同意する旨をジョンソン次官からの文書で回答している[127]。

これ以降、経済財政作業部会にはジューリックが参加して議論をリードし、日本側との交渉も財務省が自ら主導権を握ることとなった。こうして、負担分担論を掲げて日本からの見返りを求め続けてきた財務省は、交渉の前面に立ってハード・バーゲニングに臨んでいくのである。

「柏木・ジューリック了解覚書」の構図

以上のような経緯を経て、米国側では沖縄返還の代償として見返りを要求すべきと主張してきたジューリックら財務省が経済財政問題に関する対日交渉権を握った。米国政府内での通貨交換に関する検討(wash と呼ばれた回収ドルの廃棄論や一括支払い(lump sum)方式による解決など)や各レベルでの日米財務当局間協議(九月二七、二八日の福田・ケネディ会談、交渉の最終局面である一〇月の柏木・ジューリック会談など)については、すでに先行研究で明らかにされている。以下では負担分担という論理がニクソン政権内や日米交渉でどのような意味を持ったのかという観点から、「柏木・ジューリック了解覚書」成立に至るプロセスを再検証する。

六月中旬から日米財務当局間では沖縄返還問題に関する検討を開始していたが、両者の認識の食い違いが早くも露呈したのは七月の第七回日米貿易経済合同委員会であった。会議に向けて米国政府内で作成された文書は、日本による輸入規制撤廃の必要性などを認めつつも、これらを沖縄返還問題とは連動させないとの前提を崩していなかった[128]。だが反面で日米間の国際収支の状況について厳しい見方をとり、日本による対米貿易収支の調整を要請していた[129]。

こうした認識に基づき、七月二九日より開催された第七回日米貿易経済合同委員会で米国は、貿易収支改善のために輸入制限の解除や繊維品の輸出自主規制を強く迫った。全体会合でペティ財務次官補は、米国の国際収支の健全性はドルの信認という意味で国際金融体制にとって重要であり、そのためにも経常収支でのかなりの黒字が必要と前置きしつつ、日本の対米貿易が黒字基調化したことで米国の経常収支黒字化はますます困難になっていると言及して、日本に輸入規制撤廃を要求した。つまり、米国側は国際金融体制の維持という観点から、日本に負担分担の一環として貿易収支改善を要求したのであるが、福田蔵相は日本の国際収支の先行きは楽観できないとして、その前提を受け容れなかった[130]。翌日の財務当局間のカウンターパート会合でも同様の議論が繰り返されたが、この席上でペティは、これまでの日本の対米国際収支協力に感謝しながらも、ニクソン政権はジョンソン政権のように預金の長期化といった「見せかけ」のやり方には興味はなく、国際金融体制全般の問題解決を図るべきとの考えを述べている[131]。

このように日米間では、一九六七年の佐藤・ジョンソン会談で主要議題であった資本収支上の措置によるドル防衛協力はいったん後景に退き、貿易収支改善のための輸入自由化・輸出自主規制がクローズアップされるようになっていた。他方、第七回日米貿易経済合同委員会で日本側は、愛知外相が対アジア経済援助の積極化を打ち出し、財政を握る福田がこれに太鼓判を押すなど、経済援助という面から負担分担に応じる姿勢を示したが[132]、米国からするとそれだけでは不十分であった。これ以降、日米間の争点は繊維という個別問題や輸入自由化問題に収斂し、沖縄返還との関連性が外交課題となる。

その反面で、財務省の狙いは沖縄返還が両国の国際収支にとって損益をもたらさない方法を見出すという政策目標に集約していった。第七回合同委員会後に開かれた第三回作業部会(この回からジューリックが参加)では、問題の特質に鑑み通貨交換は財務当局間で秘密裏に交渉することを確認するとともに、財務省が通貨交換によって両国の国際収支に影響を与えないようにするペーパーを準備することで合意し[133]、以後、福田・ケネディ会談に向けて検討が進められた。

九月一一日、財務省から大蔵省に沖縄返還にともなう経済財政上の原則として、①通貨交換によって日米ともに国際収支上の影響がないようにすること、②予算上の問題を生じないようにすること、③日本に引き渡される資産について公平かつ合理的な補償に合意することの三点が示された。だが、この財務省の方針に大蔵省は消極的な姿勢を崩さなかった。ケネディとの会談を控えた福田の反応は、話は聞くが実質的な議論はしないというものであり、大蔵省も経済財政問題を沖縄返還交渉の前提条件とすることは受け入れられないとの立場を固めていた[134]。福田は「沖縄を買い戻した」という批判を惹起することを懸念していたのである[135]。事態を重くみた財務省は、回収ドルの廃棄などの方法を示した案に基づき、在京大使館の財務アタッシェを大蔵省の柏木らとの交渉にあたらせた[136]。九月二二日、在京大使館の財務アタッシェと会談した柏木は、米国の提案を受諾できないと告げ、国際収支への影響を緩和する方法を佐藤・ニクソン会談後に検討すること、通貨交換を財政面の措置(資産の買い取りなど)で相殺するパッケージ解決を希望していることなどを伝えた[137]。

こうした大蔵省の頑なな姿勢を前に、財務省は交渉戦略の立て直しを図る。福田・ケネディ会談を直前に控えた九月二三日の第五回作業部会で、ジューリックは改めて沖縄返還交渉において負担分担を要求すべきと主張した。この会合では、沖縄返還に関する経済・財政交渉を、返還にともなう財政要求に限定する方法と国際収支や貿易問題、安全保障関係などより広い負担分担要求に結び付ける方法の二つのオプションが取り上げられた。ジューリックは、沖縄返還交渉だけで負担分担要求を動かすことは難しいかもしれないが、返還の文脈で論じておいても害はなく、沖縄返還という日本の希望を満たすことで米国側が獲得するテコを活用すべきと訴えた。だが、国務省のバーネットは負担分担を明示すると交渉が難しくなること、日本にはまだ沖縄に関する政治的・軍事的な目標を共有するだけの準備はなく、負担分担を要求すると佐藤は政治的に耐えられなくなることなどを挙げて、ジューリックの主張を抑えた。ジューリックは国務省の説明に納得したわけではなかったが、ここでは明確な決定を受け入れるとして持論を取り下げた。この議論からもうかがえるように、負担分担という概念をめぐって、政治・軍事面を中心に考える国務省と、国際収支や貿易問題などを含めた広範な内容を想定する財務省との間で認識に差異があり、このことが両者の議論が十分にかみ合わない原因となっていた。

迎えた九月二七、二八日の福田・ケネディ会談では、ケネディが日米首脳会談前の財政経済問題の合意を要求したのに対し、福田は議論を首脳会談後へ先送りすることを希望したが[138]、結局は福田が折れる形となり、首脳会談前に合意に達するよう最善を尽くすと発言した[139]。また、ケネディは日米間の貿易不均衡を八億ドルまで是正することも求めている[140]。この会談での福田の言質を足がかりとして、財務省は首脳会談前の合意達成に向けて邁進することとなる。

一方、大蔵省は流通ドルの資産性を堅持する方針は崩さなかったものの、通貨交換は米国にとって実質的には国際収支のマイナス要因とはならないが、統計上のマイナス計上を避けたい場合には、債権債務関係の維持を前提として何らかの緩和措置を検討するとしていた[141]。その具体策として検討されていたのは、①沖縄にある米国資産の購入、②米財務省証券(中期債)の購入、③対米余剰農産物債務・ガリオア債務の実質的繰り上げ償還という手段の選択または組み合わせであった[142]。このうち①は小笠原返還の際に用いられた手法であり、②と③は従来の対米国際収支協力のなかでも検討されてきた方法であった。つまり、大蔵省は返還にともなう経済財政問題をこれまでのドル防衛協力の延長線上に位置付けていたのである。

ジューリック率いる対日交渉チームと柏木ら大蔵省との最初の交渉は一〇月二一日に行われた。会議初日、柏木は交渉の絶対機密を条件としつつ、首脳会談前の協議や一括支払い方式を容認しないと回答した。これに対してジューリックは、議会・国民への説明として経済財政面での適切な討議が不可欠であることや、沖縄返還実現と経済財政問題は一体であると釘をさす一方で、米国はアジア地域における日米協力を長期的視点から必要としており、この経済財政問題交渉が解決すれば日米関係全般を強化することに繋がろうと発言した[143]。翌二二日の会談で、ジューリックは再び日米関係全体の強化に触れたのち、米国側要求として総額四・五億ドルとその方法（一括支払い方式、回収ドルは米国に請求せず）を説明した。しかし、柏木は一括支払い方式は福田・ケネディ会談で取り上げられていないこと、回収ドル廃棄論は交渉の余地なしとして、ジューリックの提案を峻拒した[144]。

この時点で両者の見解には大きな溝があり、交渉は暗礁に乗り上げたかに思われたが、このデッドロックを打開したのが翌二三日の第三回会合であった。冒頭、柏木は一括支払い方式拒否、資産支払いは米国側要求の四・五億ドルに対して九〇〇〇万ドル、ドル廃棄は不可だが国際収支上で影響がないようにする方法を検討することなどを提示した。これに対してジューリックは、この日本側提案には日米関係を強化するという「気迫（“spirits”）」がないと強く批判した。さらにジューリックは、議会や国民の対日感情にも言及しながら、ケネディが福田との会談で要請した貿易不均衡是正に日本側から積極的な反応がないこと、日本が負担分担に関する合意に消極的なことなどを挙げ、本交渉がうまくいかなければ米国内でさらなる否定的な反応を呼び起こすだろうと警告した[145]。膠着する事態を前に、ジューリックは持論である負担分担論を掲げて、日本に強い姿勢で譲歩を求めたのである。

この会談の後、柏木は福田と協議を行い、翌二四日にジューリックと非公式に会合した。ここで柏木は、従来の交渉ラインを大きく超える新提案を持ち出した。柏木はまず総額二・五億ドルを提案したが、ジューリックから十分な理解を得られないと、さらに通貨交換にともなう措置として米中長期債購入ないし米連邦準備銀行への預金一億ドル(ただし、この時点では利子の有無には言及せず)を含む合計四億ドルを新たに提案したのである[146]。この提案を持ち帰ったジューリックは、回収ドルを日本の資産と認めたうえで、米連銀への一億ドル・一五年間無利子預金(外貨準備が逼迫した時には取り崩し可能)を再提案した。結局、最終的な柏木・ジューリック了解覚書では、期間二五年間・無利子とし、金額は六〇〇〇万ドルまたは実際の通貨交換額という結論で合意することになる[147]。これは、それまでのドル防衛協力として想定・実施されてきた、中期債購入や預金長期化と比べて、預入期間の長さと利子の有無という点で極めて米国にとって有利な措置であった。こうした日米財務当局間協議について、ロジャーズはニクソンへのメモのなかで、資産買い取りなどを含めると総額六億八五〇〇万ドル(米国側の予算上の節約分一・五億ドルを含む)という交渉結果は米国にとって予想以上であったと報告した[148]。

大蔵省はなぜ、交渉の途中で事前の交渉ラインを超えた大幅な譲歩条件を提示したのであろうか。重要だったのは、大蔵省首脳部の決断であった。柏木がジューリックに新提案を示したあとに行われたマイヤー大使との会談で、福田は首脳会談の前に問題が解決することを望むとし、もう障害はないだろうとの認識を示している[149]。史料上の制約から確定的なことはいえないが、経済財政問題は返還時期の決定と一体であるとする米国側の論理を前に、ジューリックが掲げた日米関係全般に関わる負担分担という観点もふまえ、さらには、十分な下調整が整わないままに佐藤をジョンソンとの直接交渉に臨ませる結果となった一九六七年の首脳会談を反省材料として、大蔵省は佐藤・ニクソン会談の成功裏に導くことを最優先したものと考えられる[150]。

実際、先の佐藤・ジョンソン会談とは対照的に、一九六九年一一月の佐藤・ニクソン会談では、両者がこの沖縄返還にともなう財政問題について事務レベルの折衝が順調に行われていることを確認しただけであった[151]。柏木・ジューリック了解覚書は、確かに沖縄返還合意という重大な議題を抱えた日米首脳会談を円滑ならしめたのである。

ただし、それは柏木・ジューリック了解覚書を厳秘扱いにするという副作用を残すものであった。大蔵省が厳秘扱いを要求したのは、一義的には沖縄を買い戻したとの批判を抑えるためだったが、通貨交換に関していえば、その内容にも問題があった。前述のとおり通貨交換について事前に大蔵省内で検討されていたのは中期債購入など以前からドル防衛協力として検討されてきた手法であった。ところが交渉の最終段階で突如として回収ドルの連銀預金というアイディアが浮上し、長期・無利子という米国側に極めて有利な条件で合意することとなった。これはジョンソン政権が駆使してきた資本収支上の操作による国際収支協力に価値を見出さないニクソン政権に対して、実質的な対米利益をもたらす協力方式を示すことが必要と判断されたためとも考えられる。だがそれは、外貨準備の非公表運用という手続き上の問題だけではなく、多額の逸失利益という財政上の問題も生じさせるものであり[152]、一九六〇年代のドル防衛協力のなかでも異例の措置であった。

ドル防衛協力と沖縄返還とは、本来、別の次元に位置する外交課題である。しかし、これまでみてきたとおり、実際には両者は深く結びついていた。一九六〇年代後半、日米経済関係が相対的な接近をみせるなか、米国政府内ではベトナム特需を背景に高度成長を続ける日本に対して国際収支面での積極的な貢献を求める声が高まり、沖縄返還はそのためのきっかけとみなされたからである。この間、米国の要求は領域横断的なドル防衛協力の枠組みのなかで、軍事オフセットでの軍事収支面から中期債購入といった資本収支面へとシフトしていき、さらには貿易収支面での自由化措置と輸出自主規制要請も追加されていった。

日本側は大蔵省が米国からの要求に対応したが、ドル防衛協力と沖縄返還という観点からみたとき、二度の首脳会談の様相は全く異なるものだった。六七年一一月の佐藤・ジョンソン会談は事務レベルで事前の調整がつかず、また若泉という別ルートからの情報によって、両首脳間の厳しい直接交渉が行われる結果となった。これに対して、六九年一一月の佐藤・ニクソン会談では、柏木・ジューリック了解覚書による日本側の事前の大幅譲歩によって、沖縄返還にともなう国際収支問題は首脳会談で議論されることもなく処理された。

沖縄返還交渉は日本に安全保障上の責任を問うだけではなく、ドル防衛への貢献という国際経済上の負担分担の文脈とも密接に連動しながら展開していたのである。

註

1――『佐藤日記』第三巻、一七五〜一七六頁、一九六七年一一月一五日の項。

2――同右。また、五百旗頭真『戦後日本外交史(第三版増訂版)』有斐閣(有斐閣アルマ)二〇一四年、一三二〜一三三頁。

3――石井修「一九六〇年代日米関係の経済的側面」細谷千博監修・A五〇日米戦後史編集委員会編『日本とアメリカ パートナーシップの五〇年』ジャパンタイムズ、二〇〇一年、一三四頁。

4――Memo from Petty to Fowler, September 25, 1967, DNSA, JU00760. なお、村井の質問に対してペティが具体的にどう回答したかは同文書には記されていない。

5――Memorandum of Conversation, Mizuta and Fowler, September 27, 1967, DNSA, JU00764.

6――Telegram 46082 from DOS to Tokyo, September 28, 1967, *FRUS*, 1964-1968, Volume XXIX, doc. 97. なお、本会談

に関する日本側記録は、在米国下田大使より三木外務大臣宛電報第二七一五号、一九六七年九月二八日、外交記録「一九七二年の沖縄返還時の有事の際の核持ち込みに関する「密約」に係る調査の関連文書」二〇一〇-六四三七（CD番号 H22-013）、外交史料館。ただし、この電報には国際収支問題に関するくだりは記されていない。

7——Joint State/Treasury/Defense Memo, "U.S. Financial and Military Expenditures Relationships With Japan," にも、一九六六年と六七年の外貨準備を用いた対米協力についての記述がある。

8——佐道『戦後日本の防衛と政治』一七八～一八二頁。吉田『日米同盟の制度化』一〇九～一一〇頁。

9——大蔵省国際金融局「外貨準備について」一九六七年八月、『昭和財政史 一八』一九〇～一九二頁。

10——昇亜美子「ベトナム戦争と日本の東南アジア外交政策」『新防衛論集』第二七巻第三号、一九九九年一二月、九一～九三頁。

11——北米局長（東郷文彦）「国際収支問題に関する対米協議の件」一九六七年一〇月一三日、「第六回個別会談」。

12——同右。

13——Telegram 2503 from Tokyo to DOS, October 13, 1967, DNSA, JU00775.

14——Telegram 62795 from DOS to Tokyo, November 1, 1967, DNSA, JU00796. また、在米国下田大使より三木外務大臣宛電報第三〇七二号、一九六七年一〇月二六日、「第六回個別会談」。

15——Telegram 2414 from Tokyo to DOS, October 11, 1967, DNSA, JU00770.

16——中島『沖縄返還と日米安保体制』七八～七九頁。

17——Telegram 54981 from DOS to Tokyo, October 17, 1967, DNSA, JU00778.

18——Telegram 2913 from Tokyo to DOS, October 28, 1967, DNSA, JU00791. 日本側記録は、北米局北米課「三木大臣・ジョンソン大使会談録」一九六七年一〇月二八日、外務省記録「佐藤総理訪米（一九六七・一一）共同声明」A'.1.5.2.14-4（CD番号 A'-0437）、外交史料館（以下、「佐藤訪米　共同声明」と略記。）。

19——Memo from Rostow to Johnson, October 27, 1967, *FRUS*, 1964-1968, Volume XXIX, doc. 99.

20——Memo from Bundy to Rusk, October 30, 1967, DNSA, JU00792.

21——Memo from Rostow to Johnson, November 3, 1967, *FRUS*, 1964-1968, Volume XXIX, doc. 100.

22——Memorandum of Conversation, Wakaizumi and Rostow, October 27, 1967, DNSA, JU00789.

23——若泉敬『他策ナカリシヲ信ゼムト欲ス（新装版）』文藝春秋、二〇〇九年、七二～七五頁。

24——同右、七七～八〇頁。

25——大蔵省「対米国際収支協力について」一九六七年一一月六日、『昭和財政史 一八』一九二頁。本文書はコミュニケ作成にあたっていた外務省に送付され、外務省ではこの文書に手を加えることなく、そのまま総理訪米資料とした。同右、外務省記録「佐藤総理訪米（一九六七・一一）携行資料（調書）」A'.1.5.2.14-2（CD番号 A'-0437）外交史料館。

26——Briefing Paper, "U.S.-Japan Financial Arrangements," November 9, 1967, DNSA, JU00821.

27——Memo from Rusk to Johnson, November 10, 1967, DNSA, JU00824.

28——Ibid.

29——Briefing Paper, "Balance of Payments Cooperation Between Japan and the United States (Attachment A)," November 11, 1967, DNSA, JU00826. および、在米国下田大使より三木外務大臣宛電報第三二八六号、一九六七年一一月一〇日、「佐藤訪米　共同声明」。ただし、日本側記録には、大蔵省が提示した日本側協力額（三億ドル）は記されていない。

30——Memo from Fowler to Johnson, November 11, 1967, DNSA, JU00826.

31——Memo from Read to Rostow, November 8, 1967, DNSA, JU00810.

32——Memo from Rostow to Johnson, October 27, 1967, *FRUS*, 1964-1968, Volume XXIX, doc. 99.

33——Memorandum of Conversation, Rostow and Wakaizumi, November 11, 1967, *ibid.*, doc. 102.

34——同日のロストウとの会談における三点の対米協力事項についてのくだりについて、若泉は回顧録に書き残していない。若泉『他策ナカリシヲ信ゼムト欲ス』九〇～九四頁。

35——Memo from Rostow to Johnson, November 11, 1967, DNSA, JU00828.

36——Memorandum for Record, November 13, 1967, DNSA, JU00838. 若泉『他策ナカリシヲ信ゼムト欲ス』九四頁。

37——なお、若泉は一一月一三日夕方（午後六時一五分）に再びホワイトハウスでロストウと会談した際に、ロストウが佐藤への要望事項三項目（「ベトナム政策支持・国際収支協力・援助増額」）を話してくれたと記している（同右、九六～九七頁）。この点は、前述の一一月一一日会談において若泉から三項目について佐藤の前向きな姿勢が伝えられたとする米国側記録の記述と合致しないが、文書作成時期や前後の文脈からみて、米国側記録の信憑性が高いと考えられる。

38——大蔵省国際金融局「ＩＭＦスタンドバイ取極について」一九六七年一一月七日、『昭和財政史 一八』一九三〜一九四頁。

39——同右。

40——若泉『他策ナカリシヲ信ゼムト欲ス』一〇〇頁。

41——沖縄返還に関する共同声明第七項の策定プロセスについては、中島『沖縄返還と日米安保体制』七八〜一〇一頁。

42——Memorandum of Conversation, Rostow and Wakaizumi, November 11, 1967.

43——Memo from Bundy to Rusk, November 13, 1967, DNSA, JU00833.

44——Memo from Rusk to Johnson, November 13, 1967, DNSA, JU00832.

45——Memo from Rusk to Johnson, November 13, 1967, DNSA, JU00834.

46——米国側記録は、Memorandum of Conversation, Johnson and Sato, November 14, 1967, DNSA, JU00840. 日本側記録は、「佐藤総理・ジョンソン大統領会談録（第一回会談）」一九六七年一一月一四日、外交記録「沖縄関係 五 返還交渉前史（対米・対内）」二〇一一－〇〇二〇（ＣＤ番号 H22-021）外交史料館（以下、「沖縄関係 五」と略記。）。

47——米国側記録は、Memorandum of Conversation, McNamara and Sato, November 14, 1967, *FRUS*, 1964-1968, Volume XXIX, doc. 104. 日本側記録は「佐藤総理・マクナマラ国防長官会談録」一九六七年一一月一五日、「沖縄関係 五」。

48——米国側記録は、Memorandum of Conversation, Rusk and Sato, November 15, 1967, DNSA, JU00849. 日本側記録は、「佐藤総理・ラスク国務長官会談録」一九六七年一一月一五日、「沖縄関係 五」。

49——米国側記録は、Memorandum of Conversation, Johnson and Sato, November 15, 1967, *FRUS*, 1964-1968, Volume XXIX, doc. 106. 日本側記録は、「佐藤総理・ジョンソン大統領会談録（第二回会談）」一九六七年一一月一五日、「沖縄関係 五」。

50——日本側の記録には、コミュニケと対米協力とリンクさせたジョンソン大統領の発言は書き記されていない。なお、この要請に対する佐藤とジョンソン大統領のやり取りについて、日本側記録では、大統領の発言として「（総理は、昨日の会談の際）検討すると言われたが、自分にとっては、検討ではなく、実行あるのみである（I am not going to study but I am going to do it)。」と、検討・実行する主語はジョンソンになっている。これに対して米国側記録は“The Prime Minister said his Government would study this very seriously. The President said “don't study it, do it.””と、ジョンソンが佐藤に対して検討ではなく実行せよと発言したと記されている。

51——「一九六七年一一月一四日および一五日のワシントンにおける会談後の佐藤栄作総理大臣とリンドン・B・ジョンソン大統領との間の共同コミュニケ」一九六七年一一月一五日、外務省編『わが外交の近況（第一二号）』一九六八年一〇月（http://www.mofa.go.jp/mofaj/gaiko/bluebook/1968/s43-contents.htm）。

52——大蔵省「対米国際収支協力問題について」一九六七年一一月二〇日、『昭和財政史 一八』一九五～一九七頁。

53——Letter from Knowlton to Murai, December 8, 1967, DNSA, JU00854. この米国からの借り入れ削減については、大蔵省は合意事項ではないと反駁している。Memorandum of Conversation, Knowlton and Nakajima, December 27, 1967, DNSA, JU00865.

54——なお、米国側は国際収支問題運営グループが議題の設定や小委員会と財務当局間で扱う問題の振り分け、文書の配布設定など、全体を取りまとめる体制をとっていた。Memo from Deming to the Steering Group, December 12, 1967, DNSA, JU00855.

55——Letter from Knowlton to Murai, December 8, 1967.

56——Memorandum of Conversation, Knowlton and Nakajima, December 27, 1967.

57——Memo from Albright to Deming, January 10, 1968, DNSA, JU00875. ただし、米国側は最後の借り入れ削減については、日本への短期債流入増加をもたらすのみで、実質的な対米国際収支協力にカウントできないと反論した。これに対し、村井は、それならば目標額を削減せざるをえないと応じていた。

58——第五七回衆議院本会議、一九六七年一二月八日、国会会議録検索システム。

59——大蔵省「対米国際収支協力問題について」。

60——第五七回衆議院予算委員会、一九六七年一二月一一日、国会会議録検索システム。

61——『朝日新聞』一九六七年一二月一二日。

62——第五七回衆議院予算委員会、一九六七年一二月一二日、国会会議録検索システム。

63——大蔵省「対米国際収支協力問題について」。

64——Letter from Knowlton to Murai, December 8, 1967, DNSA, JU00854.

65——Memo from Albright to Cabinet Committee on Balance of Payment Group, December 1, 1967, DNSA, JT00046.

66——Letter from Johnson to Sato, January 1, 1968, *FRUS*, 1964-1968, Volume XXIX, doc. 109.

67——経済局米国カナダ課「ロストウ国務次官と総理大臣との会談について」一九六八年一月八日、和田純編（解題：和田純・村井哲也・村井良太・井上正也・中島琢磨）『楠田實資料（佐藤栄作官邸文書）』（オンライン版）丸善雄松堂株式会社、二〇一六年、I-2-3、および、Memorandum of Conversation, Sato and Rostow, January 3, 1968, DNSA, JU00869. Also see, Telegram 4400 from Tokyo to DOS, January 3, 1968, *FRUS*, 1964-1968, Vol. VIII, doc. 169. ただし、『昭和財政史』によれば、ロストウは日本側に対して、西ドイツのように軍事オフセット原則により、米国からの物資購入、金不購入とならんで中期債保有を求めたと記されている。『昭和財政史 一二』二〇〇頁。

68——"Position Paper for Honolulu Meetings, January 23-26, 1968 (Draft for Steering Group Consideration January 11)," undated, DNSA, JU00868.

69——Position Paper, DNSA, JU00875.

70——大蔵省財務参事官室「日米貿易経済合同委員会小委員会について」（大蔵省国際金融局資料）一九六八年一月一七日、『昭和財政史 一二』二〇二頁。

71——同右、一九五頁。

72——同右、一九六頁。

73——柏木雄介口述「昭和四一～四三年の国際金融局行政・昭和四三～四六年の財務官当時の諸問題」一九八〇年八月二六日、財務省開示文書（財研四七四号）。

74——在ホノルル山本総領事より三木外務大臣宛電報第二一号、一九六八年一月二四日、および、同第二三号、一九六八年一月二五日、外務省記録「本邦米国間財政金融関係 ドル防衛に関する対米協力問題」E'.2.3.1.5-5、外交史料館（以下、「ドル防衛協力問題」と略記。）。

75——以下、国際収支に関する予備会談については、基本的に、日本側交渉責任者であった村井七郎の財政史口述記録に依拠する。大蔵省大臣官房調査企画課「講和後史談会記録 昭和四二～四三年の財務参事官当時の諸問題・昭和四三年～四四年の国際金融行政 三和銀行顧問・元財務参事官・国際金融局長 村井七郎氏」一九八〇年三月六日、財務省開示文書(財研四七五号)。また、日米の合意事項については、国際金融局総務課「日米ハワイ会談のフォロー・アップについて」一九六八年七月一五日、『昭和財政史 一八』二〇〇頁、およびLetter from Fowler to Mizuta, February 17, 1968, DNSA, JU00892.

76——村井の口述記録によれば、ノウルトンは五億ドル分の中期債購入を要望している。ただし、この要望がどのタイミングで示されたのかは、同記録からは読み取れない。

77——なお、大蔵省は財務省に対し、①利子平衡税の対日免税一億ドル、②連邦準備銀行ガイドラインにおける日本への特別待遇、③米輸出入銀行の対日借款への配慮、の三点を確約するよう要求していた。Letter from Fowler to Mizuta, February 17, 1968.

78——以下、小委員会については、外務省経済局「日米貿易経済合同委員会小委員会　議事概要」一九六八年二月、外務省記録「日米貿易経済合同委員会　第一回小委員会(一九六八・二)」E'.2.3.1.17-7、外交史料館。

79——国際資料部「第四五〇回外交政策企画委員会記録」一九六八年二月七日、同右所収。

80——在ホノルル山本総領事より三木外務大臣宛電報第二八号、一九六八年一月二六日、「ドル防衛協力問題」。

81——同右。

82——在ホノルル山本総領事より三木外務大臣宛電報第三三号、一九六八年一月二六日、同右所収。

83——三木外務大臣より在米国下田大使宛電報第三七八号、一九六八年二月二八日、同右所収。

84——在米国下田大使より三木外務大臣宛電報第六三八号、一九六八年三月一日、同右所収。

85——Memo from Fowler to Johnson, February 5, 1968, DNSA, JU00888.

86——Memorandum of Conversation, Nakajima and Hirschtritt, February 9, 1968, DNSA, JU00889.

87——Letter from Fowler to Mizuta, February 17, 1968.

88——『昭和財政史 一二』二〇一〜二〇二頁。

89——三木外務大臣より在米国下田大使宛電報第二〇二一号、および同別電二〇二二号、一九六八年一〇月二九日、「ドル防衛協力問題」。

90——Memo from Petty to Fowler, October 25, 1968, Box 5, PF, LBJL.

91——佐藤英夫『日米経済摩擦』平凡社、一九九一年、一四〜一六頁。

92——Memo from Rostow to Johnson, June 12, 1968, DNSA, JU00962. Also see, Telegram 8931 from Tokyo to DOS, June 5, 1968, DNSA, JU00955.

93——Memo from Jenkins to Rostow, June 14, 1968, DNSA, JU00964.

94——Report, "Economic Relations with Japan," November 1968, DNSA, JU01010.

95——この点については、Liang Pan, "Whither Japan's Military Potential? The Nixon Administration's Stance on Japanese Defense Power," *Diplomatic History*, Vol.31, No.1 (January 2007), pp.111-141を参照。

96——Editorial Note, *FRUS*, 1969-1976, Volume III, Foreign Economic Policy; International Monetary Policy, 1969-1972, doc. 2. ニクソン政権発足期の国際通貨問題に対する姿勢については、ボルカー・行天『富の興亡』九六〜一〇〇頁。

97——"NSSM5 - Japan Policy," January 21, 1969, DNSA, JU01041.

98——Memo from Bundy to NSC Review Group, March 27, 1969, DNSA, JU01053.

99——Treasury, "Treasury Comment, NSSM on Japan," March 24, 1969, DNSA, JU01052.

100——Memo from Bundy to NSC Review Group, March 27, 1969.

101——Memo from Colman and Jurich to the NSC Review Group on NSSM-5, April 25, 1969, DNSA, JU01060.

102——Memo from Davis to Office of Vice President etc., April 28, 1969, DNSA, JU01061.

103——Memo from Davis to Office of Vice President etc., April 29, 1969, DNSA, JU01063.

104——我部『沖縄返還とは何だったのか』第六章、同『戦後日米関係と安全保障』一七〇頁。

105——"NSDM13—Policy Toward Japan," May 28, 1969, DNSA, JU01074. Also see, *FRUS*, 1969-1976, Volume III, doc. 20.

106——在米国下田大使より愛知外務大臣宛電報第九四二号、一九六九年三月二七日、外交記録「いわゆる「密約」問題に関する調査報告対象文書」二〇一〇-六四三八（CD番号H22-013）外交史料館（以下、「密約対象文書」二〇一〇-六四三八と略記。）。

107——Memorandum of Conversation, Johnson and Chiba, March 24, 1969,『集成XIV（三）』柏書房、二〇〇四年、一一七〜一二九頁。

108——愛知外務大臣より在米国下田大使宛電報第七三〇号、一九六九年四月二三日、外交記録「日米関係（沖縄返還）

一九」二〇一一-〇〇二二（CD番号 H22-021）外交史料館。また、Telegram 3156 from Tokyo to DOS, April 23, 1969,『集成XIV（三）』二一〇～二一一頁。ポジション・ペーパーの草案は、東郷（文彦）アメリカ局長「沖縄返還問題（ポジション・ペイパー案）」一九六九年四月二三日、外交記録「一九六〇年一月の安保条約改定時の朝鮮半島有事の際の戦闘作戦行動に関する「密約」に係る調査の関連文書」二〇一〇-六四四〇（CD番号 H22-013）外交史料館（以下、「密約関連文書」二〇一〇-六四四〇と略記。）。

109――Telegram 4182 from Tokyo to DOS, May 26, 1969,『集成XIII（三）』五八～五九頁。

110――第一回愛知訪米に関しては、中島『沖縄返還と日米安保体制』一六三～一六七頁。

111――Telegram 4060 from Tokyo to DOS, May 22, 1969, DNSA, JU01070.

112――在米国下田大使より愛知外務大臣宛電報第一七一二号、一九六九年六月三日、「密約関連文書」二〇一〇-六四四〇。

113――在米国下田大使より愛知外務大臣宛電報第一七四四号、一九六九年六月五日、外交記録「沖縄関係二〇」二〇一〇-六四三五（CD番号 H22-012）外交史料館（以下、「沖縄関係二〇」と略記。）。米国側記録は、Memorandum of Conversation, Aichi and Johnson, June 5, 1969,『集成XIV（四）』三七～三八頁。

114――東郷（文彦）アメリカ局長「外務大臣訪米随行報告」一九六九年六月九日、「沖縄関係二〇」。また、軽部『ドキュメント　沖縄経済処分』二五～二六頁。

115――東郷アメリカ局長「外務大臣訪米随行報告」。

116――我部『戦後日米関係と安全保障』一六九頁。

117――軽部『ドキュメント　沖縄経済処分』一三～一六頁。

118――Telegram 2481 from Tokyo to DOS, April 2, 1969,『集成XIV（三）』一三九頁。同様の意見具申は、五月にも在京大使館から届けられている。Telegram 4036 from Tokyo to DOS, May 21, 1969, 同右、三一一頁。

119――同文書（"Strategic Paper on Okinawa Negotiation," Jul. 3, 1969）については、宮里『日米関係と沖縄』三一三～三一五頁。

120――鈴木「米国側資料からみた、沖縄返還時の円ドル通貨交換と回収ドルの取扱いをめぐる日米交渉」九四～九五頁。

121――Policy Paper, "ECONCOM VII, U.S.–Japan Bilateral Balance of Payments," July 15, 1969,『集成XIII（一〇）』二四八

～二五二頁。

122――Memo from Jurich to Wheeler, July 10, 1969, DNSA, JU01102.

123――Memo from Wheeler to Jurich, July 24, 1969, DNSA, JU01103.

124――宮里『日米関係と沖縄』二三七～二三八頁。

125――Memo from Brown to Johnson, July 31, 1969,『集成XIV（四）』一九九頁。

126――Ibid.

127――Memo from Johnson to Kennedy, August 6, 1969,『集成XIV（四）』二一〇～二一一頁。

128――Policy Paper, "Ecocom VII, Ojective Paper," July 1969, DNSA, JU01090.

129――Background Paper, "U.S.-Japan Bilateral Balance of Payments," July 15, 1969,『集成XIII（一〇）』二四八～二五二頁。

130――外務省アメリカ局「第七回日米貿易経済合同委員会議事概要（昭和四四年七月二九日～三一日）」一九六九年九月、外務省記録「日米貿易経済合同委員会　第七委員会　本会議　議事概要」E'.2.3.1.17-8-5-11、外交史料館。

131――大蔵省「日米貿易経済合同委員会（counterpart meeting）」日付なし、外務省記録「日米貿易経済合同委員会　第七委員会　個別会談（カウンターパートランチ）」E'.2.3.1.17-8-6-1、外交史料館。

132――外務省アメリカ局「第七回日米貿易経済合同委員会議事概要（昭和四四年七月二九日～三一日）」。

133――Memorandum of Conversation, "Okinawa Reversion: Economic and Financial Aspects – Third Meeting of Working Group," August 14, 1969,『集成XIV（四）』二二九～二三二頁。

134――Telegram 7444 from Tokyo to DOS, September 11, 1969,『集成XIV（五）』一〇四～一〇五頁。

135――我部『戦後日米関係と安全保障』一七三～一七四頁。

136――鈴木「米国側資料からみた、沖縄返還時の円ドル通貨交換と回収ドルの取扱いをめぐる日米交渉」一一八～一二一頁。

137――Telegram 7749 from Tokyo to DOS, September 22, 1969,『集成XIV（五）』二二六～二二八頁。

138――Telegram 165541 from DOS to Tokyo, September 30, 1969,『集成XIII（三）』二九〇～二九五頁。

139――Memo from Rogers to Nixon, October 8, 1969, DNSA, JU01129.

140――Background Paper, "Background, – Bilateral Trade and Economic Relations," November 1969, DNSA, JU01142.

141——赤羽(桂)審議官「沖縄返還に伴う財政金融上の問題についての日本側見解」一九六九年一〇月一五日、『昭和財政史 一八』五四五頁。

142——(大蔵省)「検討メモ」一九六九年一〇月一七日、同右、五四七頁。また、鈴木「米国側資料からみた、沖縄返還時の円ドル通貨交換と回収ドルの取扱いをめぐる日米交渉」一四六頁。

143——Telegram 8693 from Tokyo to DOS, October 21, 1969,『集成XIV(六)』一七〇~一七二頁。

144——Telegram 8742 from Tokyo to DOS, October 22, 1969, 同右、一九一~一九三頁。

145——Telegram 8777 from Tokyo to DOS, October 23, 1969, 同右、二二〇~二二二頁。

146——Telegram 8824 from Tokyo to DOS, October 24, 1969, 同右、二二七~二二九頁。

147——鈴木「米国側資料からみた、沖縄返還時の円ドル通貨交換と回収ドルの取扱いをめぐる日米交渉」一〇一~一〇七頁。

148——Memo from Rogers to Nixon, November, 1969, DNSA, JU01153.

149——Telegram 9030 from Tokyo to DOS, October 31, 1969,『集成XIII(六)』八二~八三頁。

150——また、この当時は、西ドイツの平価切上げ(一九六九年一〇月実施)のため、日本に対しても円切り上げ圧力が高まると予想されていた。大蔵省(福田)が大幅な対米譲歩に踏み切ったのは、円切り上げの議論を抑制する狙いもあったと考えられる。

151——アメリカ局「佐藤総理・ニクソン大統領会談(第一回一一月一九日午前)」一九六九年一一月二七日、「密約対象文書」二〇一〇-六四三八。

152——鈴木「米国側資料からみた、沖縄返還時の円ドル通貨交換と回収ドルの取扱いをめぐる日米交渉」一〇三頁。また、波多野「「密約」とは何であったか」三〇三~三〇五頁。

終章

「経済大国化」とドル防衛をめぐる日米関係

本書は、貿易、軍事、経済援助、国際金融（資本）という複数のイシュー領域で展開された一九六〇年代のドル防衛問題を領域横断性という分析枠組みで捉えなおし、高度成長とドル防衛をめぐる日米関係の展開を論じてきた。その結びとして、これまでの議論を俯瞰的に位置付けながら、一九六〇年代の経済大国化が日本外交や日米関係にどのような変化をもたらしたのかという本書冒頭の疑問に答えてみたい。

1 日米国際収支問題の構図

一九六三年の利子平衡税発表時の混乱が端的に示すように、原理的には高度成長とドル防衛は対立的な関係性を内包していた。高度成長は米国からの資本導入や米国市場への輸出拡大による対米国際収支黒字を必要条件とし、ドル防衛は日本を含む各国との経常収支・資本収支両面での国際収支の不均衡是正を追求するという、正反対のベクトルを志向するものだったからである。

日本にとって、高度成長政策を継続していくうえで国際収支の均衡維持は前提条件であり、米国はそのために最も重要な存在だった。国際収支の天井という制約下、技術導入や原材料輸入の拡大によって赤字化する経常収支を補填するためには、米国市場への輸出拡大と米国からの長期安定資本の導入が不可欠だったからである。こうした日本の一方的な対米依存は、しかしながら、アイゼンハワー政権末期以降、米国がグローバルな同盟政策の一環として日本にもドル防衛への協力を求めたことから徐々に変化していった。そのフェイズは、一九六〇年前後の貿易収支面での協力を求める貿易自由化、一九六二年一二月の第二回日米貿易経済合同委員会と一九六三年二月のギルパトリック訪日から一九六六年以降のベトナム特需を相殺するための軍事収支面の交渉、一九六五年四月のジョンソン提案を契機として東南アジアへの経済援助(移転収支)政策での協調が争点となった一九六六年までの時期、そして、三次防での米国製装備品の調達増加要求に沖縄返還交渉という別次元のイシューが連動しながら、次第に軍事収支面から資本収支面での協力が中心的なテーマとなっていく時期と、複数のイシューが連続的、ときには同時並行的に展開していった。これらの課題をめぐる交渉と協力とによって一九六〇年代後半には、国際収支政策における日米関係は従来の日本の一方的な対米依存からより相補的な関係へとシフトした。国際通貨体制の安定化のための日米協力という現在まで続く関係性の起源は、一九六〇年代のドル防衛問題をめぐる議論に見出すことができる。

この時期のドル防衛協力の領域横断性に起因する貿易、軍事オフセット、経済援助、国際金融という諸相面での交渉は、その後の日米関係や日本外交にも大きな刻印をきざむこととなった。

貿易収支面では、当初米国は自国産業の国際競争力の優位を疑うことなく、日本市場が開放されれば対日輸出が増加し、貿易黒字が拡大することを自明視していた。日本もそのことを恐れ、個々の国内事情を盾に自由化実施の遷延を図った。日米両国の摩擦は貿易自由化をめぐる対日圧力として表面化し、結果的に一九六〇年代前半には大幅な自由化率の向上が実現した。しかし、このような日本の貿易自由化措置にも関わらず、その後に現実に起こったのは米国の対日輸出を超える日本の対米輸出の急増であり、一九六五年には日米間の貿易収支が逆転(日本の黒字化)した。その背景には、日本の残存輸入制限や非関税障壁という問題ももちろんあるが、それ以上に重要だったのは日本経済の国際競争力の高まりだった。貿易収支という市場の論理が働く領域では、政府が介入することで収支改善を図る余地は限られていたのである。その後も日本の対米貿易黒字が拡大していくと、ドル防衛協力の特徴であるアロケーションの柔軟性は失われ、一九九〇年代に至るまで貿易収支の不均衡是正そのものが日米間の最大の摩擦源となる。

貿易収支をめぐるゼロサム的な対米交渉に追われるなかで、注目すべきは日本外交が一九六〇年前後を境に一貫してグローバルな自由貿易の重要性を主張するようになったことである。一九五九年夏以降の日米交渉が示すように、それは一面では米国の交渉論理に共鳴して要求に応じた結果だったが、同時に、GATT三五条援用による日本への差別待遇解消を対外的に訴えていくためには自らの貿易自由化が不可欠であり、また、日本経済の体質強化のためには国内産業を国際競争の荒波にさらさなければならないという自由貿易主義的な信念に根差すものだった。一九六〇年代以降の日本の経済外交は、GATT(一九九二年に世界貿易機関(WTO)に改組)による自由・無差別・多角の国際貿易体制に貢献し、そのレジーム内で日本経済の強化を図ることを基本方針としていたのである。その後の貿易交渉でも外務省は米国からの市場開放要求に前向きで、ときには外圧を歓迎することすらあった。米国からの要求に妥協的な外務省の交渉姿勢は他の国内経済官庁からしばしば批判されたが、そこには外務省なりの経済外交理念が存在したといえよう。

アイゼンハワー政権期から、貿易収支とならぶ有力な国際収支対策として考えられたのが軍事収支だった。米国はMAPによる無償軍事援助の削減や在日米軍航空部隊の撤退という支出削減とともに、米国製装備品の日本への売却拡大を重視した。しかし、ケネディ政権が池田政権に中国の軍事的脅威を強調して防衛予算の拡大を迫っても、池田は米国の動機が経済的なものであることを見透かし、首を縦に振らなかった。ジョンソン政権期には財務省が主導して三次防での調達拡大を狙ったものの、今度は装備品国産化というナショナリスティックな議論と衝突した。さらに米国政府内には、日本に防衛努力の拡大を求めると、米国の思惑を超えて軍事化を進め、究極的には核武装にまで至るのではないかとの極端な疑念すら生まれていた。これらに示されるように、日米間では脅威認識にズレがあり、また日本にどのような安全保障上の役割を期待するかが確定できないなかでは、軍事収支面での黒字拡大は困難だった。

領域横断的なドル防衛協力では軍事オフセットのように経済と安全保障とを関連付けて交渉することも可能だが、こうした論理の複雑化は説得力を低下させることになる。そもそも日米同盟のような非対称同盟においで、経済と安全保障という位相の異なる価値の交換は明確な目的の一致がない限り、双方の政府にも、あるいは両国国民の間でも不満を生じさせやすい。一九六〇年代末以降、米国側に募りはじめた安保「ただ乗り」批判は冷戦終結時まで蓄積され続け、その鬱積した不満が苛烈な日米経済摩擦という形になって表出していく。これに対して、日本側では経済摩擦が日米安保にまで波及することがないよう「思いやり予算」などの対策を講じたが[1]、こうした手当てが国民の十分な理解を得ていたとはいいがたい。冷戦終結までの間、日米両国は経済と安全保障との交換という容易には到達しえない均衡解を探り続けることになる。

経済援助という移転収支面での協力要請には、ベトナム戦争の翳が暗く伸びていた。米国は日本に援助政策での協調と東南アジアへの経済援助増大を期待したが、日本側には自国の国際収支面への影響に加えて、ベトナム戦争と同一視されかねない経済援助に躊躇が広がっていた。とりわけ佐藤は東南アジアへの援助実施の前提として、米国が北爆一時停止を含む和平努力を先行して進めることに頑なにこだわった。その後、日本は政治的立場を離れたプラクティカルな東南アジア開発を掲げ、佐藤の態度も一九六五年一二月の北爆一時停止以後の米国との密接な意思疎通を通じて徐々に前向きなものとなっていく。一九六六年四月に東京で開催された東南アジア開発閣僚会議は日本の外交努力の結実だった。日本のこうした姿勢を米国は歓迎した。この時期の日本の援助政策は、ドル防衛という具体的な成果（金額）からみると効果は限定的だったが、東南アジア援助での政策協調や役割分担を両国が共有したという意味で重要だった。

日本の援助政策にとって一九六〇年代は、戦後処理としての賠償が中心だった一九五〇年代と経済大国としての国際責務が本格的に問われる一九七〇年代の端境期ないし転換期にあたる[2]。東南アジア開発とベトナム戦争とが乱気流のように交錯するなかで展開された日米交渉は、この「援助大国・日本」の原体験の一つとなった。とりわけ注目されるのは、韓国・台湾・東南アジアを中心とする一九六〇年代の対外援助が、二国間でも、アジア開発銀行や東南アジア開発閣僚会議といった多国間の地域協力枠組みにおいても、援助を受ける域内各国や米国を含む他の出資国との協調を前提としていた点である。日本の援助政策はこの当時から、有利子の円借款供与によって自助努力（オーナーシップ）を強調したり、アジア開発銀行の性格を（援助機関ではなく）コマーシャル・ベースの融資機関とすべく健全銀行主義の導入を主導したり、さらに輸入代替のための工業優先ではなく農業・軽工業からの段階的発展といった開発構想を示すなどの独自性を有していた。のちの日本の援助政策の指針となるこうした政策構想はいずれも、日本が援助を拡大していく一九六〇年代半ばに打ち出されたものであり、被援助国も共同出資国も資金と構想とがセットになった日本の援助政策に理解を示していた。なかんずく米国は日本の開発援助構想を歓迎し、その積極的な展開を期待した。一九七〇年代以降の援助大国・日本のアジア援助は、こうした日米両国の役割分担や日本の開発援助構想を基盤として展開された。その後の東アジア・東南アジアの経済成長のストーリーを、日本を主役に据えて描くのは正確ではないが、その環境整備の重要な一部を日本外交は担っていたのである。

以上のような展開を米国側からみた場合、その様相は一変する。日本との国際収支交渉は、貿易収支が市場の論理に敗れて黒字から赤字に転落し、軍事収支は日米間の脅威認識や同盟像のギャップから改善しないばかりか反対にベトナム特需が日本に流れ込む事態を生み、移転収支面でも米国への直接的な寄与は限定的だった。そうした逆調のなかで米国が主要なドル防衛協力策としてみなしていくのが資本収支だった。

米国からの長期資本導入を前提として経済成長政策を進めていた日本にとって、米国は資本収支上の優遇措置を求める対象であって、自らが米国の資本収支の不均衡是正に協力するという発想は乏しかった。そうした一方的な関係に限界を突き付けたのが一九六三年に公表された利子平衡税だった。ケネディ・ショック後の一連の交渉の末、日米両政府間では利子平衡税の日本への課税を一部免除するという妥協が成立する。重要だったのは、米国は日本の国際収支上の事情に政治的・経済的な理由から配慮し、日本は国際通貨体制の維持のために米国の国際収支安定化に向けた努力を評価するという共通認識に達したことである。利子平衡税の対日免除交渉直後に発表された日米合作の田中蔵相談話(一九六五年二月)は、国際収支政策での日本の一方的対米依存からドル防衛を共通の課題として対処するという関係性への転換点を示すものとなった。翌一九六六年五月、ベトナム特需回収のために外貨準備の米銀への預け入れを長期化するという資本収支上の対米協力策(トルード・アレンジメント)が講じられるようになったのも、田中談話で示された日米協力の延長線上に位置付けられる。

外貨準備を用いた資本収支上の協力は、数億ドル規模の巨額な協力を迅速かつ確実に、しかも他省庁との協議や国会あるいは国民の声に左右されることなく実施できるという点で、日米両国の財務当局にとって便利な措置だった。一九六〇年代のドル防衛協力は、こうして資本収支面での協力という帰着点に至ったのである。一九七〇年代の金ドル兌換停止後、日本は市場介入という形でドルの価値を買い支えた。そうした一連の措置の帰結として一九八〇年代以降、外貨準備のなかに米国債を中心とする外国の流動商品が積み上げられていくことになる。

しかし、民主的統制を受けない協力手法は、沖縄返還交渉時の柏木・ジューリック了解覚書という「財政密約」のような逸脱事例を生んだ。日本が米独間のように国際収支協力を対外的にオープンな形で実現できなかったのはなぜか。その理由として、ベトナム戦争に批判的な国内世論への配慮や縦割りの行政システムの影響などを指摘することもできるが、突き詰めれば、対外政策について国民に説明責任を果たすという発想が政治に欠如していたが故といえよう。

このように、領域横断的なドル防衛協力をめぐる交渉のなかから、自由貿易主義の重視や軍事収支面での抑制的な協力姿勢、援助政策での機能主義的な発想や自助努力の重視といった独自の構想、外貨準備を用いた国際金融面での対米協力といった、戦後日本外交の特徴が形成されていった。一九六〇年代のドル防衛をめぐる米国との交渉は、戦後日本の経済外交の原型となったのである。

2 日米関係の「重層化」

国際収支をめぐる対話は日米関係の「重層化」をもたらした。

一九五〇年代から六〇年代の日本外交は、国際経済構造の消費者・受益者として、日本の経済成長が他国の利益や国際経済全体にどのような影響をおよぼすかについては関心を向けてこなかったとされる[3]。結果的に一九六〇年代の日本外交は経済成長の果実を活用する明瞭な指針や目標に欠け、西側の一員としても、アジアの一員としても確かな地位を築くことができなかった[4]。しかし、これまで議論してきたように、「経済大国化」というプロセスのなかで日本外交は、国際社会からの自由化要請を受けて自由貿易主義を経済外交の指針とし、米国との政策協調を前提とした東南アジア開発構想を掲げ、ドル防衛という国際金融体制の安定化に向けた対米協力策を実施するようになっていた。限定的で抑制的ながらも、こうした国際経済秩序の形成と安定化に向けた貢献を積み重ねることによって、日米関係には経済的次元での「層」の厚みが増していった。

そもそも一九五〇年代初頭までに米国が日本との間で構築した同盟関係は、軍事的次元にとどまらず経済的・文化的次元を含めた重層的なものであった[5]。一九六〇年の安保条約改定では国際経済政策についての調整や二国間の経済協力促進を掲げた経済協力条項(第二条)が置かれ、安全保障を経済的関係まで含めたより広義に捉える見方が加わった。翌年には、その精神を実現するものとして日米貿易経済合同委員会が設置された[6]。合同委員会は日米関係における経済次元の層に一つの制度を提供するものとなり、本書でみてきたとおりドル防衛問題を取り上げる主要な交渉チャネルとなった。貿易、軍事、経済援助、国際金融といったイシュー領域を横断するドル防衛問題について交渉を積み重ねることで、日米両国の関係性はより重層的なものとなった。沖縄返還もベトナム戦争下での東南アジア開発をめぐる政策協調も、日米同盟の部分的な制度化も、こうした日米関係の重層化のなかで実現していったのである。

この日米同盟の重層化という構造変化を織りなしたのは、ドル防衛をめぐる日米両国の政治指導者と政策担当者であった。

米国からの資本導入をもとに拡張的なマクロ経済政策による所得倍増計画の実現を目指す池田勇人にとって、対米経済関係は苦難の連続であった。度重なる貿易自由化要請、利子平衡税による長期資本導入の途絶、二次防に絡めての軍事オフセット要求といった米国からのドル防衛協力要請は、そのまま池田政権の経済成長政策にマイナスに作用するものだったからである。本書では取り上げなかったが、米国から綿製品の国際取極に基づく輸出自主規制を突き付けられたのも池田政権期のことである。国内経済政策に直結するこうした課題を、池田は米国との真摯な対話のなかから解決しようと試みた。一方では貿易自由化やＧＡＴＴ関税一括引き下げ交渉への参加によって国内市場の開放を進め、また利子平衡税問題ではその是非を正して対日免除を声高に訴えた。他方、中国の脅威を理由に防衛努力拡大を求めるラスク国務長官への直截な発言にみられるように、池田は米国の交渉論理に異を唱えることも辞さなかった。ドル防衛をめぐる池田の対米交渉は、経済成長という自らの政策意図との整合を図るべく正面から対話に臨み、課題を克服しようと努めた正直な外交であったといえよう。もっとも池田の対米外交全体を評価する際には、核持ち込みに関するやりとりなども含めて考えることが必要である。

池田を後継した佐藤栄作は池田の経済政策の是正を意図しつつも、実際には池田政権期に蒔かれた経済成長の種を「いざなぎ景気」という果実で享受する幸運に恵まれた。ドル防衛協力でも、佐藤を支えたのは池田政権期の遺産であった。佐藤はディロン財務長官への利子平衡税免除の働きかけやジョンソン大統領との首脳会談での非妥協的態度にみられるように自ら対米折衝に臨むことも辞さなかったが、佐藤のそうした交渉姿勢を可能としたのは、池田政権期を通じて頻度を増した大蔵省（国際金融局）と米財務省とのコミュニケーションであった。佐藤は日米財務当局間の協力関係を基盤として資本収支面を中心に国際収支問題に対処したのである。そして、その主要な協力手法とされたのが外貨準備の非公表運用だった。佐藤政権のこうした対米協力が、最大の外交課題であった沖縄返還交渉に結び付いていたことは本書で議論したとおりである。佐藤の外交スタイルは、案件を所掌する各省庁のオフィシャルな対外交渉や、若泉のような私的な交渉チャネルといった複数の交渉ルートを相互独立的に走らせながら、自身（ないし官邸中枢）がそれを一元的に統括し、決断を下すというものだった。ドル防衛をめぐる日米関係が一九六〇年代半ば以降により相補的なものへと転換していくプロセスにおいて、佐藤のそうしたアプローチは対米協力を着実に実施することを可能とした。だが一方で、一九六〇年代後半には外貨準備が急拡大し、国際収支の天井が消滅したのにも関わらず、貿易自由化はほとんどストップし、金融面でも保護主義的な傾向が高まるというパラドックスが生じていた[7]。自由化に消極的な各省庁の政策判断を尊重する佐藤の姿勢は、とりわけ政権後期に自ら貿易自由化の旗を振った池田とは対照的である。対米国際収支問題でも佐藤は大蔵省の意向を踏まえて、財務当局間で技術的に処理する範囲内にとどめおこうとした。日米間のドル防衛協力が非公表の資本収支協力に収斂していったのは、一面では、こうした佐藤の政治姿勢の結果であった。

池田と佐藤を支えた大蔵省が国際収支上で所掌していたのは資本収支と軍事収支（米国製装備品の購入）であった。大蔵省はこの二つのグリップを固く握り、対米国際収支問題を自らの主管事項として処置しようとした。池田政権期の利子平衡税問題では外務省との協力関係のなかで対米交渉に臨んでいたが、一九六六年のトルード・アレンジメント以降は資本収支上の措置に他省庁の介入を許さなかった。二次防・三次防での米国製装備品の調達においても、防衛庁・自衛隊からの予算要求と米国からの要請の間で調達品を査定していた。大蔵省はこの二つの決定権によってドル防衛協力交渉を主導したのであり、佐藤も外務省もその点を容認していた。米財務省が経常収支と資本収支を網羅した日米金融同盟を提唱した時も、大蔵省は他省庁の関与を嫌ってその排除を画策した。紆余曲折を経て開催されたホノルル会議もたった一度の開催でうやむやとなり、関係省庁が協働して国際収支対策が講じられることはその後しばらくなかった。上には首相（佐藤）、横には米財務省という縦横一本に限定した関係性のなかで、専管する外貨準備を財源に国際収支問題をできるだけ円滑かつ着実に制御しようするのがこの時期の大蔵省の行動原理だったといえよう。

対照的なのは外務省である。ドル防衛問題に関して、外務省は米国との交渉で材料となる権限・財源をほぼ何も持っていなかった。貿易は国内経済官庁、軍事収支は大蔵省や防衛庁・自衛隊、通貨は大蔵省が握っており、経済援助の増額にも大蔵省の了解が必要だった。それゆえに、外務省が磨き上げていったのが国内官庁や米国を説得するための論理力だった。貿易面では経済局が国内市場開放の国際的意義やグローバルな自由貿易主義の重視を掲げ、また援助政策では経済協力局が経済援助増額を前提としてアジア重視の開発援助政策の充実や独自の開発構想を提唱するなど、ドル防衛問題をきっかけとして外務省は対外経済政策の論理を高めていった。それは受容されることも拒否されることもあったが、その後の経済外交を貫く政策方針となっていく。しかし、その外務省も国際通貨問題に関しては大蔵省の専管事項として関与することを避けた[8]。

こうして一九六〇年代半ば以降、日本政府のドル防衛協力への対応は徐々にストーブパイプスが固定化していった。その結果、領域横断的なドル防衛をめぐる対米交渉において、省庁間の協力的な対応は不十分なものにとどまった。換言すれば、縦割り化という行政府内の組織構造の変化とそれを前提に交渉を円滑に進めようとする政治のリーダーシップとの組み合わせがこの時期の対米外交の特徴だったといえよう。一九七〇年代以降の日本外交はこの時に形成された外交スタイルを継承して展開されていくことになる。

他方、米国政府内でも、日本にどの程度の防衛力を期待すべきか、沖縄返還と国際収支協力をリンクさせるべきか、安保「ただ乗り」論をもとに負担分担を日本に求めるべきか、といった諸点をめぐって意見の相違が表面化していた。経済の論理で日米安保体制をみる財務省と、政治・安全保障の観点から対日関係の堅持を求める国務省の間には常に意見の相違が存在した。沖縄返還をめぐっても、国際収支問題と関連付けて日本から経済面での協力を引き出そうとするジョンソン大統領と、経済を政治・安全保障に波及させるべきでないとする国務省・財務省の間で考え方に齟齬があった。日本への貿易自由化要求でも継続的な圧力を強調する立場と、過度に日本を追い詰めることを危惧する立場とが併存していた。しかし、こうした意見対立にも関わらず、ケネディ政権での軍事オフセット要求や一九六七年のファウラー提案のように、米国側は最終的には関係省庁間の議論・検討のなかから対日要求をまとめていた。

そのなかでも重要な役割を果たしたのが、マッカーサー、ライシャワー、ジョンソンという三人の個性豊かな駐日大使である。マッカーサーは日本の貿易自由化が日米関係におよぼす意義を確信し、強引な手法も辞さずにワシントンと日本政府の両方の説得を試みた。池田政権への配慮から自由化圧力の抑制を図る一方、ベトナム戦争が本格化していくなかで佐藤との信頼関係構築に苦労しながらも日本を積極的な東南アジア経済外交へと導こうと尽力したのがライシャワーである。そして、ジョンソンはワシントンと東京の両方の内情を踏まえながら、軍事オフセットと沖縄・小笠原返還交渉の実現に取り組んだ。「ジャパン・ハンズの時代」であった一九六〇年代、彼らは「自立しない日本」への不満と「自立する日本」への不安のジレンマに苛まれながら[9]、日本国内情勢の動向に応じて対日政策の調整弁の役割を果たし、それぞれの政策意図を落とし所へと導こうとした。

これに対して、ドル防衛政策をグローバルな外交課題とみる立場から日本に強い要求を突き付けたのが財務省であった。利子平衡税の実効性を確保すべく強硬な交渉姿勢を示す一方で政治的配慮から世界銀行を通じた対日融資を裏口から促したディロンや、日米金融同盟という新しい概念を打ち出すことによって対日交渉の主導権を掌握し、日本からの協力確保を図ったファウラーの動向は、ドル防衛をめぐる日米関係の展開を大きく左右した。沖縄返還交渉では、ジューリックが負担分担論を強調することで返還にともなう経済財政問題で大蔵省から異例なほど有利な譲歩を引き出した。

このように、一九六〇年代を通じて、日米両国の多くのアクターが政治・外交・安全保障・経済といったイシュー領域を横断するドル防衛という課題に取り組み、真摯な対話を繰り広げる群像劇のなかで、日米関係の重層化は有機的に成熟していったのである。

しかし、その目前には大きな陥穽が待ち受けていた。一九六〇年代後半に「ジュニア・パートナー」から「平等なパートナーシップ」へと脱皮した日米関係には、日本の経済大国化による経済面での貿易摩擦と防衛面での安保「ただ乗り」論という二重の摩擦の予兆が現れていた[10]。ある識者は、そうした様子を「戦後」という時代が崩れつつあり、米国は全力を傾けて迫ってくる競争者としての正体を現わし始めていると評した[11]。

一九七〇年代を迎え「経済大国」となった日本は、確かに、そのような米国と対峙していくことになる。

註

1――「思いやり予算」の実施までの日米交渉に関する最新の研究として、野添文彬『沖縄返還後の日米安保』吉川弘文館、二〇一六年、一八一～一九一頁。

2――宮城大蔵「一九六〇年代における日本の援助とアジア国際秩序」渡辺昭一編『冷戦変容期の国際開発援助とアジア』ミネルヴァ書房、二〇一七年。

3――山本『日本の経済外交』三八～三九頁。

4――波多野澄雄「高度成長期の日本外交」波多野『池田・佐藤政権期の日本外交』一七～一八頁。

5——佐々木卓也「アメリカの外交的伝統・理念と同盟」公益財団法人日本国際問題研究所監修、久保文明編『アメリカにとって同盟とはなにか』中央公論新社、二〇一三年、四五頁。

6——菅「ベトナム戦争と日米安保体制」、八三〜八四頁。

7——浅井良夫「IMF八条国移行と貿易・為替自由化(下)」『成城大学経済研究所研究報告』第四六号、二〇〇七年、一八二〜一八三頁。

8——対米国際収支協力に関して、可能な範囲で二国間および多国間協力に応じることとし、日米友好関係や安全保障に障害を生じさせないように所要の協力をケース・バイ・ケースに考慮するとした一九六九年九月の「わが国の外交政策大綱」の淡白な記述もそのことを裏付けている。外交政策企画委員会「わが国の外交政策大綱」。

9——玉置「ジャパン・ハンズ」一〇七〜一〇八頁。

10——細谷千博「国際社会の中での日米関係」細谷千博・本間長世『〈新版〉日米関係史』有斐閣(有斐閣選書)一九九一年、二二一〜二二五頁。

11——江藤淳「『ごっこ』の世界が終わったとき」北岡伸一編『戦後日本外交論集 講和論争から湾岸戦争まで』中央公論社、一九九五年、二六二頁。

あとがき

大学に入って最初に買った教科書に「あとがきを執筆するのは楽しい作業である」と書いてあったのを覚えている。いま、自分がその立場になってみて感じるのは、さんざん遅れていた宿題をようやく提出した後のような、小さな罪悪感からの解放といったところだ。

本書は、博士論文の提出(二〇〇四年)後に奉職した外務省外交史料館および防衛大学校で考えてきたことをまとめたものである。外交とは、政治・安全保障というハイポリティックスだけで構成されているわけではないし、対外経済問題も政治・外交の文脈から切り離すことはできない。とりわけ戦後日米関係を分析対象とするときには、両者を射程に含めた視点が必要ではないか。ごく当たり前のことだが、こうした問題意識が本書のベースにある。

ドル防衛問題を通じて一九六〇年代の日米関係を再考するという本書の議論の枠組みは、外交史料館で外交文書を紐解いていくなかから芽生えたものである。たまたま筆者が在職していた間に、一九七六年にスタートした外交記録公開制度が大幅に刷新されることとなった。この制度改革によって戦後日本外交史研究の風景は抜本的に変わったといってよいだろう。いまだ改善の余地はあるにせよ、日本側外交文書の不足を研究上の支障とするかつての「言い訳」は通用しなくなった。現在では、大量に公開された日本の外交文書を用いて戦後外交の政策意図をきめ細かく再現するアプローチが当たり前になりつつある。ドル防衛問題を通じて一九六〇年代の日米関係に新たな視点を提示するという本書の試みが日本外交史研究にささやかなりとも貢献できるとすれば、それはひとえにこうした制度改正の恩恵である。

さて、二つの大学院（筑波大学大学院国際政治経済学研究科（博士後期課程）と早稲田大学大学院アジア太平洋研究科（修士課程））と二つの職場を経てきた筆者にとって、御礼を申し上げなければならない方はあまりにも多い。本来であればここでお一人おひとりに謝辞を記すべきところであるが、それができないことをまずお詫びしたい。

最初にお名前を挙げなければならないのは、なんといっても波多野澄雄先生である。筆者が外交史研究を志すきっかけとなったのは、大学一年生の時に受講した先生の「日本政治外交史」の授業である。二年生になったときにお願いして通常よりも一年早くゼミに加えていただいてから、すでに二〇年以上の時間が過ぎた。これまでの学恩に本書がいささかでも報いることができるとすれば、筆者にとってこれ以上の幸せはない。また、修士課程の時にご指導いただいた後藤乾一先生にも感謝を申し上げたい。若泉敬ともご親交の深かった先生が本書をどのように御評価くださるか、御批正を待ちたい。

故・細谷千博先生にも御礼をお伝えしたい。『日本外交文書』編纂委員長でいらした細谷先生の謦咳に接することができたのは、筆者にとってこのうえなく幸せなことだった。初めて親しく声をかけていただいたときに尋常でないほどの汗が噴き出てきたことや、仕事以外のことでお褒めの言葉を頂戴したときのことを懐かしく思い出す。本書をご覧になったら、先生は何とおっしゃるだろう。

研究を通じて多くの友人に恵まれたことは筆者にとってもっとも大きな財産の一つである。とりわけ二〇〇三年から開催している戦後外交史研究会は筆者にとって研究上のホーム・グラウンドである。和気藹々とした雰囲気のなか、最新の研究動向について意見交換を重ねてきた同研究会がなければ、本書の議論はずっと独りよがりなものとなったであろう。佐藤晋先生、宮城大蔵先生をはじめとする諸兄姉にはこれからも親しくお付き合いいいただきたいと願っている。

日本国際政治学会、軍事史学会などでも本書に関する報告の機会を頂いた。そのなかでも、日本国際政治学会の安全保障分科会「ケネディ・ジョンソン政権のアジア同盟政策の再検討」（二〇一五年）と部会「戦後日本外交史研究の現在」（二〇一六年）でご一緒した佐久間一修先生、玉置敦彦先生、村上友章先生、白鳥潤一郎先生のお名前を挙げないわけにはいかない。本書の議論の骨格は、分科会・部会開催のために彼らと意見を交わすなかで形作られていったものである。また、井上正也先生とは白鳥先生とともに「データベース日本外交史」を共同運営させていただいている。研究上の刺激に加えて、知的公共財の提供という理念を共有できる同輩に恵まれたことは筆者にとって大きな幸せである。

山近久美子先生をはじめとする防衛大学校の同僚の先生方や外交史料館在職中にお世話になった方々、とりわけ『日本外交文書』編纂委員の先生方と編纂室のメンバーにも深謝申し上げたい。短期間ではあったが外交文書の編纂に携わり、「選文眼」を養う機会を得たことは外交史を研究する者として貴重な経験だった。編纂室の浜岡鷹行先生からは草稿段階で貴重なコメントも頂いた。また、外交文書公開の制度改革のときに一緒に仕事をした外務省外交記録・情報公開室の方々にも御礼申し上げる。外務省には戦前から続く「文書畑」の伝統があるが、外交史料館や外交記録・情報公開室の方々の支えがなければ外交史研究は成立しないということを改めて感じている。なお、言わずもがなではあるが、本書で論じてきたことはすべて筆者個人の見解である。

本書を書き上げるまで、あまりにも長い時間がかかってしまった。この間、しびれを切らすこともなく原稿を待ってくださったのが千倉書房の神谷竜介氏である。神谷氏でなければ本書がこうして世に出ることもなかっただろう。出版助成の書類の準備でもご配慮いただいた。感謝という言葉しか見つからない。

本書は、科学研究費若手（B）「高度成長期の日本経済外交の史的研究——貿易・資本自由化、国際金融、南北問題」（課題番号24730160）の研究成果の一部である。また、出版に当たっては幸いにも防衛大学校学術・教育振興会に助成して頂いた。西原正理事長をはじめとする関係各位に深謝する次第である。

最後に私事ではあるが、家族に感謝を伝えて本書を閉じたい。研究の道に進みたいという筆者の希望をそっと後押ししてくれた両親、そして、笑顔のたえない家庭を切り盛りしてくれている妻には心から感謝している。子供たちの健やかな成長も執筆のエネルギーとなった。感謝の気持ちを込めて、本書を妻と二人の子供たちに贈りたいと思う。

高橋和宏

二〇一八年五月

主要参考文献

【未公刊史料】

1　日本

(1) 外務省外交史料館

■戦後期「外務省記録」(ファイル名(巻数は略)分類番号(MF・CD番号))

「本邦の対外政策関係雑件　調書、資料」A'.1.0.0.16-1
「日米外交関係雑件」A'.1.4.1.1 (A'-0432)
「日米政策企画定期協議関係一件」A'.1.4.1.2
「大平外務大臣欧米訪問関係一件(一九六二・九)」A'.1.5.0.8 (A'-0357)
「大平外務大臣欧米訪問関係一件(一九六二・九)会談関係」A'.1.5.0.8-1 (A'-0357)
「大平外務大臣欧米訪問関係一件(一九六二・九)会談関係　資料」A'.1.5.0.8-1-1 (A'-0357)
「愛知外務大臣欧米訪問関係(一九六九・九)」A'.1.5.0.10 (A'-0437)
「小坂外務大臣米加訪問関係一件(一九六〇・九)」A'.1.5.2.9 (A'-0361)
「池田総理米加訪問関係一件(一九六一・六)」A'.1.5.2.10 (A'-0361)
「池田総理米加訪問関係一件(一九六一・六)会談関係」A'.1.5.2.10-1 (A'-0361)
「池田総理米加訪問関係一件(一九六一・六)会談関係　資料」A'.1.5.2.10-1-1 (A'-0361、A'-0362)
「池田総理米加訪問関係一件(一九六一・六)「米加訪問記録」調書」A'.1.5.2.10-3 (A'-0362)
「佐藤総理訪米関係(一九六五・一)」A'.1.5.2.12 (A'-0444)

「佐藤総理訪米関係（一九六五・一）会談関係」A'.1.5.2.12-2（A'-0444）
「佐藤総理訪米（一九六七・一一）」A'.1.5.2.14（A'-0434）
「佐藤総理訪米（一九六七・一一）会談関係」A'.1.5.2.14-3（A'-0437）
「佐藤総理訪米（一九六七・一一）共同声明」A'.1.5.2.14-4（A'-0437）
「ヴィエトナム紛争　本邦の立場及び役割」A'.7.1.0.15-5-2
「ヴィエトナム紛争　米国の政策及びその反響」A'.7.1.0.15-3
「ヴィエトナム紛争　和平問題」A'.7.1.0.15-8
「ヴィエトナム紛争　和平問題」A'.7.1.0.TOKU7
「ヴィエトナム紛争　和平問題　米国の態度」A'.7.1.0.TOKU8
「ヴィエトナム紛争　日本の立場及び態度　物資の修理調達」A'.7.1.0.TOKU21
「ヴィエトナム紛争　日本外交」A'.7.1.0.TOKU29
「東南アジア開発閣僚会議関係　第一回会議関係」B'.6.1.0.63-1（B'-0211）
「東南アジア開発閣僚会議関係　第一回会議関係　開催経緯」B'.6.1.0.63-1-1
「東南アジア開発閣僚会議関係　第一回会議関係　各国の反響、新聞論調」B'.6.1.0.63-1-3（B'-0211）
「アジア開発銀行関係　設立関係」B'.6.3.0.41-1（B'-0148）
「「経済局特別情報」綴」E'.0.0.0.8（E'-0035～E'-0037）
「本邦財政・金融政策関係」E'.1.1.0.1
「本邦国際収支関係」E'.2.0.0.15
「本邦国際収支関係　国際収支改善対策」E'.2.0.0.15-1
「本邦貿易・為替自由化関係」E'.2.0.0.32
「本邦貿易・為替自由化関係　閣僚会議関係」E'.2.0.0.32-2
「本邦対米国経済関係　在京使臣、経済局長会談関係（定例会議）」E'.2.3.1.1-1

「本邦・米国間財政・金融関係」E'.2.3.1.5
「本邦・米国間財政・金融関係　日米財政・金融会議」E'.2.3.1.5-4
「本邦・米国間財政・金融関係　ドル防衛に関する対米協力問題」E'.2.3.1.5-5
「本邦特需関係」E'.2.3.1.10
「日米貿易経済合同委員会関係」E'.2.3.1.17
「日米貿易経済合同委員会関係　第一回委員会（一九六一・一一）」E'.2.3.1.17-1
「日米貿易経済合同委員会関係　第一回委員会（一九六一・一一）本会議」E'.2.3.1.17-1-3
「日米貿易経済合同委員会関係　第一回委員会（一九六一・一一）個別会談」E'.2.3.1.17-1-4
「日米貿易経済合同委員会関係　第一回委員会（一九六一・一一）資料」E'.2.3.1.17-1-5
「日米貿易経済合同委員会関係　第二回委員会（一九六二・一二）」E'.2.3.1.17-2
「日米貿易経済合同委員会関係　第二回委員会（一九六二・一二）本会議」E'.2.3.1.17-2-3
「日米貿易経済合同委員会関係　第二回委員会（一九六二・一二）本会議　議事概要」E'.2.3.1.17-2-3-1
「日米貿易経済合同委員会関係　第二回委員会（一九六二・一二）個別会談」E'.2.3.1.17-2-4
「日米貿易経済合同委員会関係　第二回委員会（一九六二・一二）資料」E'.2.3.1.17-2-5
「日米貿易経済合同委員会関係　第三回委員会（一九六四・一）」E'.2.3.1.17-3
「日米貿易経済合同委員会関係　第三回委員会（一九六四・一）本会議」E'.2.3.1.17-3-3
「日米貿易経済合同委員会関係　第三回委員会（一九六四・一）本会議　議事概要」E'.2.3.1.17-3-3-1
「日米貿易経済合同委員会関係　第三回委員会（一九六四・一）個別会談」E'.2.3.1.17-3-4
「日米貿易経済合同委員会関係　第三回委員会（一九六四・一）資料」E'.2.3.1.17-3-5
「日米貿易経済合同委員会関係　第四回委員会（一九六五・七）」E'.2.3.1.17-4
「日米貿易経済合同委員会関係　第四回委員会（一九六五・七）本会議」E'.2.3.1.17-4-3
「日米貿易経済合同委員会関係　第四回委員会（一九六五・七）本会議　議事概要」E'.2.3.1.17-4-3-2

「日米貿易経済合同委員会関係　第四回委員会（一九六五・七）個別会談」E'.2.3.1.17-4-4
「日米貿易経済合同委員会関係　第四回委員会（一九六五・七）資料」E'.2.3.1.17-4-5
「日米貿易経済合同委員会関係　第五回委員会（一九六六・七）」E'.2.3.1.17-5
「日米貿易経済合同委員会関係　第五回委員会（一九六六・七）本会議」E'.2.3.1.17-5-3
「日米貿易経済合同委員会関係　第五回委員会（一九六六・七）本会議　議事概要」E'.2.3.1.17-5-3-1
「日米貿易経済合同委員会関係　第五回委員会（一九六六・七）資料」E'.2.3.1.17-5-8
「日米貿易経済合同委員会関係　第六回委員会（一九六七・九）」E'.2.3.1.17-6
「日米貿易経済合同委員会関係　第六回委員会（一九六七・九）本会議」E'.2.3.1.17-6-5
「日米貿易経済合同委員会関係　第六回委員会（一九六七・九）本会議　議事概要」E'.2.3.1.17-6-5-1
「日米貿易経済合同委員会関係　第六回委員会（一九六七・九）個別会談」E'.2.3.1.17-6-6
「日米貿易経済合同委員会関係　第六回委員会（一九六七・九）資料」E'.2.3.1.17-6-9
「日米貿易経済合同委員会関係　第一回小委員会（一九六八・一）」E'.2.3.1.17-7
「日米貿易経済合同委員会関係　第七回委員会（一九六九・七）」E'.2.3.1.17-8
「日米貿易経済合同委員会関係　第七回委員会（一九六九・七）本会議」E'.2.3.1.17-8-5
「日米貿易経済合同委員会関係　第七回委員会（一九六九・七）本会議　議事概要」E'.2.3.1.17-8-5-1
「日米貿易経済合同委員会関係　第七回委員会（一九六九・七）個別会談（カウンターパート・ランチ）」
E'.2.3.1.17-8-6
「日米貿易経済合同委員会関係　第七回委員会（一九六九・七）資料」E'.2.3.1.17-8-8
「日米通商会議関係　一九六二年箱根会議」E'.2.3.1.18-1
「米国経済関係」E'.3.3.1.1 (E'-0091)
「米国経済関係　調書・資料」E'.3.3.1.1-1 (E'-0092)
「米国財政・金融関係雑集」E'.3.3.1.2 (E'-0094)

「米国対外経済関係」E'.3.3.1.5（E'-0110）

「米国対外経済関係　財政・金融関係」E'.3.3.1.5-2（E'-0111）

「米国対外経済関係　財政・金融関係　国際収支」E'.3.3.1.5-2-1（E'-0111）

「米国対外経済関係　財政・金融関係　利子平衡税関係」E'.3.3.1.5-2-2（E'-0111、E'-0112）

「米国対外経済関係　財政・金融関係　ドル防衛関係」E'.3.3.1.5-2-3（E'-0112）

「米国対外経済関係　財政・金融関係　ドル防衛関係　大統領教書・指令書綴」E'.3.3.1.5-2-3-2（E'-0112、E'-0113）

「米国貿易関係　通商拡大法関係」E'.3.3.1.6-9（E'-0126）

「関税及び貿易に関する一般協定関係（ＧＡＴＴ）関税一括引下げ交渉（ケネディ・ラウンド）関係」E'.4.1.0.7-20

「関税及び貿易に関する一般協定関係（ＧＡＴＴ）関税一括引下げ交渉（ケネディ・ラウンド）関係　日米交渉関係」E'.4.1.0.7-20-4

「関税及び貿易に関する一般協定関係（ＧＡＴＴ）関税一括引下げ交渉（ケネディ・ラウンド）関係　日米交渉関係　日米予備交渉」E'.4.1.0.7-20-4-1

「在外公館長会議関係　アジア、太平洋地域公館公館長会議　第一四回会議関係」M'.3.1.7.8-2-14

■戦後外交記録（新分類）（ファイル名、管理番号（ＣＤ番号））

「沖縄関係二〇」二〇一〇－六四三五（H22-012）

「一九七二年の沖縄返還時の有事の際の核持ち込みに関する「密約」に係る調査の関連文書」二〇一〇－六四三七（H22-013）

「いわゆる「密約」問題に関する調査報告対象文書」二〇一〇－六四三八（ＣＤ番号H22-013）

「一九六〇年一月の安保条約改定時の朝鮮半島有事の際の戦闘作戦行動に関する「密約」に係る調査の関連

文書」二〇一〇 - 六四四〇(H22-013)
「沖縄関係　五　返還交渉前史(対米・対内)」二〇一一 - 〇〇二〇(H22-021)
「日米関係(沖縄返還)一九」二〇一一 - 〇〇二二(H22-021)
「日米貿易協議」二〇一五 - 〇二六六
「日米関係／ヴィエトナムに関する日米連絡」二〇一五 - 一〇四一
「日米関係／ヴィエトナムに関する日米連絡」二〇一五 - 一〇四二

(2)財務省

■情報公開法による開示文書

(3)外務省ウェブサイト

■いわゆる「密約」問題に関する調査結果
(http://www.mofa.go.jp/mofaj/gaiko/mitsuyaku/kekka.html)

■「〝核〟を求めた日本」報道において取り上げられた文書等に関する調査についての関連文書
(http://www.mofa.go.jp/mofaj/gaiko/kaku_hokoku/kanrenbunsyo.html)

(4)財務省ウェブサイト(国立国会図書館インターネット資料収集保存事業WAAPに保存されたもの)

■「沖縄返還に伴う財政負担に係る文書」及びいわゆる「無利子預金」に関する調査結果
(http://warp.da.ndl.go.jp/info:ndljp/pid/1313587/www.mof.go.jp/jouhou/sonota/20100312okinawa.htm)

2　米国

(1)National Archives and Record Administration, College Park, MD

■ Record Group 59

State Department Central Decimal Files

1960-1963

State Department Central Files, Subject Numeric Files

1963

1964-1966

1967-1969

(2)John F. Kennedy Presidential Library and Museum, Boston, MA

■ Papers of John F. Kennedy, Presidential Papers

National Security Files, Countries, Japan

■ Personal Papers

George W. Ball Personal Papers

McGeorge Bundy Personal Papers

Roswell L. Gilpatric Personal Papers

(3)Lyndon Baines Johnson Presidential Library, Austin, TX

■ Papers of Lyndon Baines Johnson President 1963-69

National Security File, Country File, Asia and the Pacific, Japan

Confidential File
White House Central Files
Administrative History
　　Department of the State
　Department of the Treasury
■Personal and Organizational Papers
Papers of Henry Fowler
Papers of Francis M. Bator
Papers of George Ball
Papers of Anthony M. Solomon
Papers of U. Alexis Johnson

【公刊史料】

1　日本

・石井修他監修『アメリカ合衆国対日政策文書集成　第Ⅱ期〜第ⅩⅣ期』柏書房、一九九六〜二〇〇四年。
・総合研究開発機構（ＮＩＲＡ）戦後経済政策資料研究会編『国民所得倍増計画資料　第一七巻　経済審議会議事録（一）』日本経済評論社、一九九九年。
・細谷千博・石井修・有賀貞・佐々木卓也編『日米関係資料集　一九四五−九七』東京大学出版会、一九九九年。
・和田純編（解題：和田純・村井哲也・村井良太・井上正也・中島琢磨）『楠田實資料（佐藤栄作官邸文書）』オ

ンライン版、丸善雄松堂株式会社、二〇一六年。
- 渡邉昭夫監修、佐道明広・平良好利・君島雄一郎編『堂場文書』DVD版、丸善学術情報ソリューション事業部企画開発センター、二〇一三年。

2　米国

- Foreign Relations of the United States
(https://history.state.gov/historicaldocuments)
1958-1960, Vol. 5, Foreign Economic Policy.
Vol. 18, Japan; Korea.
1961-1963, Vol. 9, Foreign Economic Policy.
Vol. 22, Northeast Asia.
1964-1968, Vol. 8, International Monetary and Trade Policy.
Vol. 29, Part 2, Japan.
1969-1976, Vol. 3, Foreign Economic Policy; International Monetary Policy, 1969-1972.
- Digital National Security Archive
(http://www.proquest.com/products-services/databases/dnsa.html)
Japan and the United States: Diplomatic, Security, and Economic Relations, 1960-1976.
Japan and the United States: Diplomatic, Security, and Economic Relations, 1977-1992.
Japan and the United States: Diplomatic, Security, and Economic Relations, Part III, 1961-2000.
- U.S. Declassified Documents Online
(http://www.gale.com/c/us-declassified-documents-online)

3　英国

• Foreign Office Files: Japan and the Far East, Series two, British Foreign Office Files for Post-War Japan, [microform] (Marlborough, UK: Adam Matthew Publications, 2000-2001)

Part 5, 1963-1965.

Part 6, 1966-1968.

【オーラルヒストリー・インタビュー】

■政策研究大学院大学（COEオーラル政策研究プロジェクト他）

• 『大河原良雄オーラルヒストリー』政策研究大学院大学、二〇〇五年。
• 『菊地清明オーラルヒストリー』政策研究大学院大学、二〇〇四年。
• 『宮崎勇オーラルヒストリー』政策研究大学院大学、二〇〇三年。
• 『宮崎弘道オーラル・ヒストリー』政策研究大学院大学、二〇〇五年。
• 『本野盛幸オーラル・ヒストリー』政策研究大学院大学、二〇〇五年。
• 『吉野文六オーラルヒストリー』政策研究大学院大学、二〇〇三年。

■National Security Archive, U.S.-Japan Project, Oral History Program
（http://nsarchive2.gwu.edu//japan/ohpage.htm）

• 「行天豊雄氏インタビュー」一九九六年二月二九日。
• 「柏木雄介氏インタビュー」一九九六年二月二九日。

・「菊地清明氏インタビュー」一九九六年七月一五日。
・"Armin Meyer Oral History Interview," January 17, 1996.
・「インタビュー（一）西廣整輝氏（元防衛事務次官・防衛庁顧問）」一九九五年一一月一六日。
・「吉野文六大使インタビュー」一九九七年六月三〇日。

■近代日本史料研究会
・『國廣道彦オーラルヒストリー』上下巻、二〇〇八年。

■一般書籍
・有馬龍夫（竹中治堅編）『対欧米外交の追憶　一九六二－一九九七』上下巻、藤原書店、二〇一五年。
・牛場信彦・原康『日本経済外交の系譜　新たな世界的展望を求めて』朝日イブニングニュース社、一九七九年。
・牛場信彦（聞き手：山本正）『牛場信彦　経済外交への証言』ダイヤモンド社、一九八四年。
・大河原良雄『オーラルヒストリー　日米外交』ジャパンタイムズ、二〇〇六年。
・菊地清明（鹿島平和研究所編）『経済外交の現場を語る　一外交実務家の目』勉誠出版、二〇〇三年。
・岸信介・矢次一夫・伊藤隆『岸信介の回想』文藝春秋、一九八一年。
・栗山尚一（中島琢磨・服部龍二・江藤名保子編）『外交証言録　沖縄返還・日中国交正常化・日米「密約」』岩波書店、二〇一〇年。
・下田武三『下田武三　戦後日本外交の証言』上下巻、行政問題研究所、一九八四年。
・中島敏次郎（井上正也・中島琢磨・服部龍二編）『外交証言録　日米安保・沖縄返還・天安門事件』岩波書店、二〇一二年。
・中曽根康弘（聞き手：中島琢磨・服部龍二・昇亜美子・若月秀和・道下徳成・楠綾子・瀬川高央）『中曽根康

弘が語る戦後日本外交』新潮社、二〇一二年。
・本田敬吉・秦忠夫編『柏木雄介の証言　戦後日本の国際金融史』有斐閣、一九九八年。
・御厨貴・中村隆英編『聞き書　宮澤喜一回顧録』岩波書店、二〇〇五年。
・エコノミスト『高度成長期への証言』上下巻、日本経済評論社、一九九九年。

【日記・回想録】

■日記・日録
・楠田實（和田純・五百旗頭真編）『楠田實日記　佐藤栄作総理秘書官の二〇〇〇日』中央公論新社、二〇〇一年。
・佐藤榮作（伊藤隆監修）『佐藤榮作日記』全六巻、朝日新聞社、一九九七〜一九九九年。
・ライシャワー、エドウィン・O（ハル・ライシャワー、入江昭監修）『ライシャワー大使日録』講談社（講談社学術文庫）二〇〇三年。

■回想録等
・牛場信彦『外交の瞬間　私の履歴書』日本経済新聞社、一九八四年。
・枝村純郎（中島琢磨・昇亜美子編）『外交交渉回想　沖縄返還・福田ドクトリン・北方領土』吉川弘文館、二〇一六年。
・大来佐武郎『経済外交に生きる』東洋経済新報社、一九九二年。
・大平正芳『私の履歴書』日本経済新聞社、一九七八年。
・大平正芳（福永文夫監修）『大平正芳全著作集』全七巻、講談社、二〇一〇〜二〇一二年。
・岸信介『岸信介回顧録　保守合同と安保改定』廣済堂出版、一九八三年。

- 栗山尚一『戦後日本外交　軌跡と課題』岩波書店（岩波現代全書）二〇一六年。
- 国廣道彦（解題：服部龍二・白鳥純一郎）『回想「経済大国」時代の日本外交　アメリカ・中国・インドネシア』吉田書店、二〇一六年。
- シュレジンジャー、アーサー・M（中屋健一訳）『ケネディ　栄光と苦悩の一千日』上下巻、河出書房、一九六六年（Arthur M. Schlesinger, *A Thousand Days: John F. Kennedy in the White House*, (Houghton Mifflin, Boston: 1965)）。
- ジョンソン、U・アレクシス（増田弘訳）『ジョンソン米大使の日本回想　二・二六事件から沖縄返還・ニクソンショックまで』草思社、一九八九年（U. Alexis Johnson, *The Right Hand of Power: The Memoirs of an American Diplomat* (Engewood Cliffs, NJ: Prentice-Hall, 1984)）。
- 東郷文彦『日米外交三十年　安保・沖縄とその後』中央公論社（中公文庫）一九八九年。
- 福田赳夫『回顧九十年』岩波書店、一九九五年。
- マイヤー、アーミン・H（浅尾道子訳）『東京回想』朝日新聞社、一九七六年（Armin H. Meyer, Assignment Tokyo, An Ambassador's Journal (Indianapolis: Bobbs-Merrill, 1974)）。
- 水田三喜男『蕗のとう　私の履歴書』日本経済評論社、一九七一年。
- 水田三喜男追想集刊行委員会『おもひ出　水田三喜男追想集』水田三喜男追想集刊行委員会、一九七七年。
- 村田良平『回顧する日本外交　一九五二－二〇〇二』都市出版、二〇〇四年。
- 村田良平『村田良平回想録』上下巻、ミネルヴァ書房、二〇〇八年。
- 安川壮『忘れ得ぬ思い出とこれからの日米外交　パールハーバーから半世紀』世界の動き社、一九九一年。
- 若泉敬『他策ナカリシヲ信ゼムト欲ス　核密約の真実〔新装版〕』文藝春秋、二〇〇九年。

【報告書等】

■経済企画庁

・経済企画庁編『国民所得倍増計画』大蔵省印刷局、一九六一年。

・経済企画庁編『中期経済計画　付経済審議会答申』大蔵省印刷局、一九六五年。

■日本経済調査協議会

・「自由化の再検討」一九六三年。

・「開放経済下の貿易政策」調査報告六四－五、一九六四年。

・「国際流動性問題」調査報告六四－二、一九六四年。

・「国際通貨および国際金融問題　国際間の資本移動を中心として」調査報告七〇－一、一九七〇年。

■米国

・U. S. Department of Commerce, Bureau of Economic Analysis, *The Balance of Payments of the United States, Concepts, Data Sources, and Estimating Procedures,* Washington, D.C.: U.S. Government Printing Office, 1990

【基本資料】

・外務省外交史料館日本外交史辞典編纂委員会編『新版 日本外交史辞典』山川出版社、一九九二年。

・鹿島平和研究所編『日本外交主要文書・年表』第一～四巻、原書房、一九八三～一九九五年。

・高坂正堯・佐古丞・安部文司編『戦後日米関係年表』ＰＨＰ研究所、一九九五年。

・三和良一・原朗編『近現代日本経済史要覧（補訂版）』東京大学出版会、二〇一〇年。

【データベース等】

- 外務省「外交青書」
(http://www.mofa.go.jp/mofaj/gaiko/bluebook/index.html)
- 国立国会図書館「国会会議録検索システム」
(http://kokkai.ndl.go.jp/)
- 内閣府「経済財政白書／経済白書」
(http://www5.cao.go.jp/keizai3/keizaiwp/index.html)
- 総務省統計局「日本の長期統計系列」
(http://www.stat.go.jp/data/chouki/)
- Bureau of Economic Analysis, U.S. Department of Commerce
(https://www.bea.gov/)
- データベース「世界と日本」
(http://worldjpn.grips.ac.jp/)
- データベース日本外交史
(https://sites.google.com/view/databasejdh)

【定期刊行物】

『朝日新聞』、『海外経済事情』、『経済と外交』、『国際収支統計年報』、『財政金融統計月報』、『第一銀行調査月報』、『日本銀行調査月報』、『日本経済新聞』、IMF Annual Report.

【省史】

- 大蔵省財政史室編『昭和財政史　昭和二七－四八年度　第一一巻　国際金融・対外関係事項（一）』東洋経済新報社、一九九九年。
- 大蔵省財政史室編『昭和財政史　昭和二七－四八年度　第一二巻　国際金融・対外関係事項（二）』東洋経済新報社、一九九二年。
- 大蔵省財政史室編『昭和財政史　昭和二七－四八年度　第一八巻　資料（六）国際金融・対外関係事項』東洋経済新報社、一九九八年。
- 外務省百年史編纂委員会編『外務省の百年』上下巻、原書房、一九六九年。
- 経済企画庁編『現代日本経済の展開　経済企画庁三〇年史』大蔵省印刷局、一九七六年。
- 経済企画庁編『戦後日本経済の軌跡　経済企画庁五〇年史』大蔵省印刷局、一九九七年。
- 通商産業省通商産業政策史編纂委員会編『通商産業政策史　第八巻　第Ⅲ期　高度成長期（一）』、通商産業調査会、一九九一年。

【書籍】

1　邦文

- 赤根谷達雄『日本のガット加入問題　《レジーム理論》の分析視角による事例研究』東京大学出版会、一九九二年。
- 浅井良夫『ＩＭＦ八条国移行　貿易・為替自由化の政治経済史』日本経済評論社、二〇一五年。

・五百旗頭真編『日米関係史』有斐閣（有斐閣ブックス）二〇〇八年。
・五百旗頭真編『戦後日本外交史（第三版補訂版）』有斐閣（有斐閣アルマ）二〇一四年。
・池井優『駐日アメリカ大使』文藝春秋（文春新書）二〇〇一年。
・池井優『語られなかった戦後日本外交』慶應義塾大学出版会、二〇一二年。
・石井修『冷戦と日米関係　パートナーシップの形成』ジャパンタイムズ、一九八九年。
・石井修『国際政治史としての二〇世紀』有信堂高文社、二〇〇〇年。
・石井修『覇権の翳り　米国のアジア政策とは何だったのか』柏書房、二〇一五年。
・石井寛治・原朗・武田晴人編『日本経済史　五　高度成長期』東京大学出版会、二〇一〇年。
・伊藤正直『戦後日本の対外金融　三六〇円レートの成立と終焉』名古屋大学出版会、二〇〇九年。
・伊藤正直・浅井良夫編『戦後ＩＭＦ史　創成と変容』名古屋大学出版会、二〇一四年。
・伊藤昌哉『池田勇人　その生と死』至誠堂、一九六六年。
・伊奈久喜『戦後日米交渉を担った男　外交官・東郷文彦の生涯』中央公論新社、二〇一一年。
・井上寿一・波多野澄雄・酒井哲哉・国分良成・大芝亮（編集委員）『日本の外交』第一～六巻、岩波書店、二〇一三年。
・井上寿一『ＮＨＫさかのぼり日本史　外交篇［一］戦後〝経済外交〟の軌跡　なぜ、アジア太平洋は一つになれないのか』ＮＨＫ出版、二〇一二年。
・猪木武徳『日本の近代　七　経済成長の果実　一九五五～一九七二』中央公論新社（中公文庫）二〇一三年。
・大塚武『国際収支の見方（改訂版）』日本経済新聞（日経文庫）一九六五年。
・小野直樹『戦後日米関係の国際政治経済分析』慶應義塾大学出版会、二〇〇二年。
・我部政明『沖縄返還とは何だったのか　日米戦後交渉史の中で』日本放送出版協会（ＮＨＫブックス）二〇〇〇年。
・我部政明『戦後日米関係と安全保障』吉川弘文館、二〇〇七年。

• 軽部謙介『ドキュメント沖縄経済処分　密約とドル回収』岩波書店、二〇一二年。
• 上川孝夫・矢後和彦『国際金融史』有斐閣、二〇〇七年。
• 河村哲二『現代アメリカ経済』有斐閣（有斐閣アルマ）二〇〇三年。
• 菅英輝『冷戦と「アメリカの世紀」　アジアにおける「非公式帝国」の秩序形成』岩波書店、二〇一六年。
• 北岡伸一編『戦後日本外交論集　講和論争から湾岸戦争まで』中央公論社、一九九五年。
• 香西泰『高度成長の時代　現代日本経済史ノート』日本評論社、一九八一年。
• 高坂正堯『国際摩擦　大国日本の世渡り学』東洋経済新報社、一九八七年。
• 河野康子『沖縄返還をめぐる政治と外交　日米関係史の文脈』東京大学出版会、一九九四年。
• 河野康子『日本の歴史　二四　戦後と高度成長の終焉』講談社（講談社学術文庫）二〇一〇年。
• 古城佳子『経済的相互依存と国家　国際収支不均衡是正の政治経済学』木鐸社、一九九六年。
• 後藤乾一『「沖縄核密約」を背負って　若泉敬の生涯』岩波書店、二〇一〇年。
• 小浜裕久・渡辺真知子『戦後日本経済の五〇年　途上国から先進国へ』日本評論社、一九九六年。
• コーエン、S・D（山崎好裕他訳）『アメリカの国際経済政策　その決定過程の実態』三嶺書房、一九九五年。
• 佐道明広『戦後日本の防衛と政治』吉川弘文館、二〇〇三年。
• 篠原三代平編『日本経済講義　データで語る経済のダイナミズム』東洋経済新報社（統計研究会叢書）、一九八六年。
• 信夫隆司『若泉敬と日米密約　沖縄返還と繊維交渉をめぐる密使外交』日本評論社、二〇一二年。
• 社団法人日米協会編（五百旗頭真、久保文明、佐々木卓也、蓑原俊洋監修）『もう一つの日米交流史　日米協会資料で読む二〇世紀』中央公論新社、二〇一二年。
• シャラー、マイケル（市川洋一訳）『「日米関係」とは何だったのか　占領期から冷戦終結後まで』草思社、二〇〇四年。
• 白鳥潤一郎『「経済大国」日本の外交　エネルギー資源外交の形成　一九六七〜一九七四年』千倉書房、

二〇一五年。
・鈴木宏尚『池田政権と高度成長期の日本外交』慶應義塾大学出版会、二〇一三年。
・添谷芳秀『日本の外交　「戦後」を読みとく』筑摩書房（ちくま学芸文庫）二〇一七年。
・高瀬弘文『戦後日本の経済外交』信山社、二〇〇八年。
・武田悠『「経済大国」日本の対米協調　安保・経済・原子力をめぐる試行錯誤、一九七五～一九八一年』ミネルヴァ書房、二〇一五年。
・橘木俊詔編『戦後日本経済を検証する』東京大学出版会、二〇〇三年。
・田所昌幸『「アメリカ」を超えたドル　金融グローバリゼーションと通貨外交』中央公論新社、二〇〇一年。
・谷口将紀『日本の対米貿易交渉』東京大学出版会、一九九七年。
・千々和泰明『大使たちの戦後日米関係　その役割をめぐる比較外交論　一九五二－二〇〇八年』ミネルヴァ書房、二〇一二年。
・曺良鉉『アジア地域主義とアメリカ　ベトナム戦争期のアジア太平洋国際関係』東京大学出版会、二〇〇九年。
・土屋六郎『国際収支と変動相場制』有斐閣、一九八二年。
・中島琢磨『沖縄返還と日米安保体制』有斐閣、二〇一二年。
・中島琢磨『高度成長と沖縄返還　一九六〇－一九七二』吉川弘文館、二〇一二年。
・中島信吾『戦後日本の防衛政策　「吉田路線」をめぐる政治・外交・軍事』慶應義塾大学出版会、二〇〇六年。
・永野信利『外務省研究　日本外交――失態・実態と実績分析』サイマル出版会、一九七五年。
・永野信利『〔新版〕日本外交のすべて』行研出版局、一九八九年。
・中村隆英『日本経済　その成長と構造〔第三版〕』東京大学出版会、一九九三年。
・中村隆英『昭和経済史』岩波書店（岩波現代文庫）二〇〇七年。

- 日本国際問題研究所『貿易自由化と経済外交（国際問題シリーズ第三〇号）』日本国際問題研究所、一九六三年。
- 日本銀行国際収支統計研究会『入門　国際収支　統計の見方・使い方と実践的活用法』東洋経済新報社、二〇〇〇年。
- 野添文彬『沖縄返還後の日米安保　米軍基地をめぐる相克』吉川弘文館、二〇一六年。
- 橋本寿朗『日本経済論　二十世紀システムと日本経済』ミネルヴァ書房、一九九一年。
- 橋本寿朗『現代日本経済史』岩波書店（岩波テキストブック）二〇〇〇年。
- 波多野澄雄編『池田・佐藤政権期の日本外交』ミネルヴァ書房、二〇〇四年。
- 波多野澄雄・佐藤晋『現代日本の東南アジア政策　一九五〇－二〇〇五』早稲田大学出版部、二〇〇七年。
- パッカード、ジョージ・R（森山尚美訳）『ライシャワーの昭和史』講談社、二〇〇九年。
- 服部龍二『大平正芳　理念と外交』岩波書店（岩波現代全書）二〇一四年。
- 速水優編『国際収支』金融財政事情研究会、一九七七年。
- 原彬久『日米関係の構図　安保改定を検証する』日本放送出版協会（NHKブックス）一九九一年。
- 原朗『日本経済史（改訂版）　現代経済の歴史的前提』放送大学教育振興会（放送大学教材）一九九九年。
- 原朗編『高度成長展開期の日本経済』日本経済評論社、二〇一二年。
- ハリス、セイモア・E（村松増美訳）『ケネディ時代の経済　ニュー・エコノミックスの実験』サイマル出版会、一九六八年。
- 樋渡由美『戦後政治と日米関係』東京大学出版会、一九九〇年。
- フォースバーグ、アーロン（杉田米行訳）『アメリカと日本の奇跡　国際秩序と戦後日本の経済成長　一九五〇－六〇』世界思想社、二〇〇一年。
- 福永文夫『大平正芳　「戦後保守」とは何か』中央公論新社（中公新書）二〇〇八年。
- 保城広至『アジア地域主義外交の行方　一九五二－一九六六』木鐸社、二〇〇八年。

- 細谷千博編『日米関係通史』東京大学出版会、一九九五年。
- 細谷千博著作選集刊行委員会編『歴史のなかの日本外交』龍溪書舎、二〇一二年。
- 細谷千博著作選集刊行委員会編『国際政治のなかの日本外交』龍溪書舎、二〇一二年。
- 細谷千博・有賀貞編『国際環境の変容と日米関係』東京大学出版会、一九八七年。
- 細谷千博・信田智人編『新時代の日米関係　パートナーシップを再定義する』有斐閣（有斐閣選書）一九九八年。
- 細谷千博・本間長世編『〈新版〉日米関係史　摩擦と協調の一四〇年』有斐閣（有斐閣選書）一九九一年。
- ボルカー、ポール、行天豊雄（江澤雄一監訳）『富の興亡　円とドルの歴史』東洋経済新報社、一九九二年。
- 牧原出『内閣政治と「大蔵省支配」　政治主導の条件』中央公論新社（中公叢書）二〇〇三年。
- 真崎翔『核密約から沖縄問題へ　小笠原返還の政治史』名古屋大学出版会、二〇一七年。
- 宮城大蔵『戦後アジア秩序の模索と日本　「海のアジア」の戦後史　一九五七－一九六六』創文社、二〇〇四年。
- 宮城大蔵『増補　海洋国家日本の戦後史　アジア変貌の軌跡を読み解く』筑摩書房（ちくま学芸文庫）二〇一七年。
- 宮里政玄『日米関係と沖縄　一九四五－一九七二』岩波書店、二〇〇〇年。
- 宮里政玄『米国通商代表部（ＵＳＴＲ）　米通商政策の決定と代表部の役割』ジャパンタイムズ、一九八九年。
- 森聡『ヴェトナム戦争と同盟外交　英仏の外交とアメリカの選択　一九六四－一九六八年』東京大学出版会、二〇〇九年。
- 森武麿他『現代日本経済史〈新版〉』有斐閣（有斐閣Sシリーズ）二〇〇二年。
- 安場保吉、猪木武徳編『日本経済史　八　高度成長』岩波書店、一九八九年。
- 山本栄治『国際通貨システム』岩波書店（岩波テキストブック）一九九七年。

- 山本満『日本の経済外交　その軌跡と転回点』日本経済新聞社（日経新書）一九七三年。
- 吉川洋『高度成長　日本を変えた六〇〇〇日』読売新聞社、一九九七年。
- 吉田真吾『日米同盟の制度化　発展と深化の歴史過程』名古屋大学出版会、二〇一二年。
- 吉次公介『池田政権期の日本外交と冷戦　戦後日本外交の座標軸　一九六〇－一九六四』岩波書店、二〇〇九年。
- 吉次公介『日米同盟はいかに作られたか　「安保体制」の転換点　一九五一－一九六四』講談社（講談社選書メチエ）二〇一一年。
- 渡辺昭一編『冷戦変容期の国際開発援助とアジア　一九六〇年代を問う』ミネルヴァ書房、二〇一七年。

2　英文

- Bergsten, Fred C. and Noland, Marcus, *Reconcilable Differences? United States – Japan Economic Conflict*, Washington D.C.: Institute for International Economics, 1993.
- Calder, Kent, *Crisis and Compensation: Public Policy and Political Stability in Japan, 1949-86,* Princeton: Princeton University Press, 1988.
- Cohen, Stephen D., *Uneasy Partnership: Competition and Conflict in U.S.-Japanese Trade Relations,* Cambridge: Ballinger Pub. Co., 1985.
- Cooney, Kevin J., *Japan's foreign policy maturation: a quest for normalcy,* New York: Routledge, 2002.
- Cooney, Kevin J., *Japan's foreign policy since 1945,* Armonk: M.E. Sharpe, 2007.
- Cooper, Richard N., *The Economics of Interdependence: Economic Policy in the Atlantic Community*, New York: Columbia University Press, 1980.
- Forster, Peter Kent and Cimbala, Stephen J., *The US, NATO And Military Burden Sharing*, London: Routledge, 2015.

- Gardner, Lloyd C., *Pay Any Price: Lyndon Johnson and the Wars for Vietnam*, Chicago: Ivan R. Dee Publisher, 1995.
- Gavin, Francis J., *Gold, Dollars, and Power: The Politics of International Monetary Relations, 1958-1971*, Chapel Hill: The University of North Carolina Press, 2004.
- Gowa, Joanne, *Closing the Gold Window: Domestic Politics and the End of Bretton Woods*, Ithaca: Cornell University Press, 1984.
- Green, Michael J., *Arming Japan: Defense Production, Alliance Politics, and the Postwar Search for Autonomy*, New York: Colombia University Press, 1995.
- Hunsberger, Warren S., *Japan and the United States in World Trade*, New York: Harper & Row, 1964.
- Iida, Keisuke, *International Monetary Cooperation among the United States, Japan and Germany*, Boston: Kluwer Academic Publishers, 1999.
- James, Harold, *International Monetary Cooperation Since Bretton Woods*, Washington D.C.: International Monetary Fund, 1999.
- Katzenstein, Peter, *Rethinking Japanese Security: Internal and External Dimensions,* London: Routledge, 2008.
- Keohane, Robert O., *After Hegemony: Cooperation and Discord in the World Political Economy,* Princeton: Princeton University Press, 1984.
- Keohane, Robert O. and Nye, Joseph S., *Power and Interdependence,* Boston: Longman, 2012.
- LaFeber, Walter, *The Clash: U.S.-Japanese Relations throughout History,* New York: W. W. Norton, 1997.
- Priest, Andrew, *Kennedy, Johnson and NATO: Britain, America and the Dynamics of Alliance, 1962-1968,* London: Routledge, 2006.
- Pyle, Kenneth B., *Japan Rising: The Resurgence of Japanese Power and Purpose*, New York: Public Affairs, 2007.
- Roosa, Robert V., *The United States and Japan in the International Monetary System 1946-1985*, New York: Group of Thirty, 1986.

- Rostow, W. W., *The United States and the Regional Organization of Asia and the Pacific, 1965-1985*, Austin: University of Texas Press, 1986.
- Schoppa, Leonard, J., *Bargaining with Japan: What American Pressure Can and Cannot Do,* New York: Colombia University Press, 1997.
- Shimizu, Sayuri, *Creating People of Plenty: The United States and Japan's Economic Alternatives, 1950-1960,* Kent: Kent University Press, 2001.
- Zeiler, Thomas W., *American Trade and Power in the 1960s,* New York: Colombia University Press, 1992.
- Zimmermann, Hubert, *Money and Security: Troops, Monetary Policy, and West Germany's Relations with the United States and Britain, 1950-1971*, Cambridge: Cambridge University Press, 2002.

【論文】

1　邦文

- 浅井良夫「一九五〇年代の特需について（一）（二）（三）」『成城大學經濟研究』第一五八号、第一五九号、第一六〇号、二〇〇二〜二〇〇三年。
- 浅井良夫「高度成長期における為替管理と海外短資市場（一）（二）（三）」『成城大學經濟研究』第一六七号、第一六八号、第一七一号、二〇〇五年。
- 浅井良夫「高度成長と財政金融」石井寛治・原朗・武田晴人編『日本経済史　五　高度成長期』東京大学出版会、二〇一〇年。
- 浅井良夫「ＩＭＦ八条国移行と貿易・為替自由化――ＩＭＦと日本　一九五二〜六四年（上）（下）」『成城大学経済研究所研究報告』第四二号、第四六号、二〇〇五年、二〇〇七年。

●浅井良夫「IMFと戦後国際金融秩序」伊藤正直・浅井良夫編『戦後IMF史　創生と変容』名古屋大学出版会、二〇一四年。
●有賀貞「ベトナム戦争と日米関係」細谷千博・有賀貞編『国際環境の変容と日米関係』東京大学出版会、一九八七年。
●五百旗頭真「国際環境と日本の選択」有賀貞編『講座国際政治　四　日本の外交』東京大学出版会、一九八九年。
●浦田秀次郎「第二次大戦後における日本の通商政策」波多野澄雄編『日本の外交　外交史　戦後編』第二巻、岩波書店、二〇一三年。
●岡崎哲也「貿易自由化の政治経済学」原朗編『高度成長展開期の日本経済』日本経済評論社、二〇一二年。
●我部政明「「思いやり予算」の原型　沖縄施政権返還における財政取り決めの合意形成過程」『国際政治』一二〇号、一九九九年。
●我部政明「日米同盟の原型　役割分担の模索」『国際政治』一三五号、二〇〇四年。
●菅英輝「ベトナム戦争と日米安保体制」『国際政治』一一五号、一九九七年。
●草野厚「国際政治経済と日本」渡辺昭夫編『戦後日本の対外政策』有斐閣、一九八五年。
●草野厚「対外政策決定の機構と過程」有賀貞編『講座国際政治　四　日本の外交』東京大学出版会、一九八九年。
●楠綾子「安全保障政策の形成をめぐるリーダーシップ　佐藤政権による吉田路線の再選択」戸部良一編『近代日本のリーダーシップ　岐路に立つ指導者たち』千倉書房、二〇一四年。
●久保田ゆかり「日本の防衛調達の制度疲労と日米関係」『国際安全保障』第三八巻二号、二〇一〇年。
●河野康子「沖縄返還と地域的役割分担論──危機認識の位相をめぐって（一）（二）」『法学志林』第一〇六巻第一号、第三号、二〇〇八〜二〇〇九年。
●古城佳子「ブレトン・ウッズ体制の変化と日本の対応」草野厚・梅本哲也編『現代日本外交の分析』東京大

学出版会、一九九五年。
・古城佳子「日米安保体制とドル防衛政策――防衛費分担要求の歴史的構図」『国際政治』第一一五号、一九九七年。
・坂元一哉「日米同盟における「相互性」の発展　安保改定、沖縄返還、二つの「ガイドライン」」波多野澄雄編『日本の外交　外交史　戦後編』第二巻、岩波書店、二〇一三年。
・佐々木卓也「アメリカの外交的伝統・理念と同盟――その歴史的展開と日米同盟」公益財団法人日本国際問題研究所監修、久保文明編『アメリカにとって同盟とはなにか』中央公論新社、二〇一三年。
・佐藤晋「佐藤政権のアジア政策」波多野澄雄編『池田・佐藤政権期の日本外交』ミネルヴァ書房、二〇〇四年。
・佐藤英夫「東西関係の変化と日米関係　一九六九‐一九八四」細谷千博編『日米関係通史』東京大学出版会、一九九五年。
・白鳥潤一郎「『戦後処理』からの脱却を目指して　高度経済成長期の外務省機構改革」『北大法学論集』第六五巻第五号、二〇一五年。
・末廣昭「経済再進出への道　日本の対東南アジア政策と開発体制」中村政則他編『戦後日本　占領と戦後改革　第六巻　戦後改革とその遺産』岩波書店、一九九五年。
・鈴木三郎「米国側資料からみた、沖縄返還時の円ドル通貨交換と回収ドルの取扱いをめぐる日米交渉」『武蔵大学論集』第五九巻第四号、二〇一二年。
・鈴木宏尚「OECD加盟の外交過程　「政治経済一体」路線としての自由陣営における外交的地平の拡大」『国際政治』第一四〇号、二〇〇五年。
・鈴木基史「レトリックの政策決定ゲーム」『国際政治』第一八一号、二〇一五年。
・添谷芳秀「戦後日本外交史　自立をめぐる葛藤」日本国際政治学会編『日本の国際政治四　歴史の中の国際政治』有斐閣、二〇〇九年。

• 高橋和宏「「南北問題」と東南アジア外交」波多野澄雄編『池田・佐藤政権期の日本外交』ミネルヴァ書房、二〇〇四年。
• 高橋和宏「池田政権期の貿易自由化とナショナリズム」『国際政治』第一七〇号、二〇一二年。
• 高橋和宏「「経済大国」日本の経済外交戦略」波多野澄雄編『冷戦変容期の日本外交』ミネルヴァ書房、二〇一三年。
• 田所昌幸「戦後日本の国際経済秩序への復帰　日本のGATT加盟問題」『国際法外交雑誌』第九二巻第一号、一九九三年。
• 田中明彦「日本外交と国内政治の連関　外圧の政治学」『国際問題』第三四八号、一九八九年。
• 玉置敦彦「ジャパン・ハンズ　変容する日米関係と米政権日本専門家の視線　一九六五－六八年」『思想』第一〇一七号、二〇〇九年。
• 玉置敦彦「ベトナム戦争をめぐる米比関係　非対称同盟と「力のパラドックス」」『国際政治』第一八八号、二〇一七年。
• 千々和泰明「権威をめぐる相克　駐日米国大使と在日・在沖駐留米軍　一九五二－一九七二年」『国際安全保障』三五巻三号、二〇〇七年。
• 中北徹「貿易と資本の自由化政策」香西泰・寺西重郎編『戦後日本の経済改革　市場と政府』東京大学出版会、一九九三年。
• 中島琢磨「初期佐藤政権における沖縄返還問題」『法政研究』第七三巻三号、二〇〇六年。
• 中島琢磨「一九六七年一一月の佐藤訪米と沖縄返還をめぐる日米交渉」『年報政治学二〇〇九－一　民主政治と政治制度』木鐸社、二〇〇九年。
• 中島琢磨「沖縄返還と基地問題」波多野澄雄編『日本の外交　外交史　戦後編』第二巻、岩波書店、二〇一三年。
• 野添文彬「東南アジア開発閣僚会議開催の政治経済過程　佐藤政権期における日本の東南アジア外交に関す

る一考察」『一橋法学』第八一巻第一号、二〇〇九年。
- 野添文彬「一九六七年沖縄返還問題と佐藤外交 国内世論と安全保障をめぐって」『一橋法学』第一〇巻一号、二〇一一年。
- 昇亜美子「ベトナム戦争と日本の東南アジア外交政策――日越国交正常化を通じて」『新防衛論集』第二七巻第三号、一九九九年。
- 昇亜美子「ベトナム戦争における日本の和平外交 一九六五年〜六八年」『法学政治学論究』第五九号、二〇〇三年冬季号。
- 波多野澄雄「高度成長期の日本外交」同編『池田・佐藤政権期の日本外交』ミネルヴァ書房、二〇〇四年。
- 波多野澄雄「「密約」とは何であったか」同編『冷戦変容期の日本外交』ミネルヴァ書房、二〇一三年。
- 潘亮「「経済大国化」と国際的地位――安保理常任理事国入り問題をめぐる日米関係」波多野澄雄編『池田・佐藤政権期の日本外交』ミネルヴァ書房、二〇〇四年。
- 福元健太郎「成長と自由化の政治的条件――池田政権期の政治経済体制」『年報政治学 二〇〇〇年』木鐸社、二〇〇一年。
- 牧野裕「ブレトンウッズ体制」上川孝夫・矢後和彦『国際金融史』有斐閣、二〇〇七年。
- 宮城大蔵「一九六〇年代における日本の援助とアジア国際秩序」渡辺昭一編著『冷戦変容期の国際開発援助とアジア』ミネルヴァ書房、二〇一七年
- 山本満「〈外圧－反応〉の循環を超えて」細谷千博・有賀貞編『国際環境の変容と日米関係』東京大学出版会、一九八七年。
- 渡邉昭夫「日米同盟の五〇年の軌跡と二一世紀への展望」『国際問題』第四九〇号、二〇〇一年。

2 英文

- Best, Anthony, "Japan and the Cold War: An Overview," in Richard H. Immerman and Petra Goedde, eds., *The Oxford Handbook of the Cold War,* Oxford: Oxford University Press, 2013.
- Bobrow, Davis B. and Hill, Stephen R., "Non-Military Determinants of Military Budgets: The Japanese Case," *International Studies Quarterly,* Vol.35, No.1 (March 1991).
- Bryant, Ralph C. and Hodgkinson, Edith, "Problems of International Cooperation," Richard N. Cooper, et al., eds., *Can Nations Agree?: Issues in International Economic Cooperation,* Washington D.C., Brooking Institute Press, 1989.
- Calder, Kent E. "Japanese Foreign Economic Policy Formation: Explaining the Reactive State", *World Politics,* Vol.40, No.4 (July, 1988).
- Cooper, Richard N., "Trade Policy is Foreign Policy," *Foreign Policy,* No.9 (Winter 1972/73).
- Cooper, Richard N., "Economic Aspects of the Cold War, 1962-1975," in Melvyn P. Leffler and Odd Arne Westad eds., *The Cambridge History of the Cold War,* Cambridge: Cambridge University Press, 2010.
- Galbraith, John Kenneth, "The Balance of Payments: A Political and Administrative View," *The Review of Economics and Statistics,* Vol.46, No.2 (May 1964).
- Hyman, Louis, "American Debt, Global Capital: The Policy Origin of Securitization," in Niall Ferguson et al. eds., *The Shock of the Global*, Cambridge: Belknap Press of Harvard University Press, 2010.
- Pan, Liang, "Whither Japan's Military Potential? The Nixon Administration's Stance on Japanese Defense Power," *Diplomatic History,* Vol.31, No.1 (January 2007).

【博士論文、修士論文】

- 佐久間一修「ドル防衛問題と日米同盟——経済と防衛の交錯」防衛大学校総合安全保障研究科後期課程卒業論文、二〇一六年。
- 玉置敦彦「帝国と同盟——非対称同盟の理論」東京大学大学院法学政治学研究科博士論文、二〇一四年。
- 浜岡鷹行「岸＝アイゼンハワー時代の米国対日経済政策　日米貿易自由化問題を中心に」筑波大学大学院地域研究研究科修士論文、二〇〇九年。

――国産化　166-167
防衛庁　014, 153, 155, 166, 169, 194, 209, 252-253
貿易、為替自由化計画大綱　015, 025, 027, 034, 036
貿易、為替自由化促進閣僚会議　025, 033, 037
貿易外収支　004-006, 008, 011, 080, 156, 178, 223
貿易自由化　005-006, 009-010, 015-016, 025-040, 042, 044, 046-056, 069-070, 076, 155-156, 214-215, 218, 244-245, 250-252, 254
貿易収支　003-008, 011-013, 015, 026, 028, 047, 068-069, 076, 149, 151-152, 155-156, 163, 168, 176, 178, 218, 221, 223, 225-226, 231, 244-245, 248
北爆　102, 103-104, 111, 117
　――の開始　007, 016, 102-103, 105, 138, 149-150, 162
　――の一時停止　111, 117, 126, 131-134, 246-247
ホノルル会議　134, 207-211, 215-216, 252
ホワイトハウス　049, 122, 175, 197, 201
ポンド危機　202-205, 210

マ

南ベトナム　103-104, 108, 111-112, 124, 150, 176, 194, 197
メコン委員会　108, 115

ヤ

ユーロダラー　079, 089, 211
輸出自主規制　012, 226, 231, 251

ラ

利子平衡税　009, 016, 067-069, 071-086, 088-092, 126, 149, 156-157, 164-166, 216, 243, 248, 250-252, 254
　カナダへの適用免除→「対カナダ免除」も含む　072-075, 077, 085-086
　池田首相親書　076, 080
　ゴア修正条項　080, 085-090
　――タスクフォース　078-079, 081, 086-087, 090
　田中蔵相談話（1965年2月11日）→「大蔵大臣談話」を含む　090-091, 248

自由貿易主義　016, 026, 032, 045-047, 056, 249-250, 253
商務省　014
昭和40年不況　084, 111, 130
ジョンソン大統領演説→「ボルティモア演説」を含む　016, 102, 104, 106, 111, 113, 138
ジョンソン提案　102, 105-110, 112-118, 120-121, 128, 135, 244
世界銀行　083, 086, 108, 126, 254

タ

第二次防衛力整備計画→「二次防」を含む　153, 155, 159, 167, 251-252
第三次防衛力整備計画→「三次防」を含む　017, 162, 166-170, 172-176, 178-181, 193, 195, 200, 207, 210, 212, 244, 252
短期資本　004, 011, 089, 165
中期経済計画　084-085
中期債　013, 163, 175, 178-180, 195, 198-202, 204, 207-212, 216, 228, 230-231
長期資本　004, 011, 013, 016, 068, 070-071, 073, 079-082, 085, 089, 165, 248, 250
通貨交換性の回復→「決済通貨間の交換性回復」を含む　025, 027-028, 031
通産省　014, 028, 030-037, 048, 050, 055, 127, 129, 151, 167, 213-214
東南アジア開発　016, 102, 105, 107, 110, 114, 116-122, 136, 138, 161, 247, 250
東南アジア開発閣僚会議　016, 123, 126, 129, 135, 138, 167, 194, 247
特需　007, 009, 138, 150, 152, 161-163, 165-166, 180, 231, 244, 248
　ベトナム——　007, 009, 138, 150, 152, 161-163, 165-166, 180, 231, 244, 248
トルード・アレンジメント　166, 168, 179-180, 193, 248, 252
ドル差別　029-034, 038-039

ナ

西ドイツ　007, 028-029, 071, 073, 150, 152-154, 179, 208-209
日米安保条約改定→「安保改定」を含む　035, 037-038, 250
日米友好通商航海条約　072, 077
日米貿易経済合同委員会,
　——第1回（1961年11月）　053, 055, 073, 250
　——第2回（1962年12月）　070-071, 153-124, 159, 244
　——第3回（1964年1月）　079, 158, 164
　——第4回（1965年7月）　116, 118, 120-121, 123-124, 126, 159, 161, 164
　——第5回（1966年7月）　137, 168
　——第6回（1967年9月）　174, 176-177, 181, 191-192
　——第7回（1969年7月）　225-226
　——小委員会（1968年1月）　198, 206-207, 211, 213
日米綿製品問題→「日米綿製品協定問題」「綿製品問題」を含む　054, 074-075
日韓国交正常化→「日韓基本条約の批准」を含む　001, 126, 131
農林省　031-032, 034, 036, 048, 050

ハ

バイ・アメリカン政策　055
ファウラー提案　178, 180, 191-192, 194, 197-198, 211, 217, 254
負担分担論→「負担分担」を含む　006, 010, 012, 014, 026, 045, 067, 102, 162, 193, 199, 201, 204, 206, 218-230, 253-254
ブレトンウッズ体制　005, 010-011, 190
米国輸出入銀行　083, 178, 216
ベトナム戦争　005, 007, 009-010, 013, 016-017, 102-103, 114-115, 118-120, 122-124, 127, 130-131, 134, 137-138, 149-152, 158, 162-163, 181, 190, 194, 197, 205, 246-247, 249-250, 254
　クリスマス休戦　126, 131-133
　日本の和平工作　016, 134
防衛装備品→「装備品」も含む　007, 012-013, 016-017, 028, 074, 083, 149-150, 152-155, 157, 159-161, 167-175, 178-181, 193-195, 199, 207-213, 216, 244-246, 252

——国連局　109
——在米大使館　043, 075, 161
——外交政策企画委員会　056
柏木・ジューリック了解覚書→「財政密約」を含む　017, 166, 225, 230-231, 249
ガリオア資金　042, 155, 163, 175, 228
岸首相訪米（1960年1月）　033-034
北ベトナム　102-104, 106, 108, 111-112, 114, 119, 132-133
軍事オフセット　006-007, 009, 012, 016-017, 029, 074, 078, 150, 152-159, 161, 163, 166, 168-174, 177, 180-181, 209-210, 217, 231, 244, 246, 251, 254
軍事収支　006-008, 011-013, 015, 026, 056, 076, 150, 152-153, 155-156, 158-159, 168, 170, 172, 174-175, 177-178, 180, 210, 219, 231, 244-246, 248-249, 252-253
経済企画庁　036, 075-076, 128-129, 157
経済大国化　001-004, 007-008, 243, 250
経常収支　003-004, 006, 008, 011, 014, 028, 049, 068, 082, 178-179, 213-215, 223, 226, 243-244, 252
ケネディ・ショック　072, 074, 248
国際収支　003-018, 025-026, 028-029, 032, 040-042, 044-045, 049, 052-054, 056, 067-077, 079-082, 084-089, 102, 119, 125-126, 136, 138, 149-150, 152-153, 155-159, 161-168, 170, 173-181, 190-213, 215-229, 231, 243-246, 248-253
——の天井　003, 217, 244, 252
——大統領指令（1960年11月16日）　006, 026, 041, 044
——大統領特別教書（1961年2月6日）　045
——大統領特別教書（1963年7月18日）　067, 071
——大統領特別教書（1965年2月10日）　068, 090-092
——大統領声明（1968年1月1日）　209
国際連合（国連）　104-106, 108, 113, 115
国防会議　169-170
国防総省　014, 075, 160, 168-170, 172-173, 209, 219
国民所得倍増計画→「所得倍増計画」を含む　002, 004, 010, 041, 045, 050, 068-069, 250
国務省　014, 019, 030, 035, , 039-040, 042-043, 046, 049, 053, 069, 073-075, 077, 079, 086, 105-106, 113, 136-137, 155-156, 159-161, 163, 168, 170-171, 173, 175-176, 181, 190, 196, 198-200, 211, 219, 223-225, 227-228, 253-254
——ICA（国際協力局）　040-041
——在京大使館　026, 033-034, 037-039, 046-047, 051-052, 054, 073-074, 116, 120, 133, 154, 156, 170-171, 173, 223, 227

サ

在日米軍の一部撤退　070
在日米軍事顧問団　168, 171
財務省　014, 017, 073, 075, 077-078, 086-087, 091, 154, 159, 161-163, 165-179, 181, 190-192, 194-195, 198-200, 203, 207-209, 212, 216-220, 223-228, 246, 251-254
佐藤首相訪米（1965年1月）→「佐藤・ジョンソン会談」（1965年1月）を含む　085-087
佐藤首相訪米（1967年11月）→「佐藤・ジョンソン会談」（1967年11月）を含む　174, 176, 191-192, 196, 198, 203-206, 208, 226
佐藤首相訪米（1969年11月）→「佐藤・ジョンソン会談」（1969年11月）を含む　190, 222, 227, 230
差別自由化問題　055
参議院選挙（1965年7月4日）　117-118
自衛隊　014, 169, 171, 173, 209, 252-253
自動外貨割当制→「AFA制」を含む　055
自動承認制→「AA制」を含む　030-031, 055
資本収支　003-006, 008, 010-011, 013-016, 056, 067-068, 071, 076, 082, 119, 149, 156, 178, 180, 213, 216, 224, 226, 231, 243-244, 248, 251-252
衆議院総選挙,
第28回——（1958年5月22日）　029
第29回——（1960年11月20日）　041

108, 193, 202, 211
——8条　028, 035-037, 050, 052, 101
——14条　028, 030
——総会　039, 081, 092, 191, 194
——対日コンサルテーション　052
JCS（統合参謀本部）　219, 224
MAP（軍事援助計画）　070, 151, 159, 169, 245
NATO（北大西洋条約機構）　007, 150
NSC（国家安全保障会議）　075, 174-175, 219-220
NSC6008/1　038
NSDM13（国家安全保障決定覚書13）　218, 220, 222-223
NSSM5（国家安全保障研究覚書5）　218-220
OECD（経済協力開発機構）　049-051, 101
——経済政策委員会第三作業部会　092, 193
OEEC（欧州経済協力機構）　027, 049, 106, 112
SDR（特別引出権）　012
SIG（上級省庁間グループ）　136, 167-168, 174, 199
SSC（日米安保高級事務レベル協議）　173
UNCTAD（国連貿易開発会議）　109, 121, 127
USAID（米国国際開発庁）　109, 149
WTO（世界貿易機関）　245

ア

アジア開発銀行　016, 107, 112, 115, 119-121, 130, 132, 135, 176, 180, 194, 197, 203, 209, 211, 247
アジア太平洋地域公館長会議　114
アジア平和計画　107-114, 116, 127
安保「ただ乗り」批判→「ただ乗り批判」を含む　190, 218, 246, 253
池田首相訪米（1961年6月）→「池田訪米」を含む　045, 047-049, 051-053
移転収支　004, 006, 008, 011-012, 015, 102, 119, 125, 178, 244, 246, 248
インパクトローン　079-080, 085-087, 091, 166, 212
援助　005, 007, 011-013, 026, 028, 038, 045, 069, 072, 077, 080, 102, 105-109, 111-113, 115-117, 119, 121-122, 125-131, 135-137, 149, 165, 169, 174, 176, 178, 180, 194, 196-197, 200-202, 204-205, 209, 211, 213, 222, 226, 243-244, 246-247, 249-250, 253
開発——　012-013, 105, 107, 115-116, 122, 147, 153
軍事——　005, 011-012, 028, 070, 151, 153, 159, 169, 205, 245
大蔵省　014, 028, 031-033, 035, 071-073, 076, 082-083, 087-088, 092, 116, 118-123, 126-127, 129-130, 135, 163-164, 166-167, 172, 175, 177, 179-180, 190-200, 202-203, 207-214, 216-217, 221-222, 227-228, 230-231, 251-253
——為替局　032
——国際金融局　087, 123, 163-164, 193, 251-252
大平外相訪米（1963年8月）　076, 078, 157
沖縄返還　001, 009-010, 017, 124, 138, 170, 174-176, 181, 190, 195, 197, 201-204, 206, 218-227, 229, 231, 244, 249-251, 253-254
思いやり予算　246

カ

外貨準備　003-004, 008, 013, 027, 040, 049, 070-072, 076, 078-079, 082, 163-166, 173, 179, 193, 195, 198, 202, 205, 208, 211-212, 216-217, 230-231, 248-249, 251-252
外務省　014, 016, 019, 026-028, 031-032, 035-038, 043-045, 048-050, 052, 055-056, 072-073, 088, 092, 102-103, 107, 110-116, 118-120, 123, 127-131, 133, 135-136, 171-172, 180-181, 190, 192, 194-198, 211, 214, 221-222, 245, 252-253
——アメリカ局　107, 109, 157, 222
——経済協力局　107-110, 115, 119, 127-128, 130, 253
——経済局　026, 030, 033, 035, 044, 047, 053-054, 074, 087, 109, 253

三木武夫　121, 127, 138, 174, 180-181, 194-196
水田三喜男　039, 041-043, 052, 177-180, 191-192, 194, 210, 216
宮澤喜一　075-076, 157
宮沢鉄蔵　213
三輪良雄　169
村井七郎　163, 191, 195, 199, 207, 212-214
森治樹　213-214

ヤ

安川壮　107, 124
山下武利　072, 075
横山正幸　133
吉田茂　125, 189

ラ

ライシャワー（Edwin O. Reischauer）　016, 052-054, 074, 085, 088, 091, 102-103, 105-107, 111-113, 117-118, 120, 123-126, 132-136, 153-157, 168, 170, 254
ラスク（David Dean Rusk）　045, 051-052, 077, 085, 105, 118, 120-121, 131, 136-137, 153, 155, 158, 171, 174, 181, 199-200, 203-204, 251
リー・クァンユー（Lee Kuan Yew）　114
レオンハート（William K. Leonhart）　051
ローザ（Robert V. Roosa）　013, 070, 072, 075, 082, 092
ロジャーズ（William P. Rogers）　221-222, 224, 230
ロストウ（Eugene Victor Debs Rostow）　209
ロストウ（Walt Whitman Rostow）　112, 114, 118, 120, 190, 197, 200-203
ロッジ（Henry Cabot Lodge Jr.）　111-113, 117

ワ

若泉敬　190, 197, 200-203, 206, 251
渡辺誠　087, 089

主要事項索引

英数字

16品目自由化要求→「16品目要求」も含む　047-051, 053-055
CIA（中央情報局）　219
DSG（防衛問題検討会）　154-158
ECAFE（アジア極東経済委員会）　108
EEC（欧州経済共同体）　025, 027-028, 070, 173
GAB（一般借入取極）　092
GATT（関税および貿易に関する一般協定）　005, 012, 025, 027, 030, 037, 048-049, 056, 213, 245
——11条　028
——12条　030
——35条援用　030-031, 033, 051, 101, 245
——ケネディ・ラウンド　005, 056, 155, 251
——東京総会　015, 030-033, 039
IMF（国際通貨基金）　003, 009, 011, 025, 028, 030, 037, 048-049, 052-054, 068, 092,

150, 152, 162-163, 165, 167, 169, 174-176, 179-181, 189, 192, 196-197, 199-206, 208-210, 216-218, 226, 231, 246, 251, 254
ジョンソン（U. Alexis Johnson） 170-171, 173-174, 195-196, 201-202, 218, 221-222, 225, 254
鈴木源吾 053
鈴木秀雄 164-165
妹尾正毅 107
関守三郎 053
ソロモン（Anthony Solomon） 213-214

タ

高碕達之助 029
竹内春海 157
武内龍次 073-075, 080-081, 086-088, 104-105, 110, 136
田中角栄 070-071, 073-076, 081-083, 086, 089-091, 125, 153
ダレス（John Foster Dulles） 189
千葉一夫 221
チボドー（Ben H. Thibodeaux） 030
ディロン（C. Douglas Dillon） 032, 039, 070-071, 073-075, 077-078, 080-083, 085-087, 089, 091, 152-155, 251, 254
デミング（Frederick L. Deming） 177
東郷文彦 196, 222
ドハティ（Edward W. Doherty） 053-054
トルード（Merlyn N. Trued） 087-089, 163-165
トレザイス（Philip H. Trezise） 037, 044, 047, 050, 055-056, 087

ナ

中川進 090
中嶋晴雄 199
中山賀博 074, 087
成田知巳 208
西廣整輝 209
西山昭 119
ニブロック（Thomas Niblock） 109, 123
ノウルトン（Winthrop Knowlton） 165, 199, 207, 212

ハ

バー（Joseph W. Barr） 168
パーソンズ（James G. Persons） 039-041, 043-044
ハーター（Christian A. Herter） 032, 034
バーネット（Robert W. Barnett） 090, 222-223, 227
パーマー（Gardner E. Palmer） 033
橋本登美三郎 132
ハリマン（W. Averell Harriman） 133-134
バンディ（McGeorge Bundy） 087
バンディ（William Bundy） 104, 134, 192
ハンフリー（Hubert H. Humphrey） 132, 134, 138, 163
ファウラー（Henry H. Fowler） 159, 161-164, 168-171, 173, 175, 177-180, 191-192, 194, 200, 202, 205, 216-217, 254
福田赳夫 119, 121-123, 125-128, 135, 161, 164, 168-169, 197, 226-230
藤山愛一郎 032, 128, 137
ブラダマン（Eugene M. Braderman） 055
ブラック（Eugene R. Black） 119, 121
ペティ（John R. Petty） 191, 216, 226
ホイーラー（Earle G. Wheeler） 224
ポーツ（Rutherford M. Poats） 109
ボール（George W. Ball） 046-047, 051, 054, 073-077, 087, 152, 167
ボルカー（Paul A. Volcker） 161

マ

マーチャント（Livingston Tallmadge Merchant） 039
マイヤー（Armin H. Meyer） 230
マクナマラ（Robert S. McNamara） 162, 169-171, 173, 204
マッカーサー（Douglas MacArthur II） 029-030, 032, 034-035, 037, 039-040, 042-044, 046-048, 254
マン（Thomas C. Man） 035
御巫清尚 130

主要人名索引

ア

アイゼンハワー(Dwight D. Eisenhower)　006, 026, 028-029, 034, 038, 040-043, 045, 067, 162, 244-245
愛知揆一　221-223, 226
朝海浩一郎　039-040, 043-047, 050
池田勇人　002, 004, 010, 015-016, 029-030, 033, 035, 038-045, 047-056, 067-069, 071-074, 076, 080, 084, 118, 152, 155-156, 158-159, 161, 181, 214, 245-246, 250-252, 254
石坂泰三　125
石野信一　082
岩佐凱美　125
ウ・タント(U Thant)　105-106, 113, 115
植村甲午郎　125
宇佐美洵　164
牛場信彦　030, 033, 035, 037, 044, 047, 050, 087-088, 127, 137
後宮虎郎　132
ウッズ(George D. Woods)　083, 125-126
瓜生復男　030
エフテランド(Robert Efteland)　209
エマソン(John Emmerson)　103, 122, 124, 157
黄田多喜夫　114
大平正芳　075-078, 083, 153, 156-158
小川平四郎　131
オルブライト(Raymond J. Albright)　171

カ

ガーディナー(A. Z. Gardiner)　074
柏木雄介　123, 163-165, 227-230
カス(Henry J. Kuss)　171
川島正次郎　133
上林山栄吉　169-170
岸信介　015, 029, 033-035, 037-038, 125
キッシンジャー(Henry A. Kissinger)　218
木村俊夫　208
ギルパトリック(Roswell L. Gilpatric)　078, 152-155, 157-161, 191, 244
ケネディ(David Kennedy)　222, 224-225, 227-229
ケネディ(John F. Kennedy)　006, 013, 016, 026, 042-046, 049, 051-052, 054, 067-073, 075-078, 091, 149-150, 152-154, 157-158, 245, 254
コールマン(John C. Colman)　219-220
小坂善太郎　039, 042-044, 052-053
コナー(John T. Connor)　163

サ

迫水久常　048
サザード(Frank Southard Jr.)　053
佐藤一郎　164-165
佐藤栄作　016, 029-030, 032, 035, 084-087, 102-107, 110-114, 116-128, 131-136, 138, 167, 169, 174, 189, 192, 194-210, 212, 216, 221, 228, 230, 246, 251-252, 254
椎名悦三郎　114, 121, 131-134, 138
志賀健次郎　153
島重信　051, 157
島内直史　205
下田武三　128, 134, 192
ジューリック(Anthony J. Jurich)　219-220, 224-230, 254
ジョンソン(Lyndon B. Johnson)　006, 013, 016-017, 069, 090-091, 102, 104-106, 113, 118-124, 126, 133-134, 136, 138, 149-

［著者略歴］

高橋和宏（たかはし・かずひろ）

防衛大学校人文社会科学群准教授、博士（国際政治経済学）

一九七五年生まれ。一九九四年北海道釧路湖陵高等学校卒業。一九九九年筑波大学第三学群国際関係学類卒業。二〇〇一年早稲田大学大学院アジア太平洋研究科修士課程修了。二〇〇四年筑波大学大学院国際政治経済学研究科博士課程修了。外務事務官（外交史料館勤務）、防衛大学校講師などを経て二〇一三年より現職。共著に『冷戦変容期の日本外交「ひよわな大国」の危機と模索』（波多野澄雄編、ミネルヴァ書房）などがある。

叢書 21世紀の国際環境と日本 007

ドル防衛と日米関係 高度成長期日本の経済外交 1959〜1969年

二〇一八年七月二四日 初版第一刷発行

著者 高橋和宏

発行者 千倉成示

発行所 株式会社 千倉書房

〒一〇四－〇〇三一 東京都中央区京橋二－四－一二

電話 〇三－三二七三－三九三一（代表）

https://www.chikura.co.jp/

印刷・製本 中央精版印刷株式会社

写真 尾仲浩二

造本装丁 米谷豪

ISBN 978-4-8051-1141-3 C1331

叢書「21世紀の国際環境と日本」刊行に寄せて

本叢書は、二十一世紀の国際社会において日本が直面するであろう、さまざまな困難や課題に対して、問題解決の方策をさぐる試みと言い換えることができます。その糸口は、歴史に学びつつ、現況を精緻に分析することでしか見出すことはできないでしょう。先人たちが「死の跳躍」に挑んでから一五〇年、今あらためて国際環境と日本を俯瞰するテーマを多角的に掘り下げていきたいと考えています。

多くの場合、合理的・秩序形成的な日本ですが、折々の国際環境や、それを映した国内の政治・経済状況といった変数の下で、ときに予期せぬ逸脱を見せることがありました。近代以後、数度にわたる逸脱の果てを歴史として学んできた世代が、そのことを踏まえて日本と世界を語ることには深い意義があるはずです。

多くのプレーヤー・諸要素に照らし分析することで、果たして如何なる日本が、世界が、立ち現れるのか。透徹した史眼を持つ執筆陣によって描きだされる、新しい世界認識のツール。小社創業八十周年を期にスタートする本叢書に、読者のみなさまの温かいご支援を願ってやみません。

二〇〇九年九月

千倉書房